ちくま学芸文庫

わたしの城下町

天守閣からみえる戦後の日本

木下直之

筑摩書房

本書は、「ちくま」二〇〇三年一月号から二〇〇四年十二月号までの十二回の連載に、補遺を加筆し、二〇〇七年三月二十五日、小社より刊行された。

また掲載の写真のうち＊印のものは、著者撮影による。

わたしの城下町【もくじ】

わたしの城下町　天守閣からみえる戦後の日本

序　お濠端にて

年子の弟が生まれるとすぐに、私は祖母の部屋で寝起きをするようになった。それから中学生になるまで、ずっと祖母といっしょだった。しばらくしてまた弟が出来ると、上の弟も祖母の部屋へと移ってきた。父と母の部屋は狭く、三人で寝るのが精一杯で、しかも日が当らなかった。子どもをつくるにはよかったが、育てるには不向きだったに違いない。

祖父は、初孫の私を楽しみにしつつ、誕生まであと三カ月という時に世を去った。祖母にすれば、私は祖父の身代わりにこの世にやってきたようなものだろう。部屋には祖父の写真がいつも二枚掛かっていた。昔の人は早く老けたとよくいうが、なるほど五十九歳で亡くなった人とはとても思えない老人の姿がそこにはあった。一枚は、どこかの家の庭先にひとりぽつねんと、もう一枚は、皇居のお濠を背景に祖母とふたり並んで立っていた（図1）。

二枚目の写真には、右手前から左奥へと、第一生命館、帝国劇場、東京会館、東京商工会議所、明治生命館といった戦前の東京を代表する壮麗な建物が並んでいる。とはいえ、

図1　祖父母（1953年、木下満直撮影）

撮影されたのは戦後だった。

　戦争から戻った父は薬剤師になることを志して、若者に混じって薬科大学に進学した。昭和二十八年（一九五三）三月、その卒業式のために、両親そろって上京した折の記念写真である。カメラを構えていたのは、三十歳になったばかりの父だった。祖父はこの年の秋に亡くなり、年が明けて私が生まれた。父が私のためにつくってくれたアルバムは、この写真から始まる。

　ふと思いついて、同じ場所に立ってみた。日比谷濠も第一生命館も変わらないが、その隣の帝国劇場と東京会館は、いかにも戦後日本の経済成長を象徴するかのようにガラスの建物に姿を変えている。さらに奥の明治生命館は、最近復元工事が行われ、往年の姿を取り戻した。

　父も鬼籍に入った今となっては、この時、父がなぜこの場所で祖父母を撮ったのかはわからない。皇居を訪れたのなら、二重橋にも足を運んだだろうに。

　ただ、私にとっては、これが東京だった。なにしろ毎日この写真を見ながら暮らしたわけだし、一方では、現実の東京を小学生の間にたった二度しか訪れたことがなかったからだ。私の生まれ育った小さな町にもお城はあったが、これほど豊かに水をたたえたお濠も、壮麗な建築群もむろんなかった。

❖

この写真の一年前にはまだ、第一生命館の屋上に星条旗が翻っていた。占領軍の総司令部（ＧＨＱ）が置かれていたからだ。昭和二十七年（一九五二）四月二十八日に、サンフランシスコ講和条約が発効することで、日本は独立を回復し、ＧＨＱは廃止された。いわゆる血のメーデー事件が起こり、辺り一面騒然となったのは、そのわずか三日後のことだ。ちなみに、明治生命館も接収され、アメリカ極東空軍司令部（ＦＥＡＦ）として使われていた。近年、それぞれ登録有形文化財、重要文化財となったこれらふたつの建物には、建築的な価値ばかりでなく、こうした歴史的価値も与えられている。

占領下で迎えた最初のクリスマスに、ＧＨＱは第一生命館の屋上にクリスマスツリーを立て、正面には大きく〝Merry X'mas〟と掲げた（図2）。夜になるとイルミネーションが燦然と輝き、お濠の暗い水面にアルファベットが揺れた。敗戦の年の冬は食糧難から餓死者が出ると恐れられたほどで、焼け野原と化した東京の夜はさぞかし暗く寒かったに違いない。

当時、第一生命保険相互会社の常務取締役だった矢野一郎は、「戦時中からずっと真っ暗だった東京の夜に眩しくついたイルミネーションがどんなに東京人の心を明るく楽しませたかは今でも想像出来よう」（『第一生命館の履歴書』矢野恒太記念会、一九七九）と、ずいぶん好意的に当時の思い出を語っている。皇居と国会議事堂に面した第一生命館のイルミネーションとは、まさしく敵将から天皇と国民に贈られたクリスマスプレゼントだった。

図 2　GHQのメリークリスマス（1945年、毎日新聞社）

マッカーサー元帥は、皇居の明け渡しこそ求めなかったが、その目と鼻の先に陣取り、昭和二十六年（一九五一）四月にトルーマン大統領によって解任されるまで、五年半にわたって日本を支配した。連合国軍最高司令官（Supreme Commander for the Allied Powers＝SCAP）というぐらいだから、彼よりも高位の人間は日本国内にいなかった。天皇でさえも、マッカーサーに会うためには、彼を皇居に呼びつけるのではなく、自ら第一生命館に出向かなければならなかった。

矢野一郎は先の回想録の中で、第七話「日本軍の城となる」、第十話「美事な城あけ渡し」というぐあいに、しきりと第一生命館をお城にたとえている。

実際に、昭和十八年（一九四三）三月からは屋上に大型の高射砲四門が設置され、高射砲部隊が常駐した。当時は宮城と呼ばれていた皇居を米軍の空襲から守るためだった。なるほど、第一生命館は宮城の出城、あるいは櫓、あるいは見附のようなものであった。

明け渡された第一生命館の中で、GHQが日本再建の設計図を引いていたころ、一方の宮城の中では、「本丸を開放して皇居が濠を廻らす城の感を減ず」ることが話し合われていた（木下通雄『側近日誌』昭和二十一年一月三十日条、文藝春秋、一九九〇）。「城」の一文字が、戦争に通じると嫌われたからだ。お城が戦争の中から生まれてきたものである以上、この性格ばかりは変えようがない。

ところが皮肉なことに、これから本書で訪ね歩くお城の大半は、戦争が終ったあとに、いわば平和のシンボルとして生まれてきたものである。昭和二十三年（一九四八）七月一日になって、「宮城」を「皇居」と呼び変えたことは、その走りといってよいかもしれない。お城は、武威とは対極の何ものかを示す場所に変わった。それが何であるのかを、そして、敗戦後の日本人がお城に何を期待したのかを、これから考えてゆきたい。

❖

仮に本書のテーマを「近代日本におけるお城の変貌」とすると、お城は、何よりもまず明治維新でその姿を大きく変えた。それもまた戊辰戦争後のことであり、開城、明け渡し、占拠、改造、転用、取壊しなど、戦国時代をはるかさかのぼる昔から、常にお城は、「戦後」に変貌を余儀なくされてきたのである。ただし、明治二年（一八六九）五月十八日の箱館五稜郭の開城で終った戊辰戦争は、武家政治へのピリオドでもあったから、お城の息の根を止めることになった。現役から無用の長物へと、お城は一気に転落してしまう。その有様は、あとで名古屋城や熊本城を訪れる際にたっぷりと目にすることになるだろう。

ここではもうしばらく、お濠端をうろつくことにしよう。そこが正式に「宮城」と呼ばれるようになったのは、明治二十一年（一八八八）十月二十七日のことである。宮内省告示第六号「皇居御造営落成ニ付、自今宮城ト称セラル」にいうとおり、この秋に待望の宮殿が完成し、翌年二月十一日にはその正殿で大日本帝国憲法発布式が盛大に執り行われた。

その二十年前に京都から江戸へ引っ越してきた天皇は、ずっと仮住まいのままだった。最初は、徳川将軍家が明け渡した西丸の御殿に入り、そこを「行宮《あんぐう》」とした。

天皇にとって、この家は、二重の意味で居心地が悪かったに違いない。第一に、武家の居住空間に生活スタイルをまったく異にする天皇が入ることによって生じた不便がある。第二に、欧米諸国との外交関係がもたらす諸儀礼は、椅子とテーブルによる立式の空間を必要とした。したがって、天皇皇后と政府高官は洋服とドレスの着用を余儀なくされた。国賓や大使を畳の大広間に座らせて、晩餐会を催すわけにはいかなかったからだ。

もっとも、京都御所に比べれば江戸城ははるかに大きかった。天皇が初めて足を踏み入れた時、「江戸城は広いなア」と口にしたという話が伝わっている（渋沢栄一の談話、東京日日新聞社会部編『戊辰物語』万里閣書房、一九二八所収）。江戸城の改造と並んで、まだ十七歳の少年だった天皇の改造が、新政府にとっては緊急の課題となった。なにしろ、京都では隔日か三日に一度、「女と同様に鉄漿《カネ》をお付け遊ばします」（下橋敬長『幕末の宮廷』東洋文庫、平凡社、一九七九）という暮らしぶりだったのだから。

京都の公家社会から切り離され、軍隊を親率する強い天皇へと鍛え上げられるためには、江戸城はふさわしい空間であった。輦《れん》に乗って江戸に下った天皇を待っていたものは、乗馬訓練の日々である。そして、明治六年（一八七三）三月の断髪と、六月の軍服制定が、身体改造を決定づけた。そのころからようやく馬に乗れるようになったことが、『明治天皇紀』二巻・三巻（吉川弘文館、一九六九）からうかがわれる。

最後まで「遷都」という表現は用いられなかったものの、天皇が居を移したことにより、江戸は「東京」と名を改め、江戸城は「東京城」、ついで「皇城」と呼ばれるようになる。そもそも西丸御殿が幕末に起こった火災のあとで急遽建てられた仮御殿であったが、それもまた明治六年五月に女官部屋から出た火事で炎上してしまう。天皇は吹上御苑内に一時避難したあと、赤坂の旧紀伊徳川家の屋敷を仮皇居としていた。西丸への宮殿の建設は、新たな住人がようやく自分の住まいを手に入れたことを意味する。いや、こういう時にこそ「ようやく自分の城を手に入れた」というべきである。

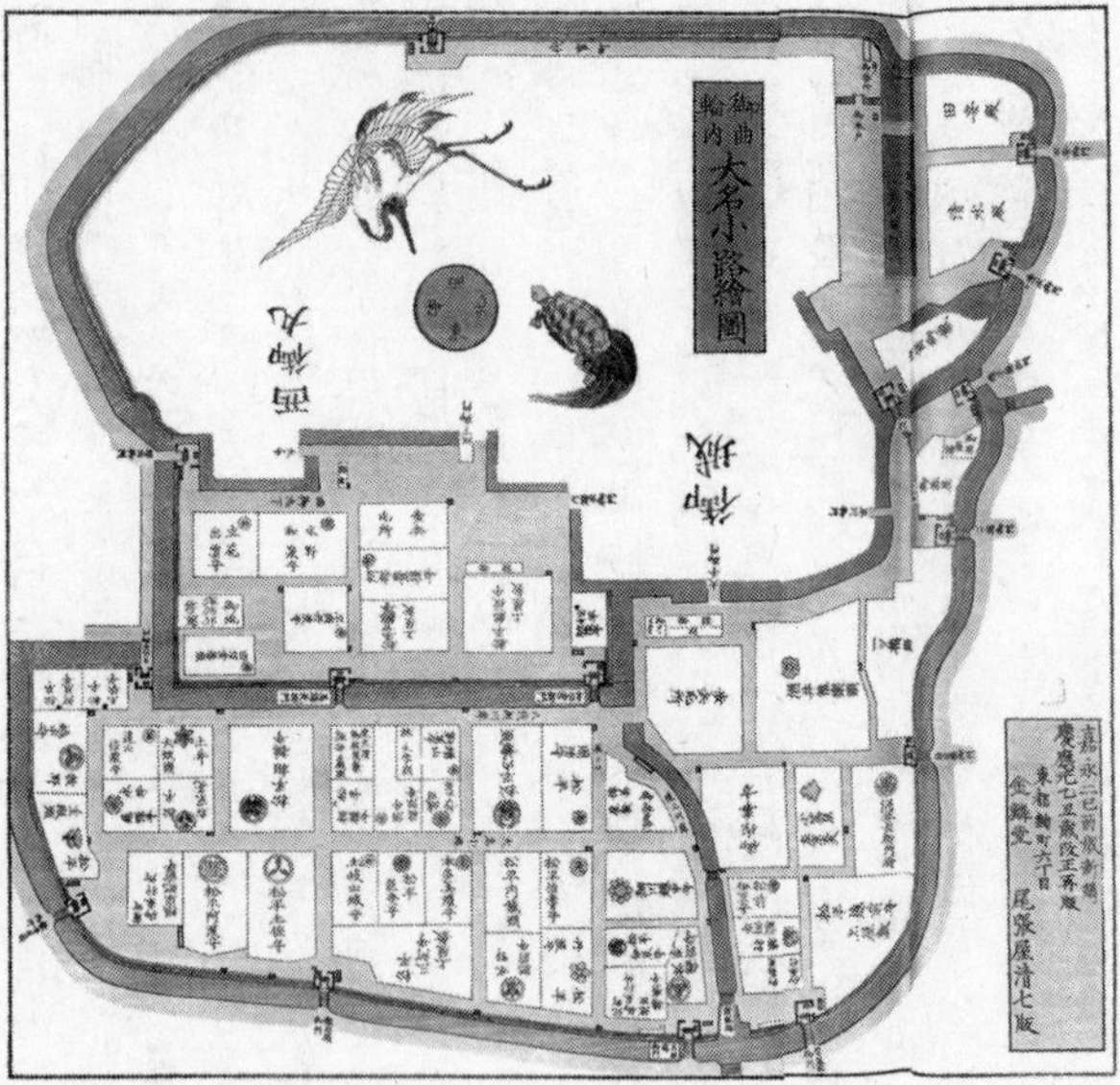

図3 『御曲輪内大名小路絵図』1865 年

では、天皇家に明け渡されるまでの江戸城はどう呼ばれていただろうか。ここでは便宜的に「江戸城」と呼んできたが、それはあくまでも現代の呼び名である。当時の人々は、たいていの場合、それを「御城」と呼んだ。その証拠に、江戸時代の江戸の地図には単に「御城」としか記されていない。

地図ばかりではない。幕府自らが編纂した地誌『御府内備考』は巻之二を「御城」にあて、『甲陽軍鑑』に「武蔵江戸の城」、『落穂集』に「千代田が城」、『泰政録』に「平河城」などとある旧名を挙げて説明を始める。また、江戸最古の地誌である『江戸名所記』は「江戸御城《えどのおんしろ》」の章、江戸後期の『江戸名所図会』は「江戸大城《おおき》の基立」の章をそれぞれに立てている。江戸の人々がわざわざお城を「江戸城」とは呼ばないことは、私が子どものころに、生まれた町のお城を「浜松城」とは呼ばなかったことと同じである。

改めて地図を眺めると、お城ばかりか、お城の周辺に「御」の文字が目立つ。たとえば、幕末の『御曲輪内大名小路絵図』（尾張屋版、慶応元年改正再版、図3）を見ることにしよう。大きな鶴亀の登場は、お城の内部を描くことが憚られたからである。題名からして「御曲輪」であり、「御城」のほかに、「西御丸」、「御門」、「御木戸」、「御番所」、「御蔵」、「御タタミクラ」、「御春屋」、「炮筒御蔵」、「定火消御役屋敷」、「御用屋舗」、「北町御奉行」、「南町御奉行」、「御評定所」、「御勘定御奉行」、「御作事方」などなど、「御」のオンパレードである。

すべての「御」が徳川将軍に向けられた敬称であれば、その跡を襲った新たな城主は、まず「御」の字を外すか、その意味を自らへの敬称へとずらすことから始めなければならない。明治四年（一八七一）の『東京大絵図』を同八年（一八七五）の『東京大区小区分絵図』と比べると、東京の町から次第に「御」の字が消えてゆくのが分かる。何よりも「御門」の扱いに、それは歴然と表れている。神田橋御門は神田橋に、常盤橋御門は常盤橋に、呉服橋御門は呉服橋に変わってしまった。

それは城門の撤去に対応していた。新政府による江戸城の改造は、単に宮殿の造営ばかりではなかった。幾重にも閉ざされた江戸城のうち、皇居を定めた核心部分はより堅固に閉ざし、それ以外の地域は開放する方針を立て、まずは城門の撤去から実行に移した。

城門は枡形とも見附とも呼ばれ、人をL字形に通行させ、二重の門で制御するという厳重なものであった。最初の門は屋根を載せた門扉のみだが、二番目の門は上部に櫓を渡した大掛かりな建造物だった。しかし、そうまでして守るべきものは、その内部にはもはや何もなかった。城門内に建ち並んだ大名屋敷は、いずれも無住となっていたからだ。

城門を撤去すると、しばしばその石垣の石を用いて木橋を石橋に替えた。その典型が、日本銀行本店のすぐ脇に今なお奇跡的に残っている常盤橋（図4）である。また、初代の橋は姿を消したものの、石橋ゆえに永久に残るとして命名された万世橋もそうである。架橋当初は、現在のように「まんせい橋」ではなく、「よろずよ橋」と呼ばれた。

明治十年（一八七七）に出版された岡部啓五郎『東京名勝図会』（『江戸名所図会事典』ちくま学芸文庫、一九九七所収）は、神田川に架かる万世橋を「東京名勝」のひとつに挙げ、「明治六年不用を転じて有益となし、旧見附の石垣を毀ちて筋違橋と昌平橋を廃し、その中央に幅六間、長さ十五間の石橋を架せらる。（中略）府尹不朽を祝して、万世橋と唱けたり」と、その架橋の意義を適確に評している。ここでいう「旧見附」とは筋違橋御門のことである。

図4　常盤橋（2005年撮影＊）

ついでにいえば、尾張屋版『下谷絵図』にあった「此通御徒町ト云」が、『東京大絵図』では「徒町通リ」となっている。御徒町の名は幕府の御徒士組の屋敷地に由来するものであったが、将軍職の消滅とともに、御徒士組もまた雲散霧消してしまった。しかし、「オカチマチ」がただの「カチマチ」となってはよほど言いにくかったのか、明治五年（一八七二）になると、下谷御徒町および下谷仲御徒町の名で正式な町名として立てられた（図5）。

なるほど、実体がなくなろうとも、使い慣れた言葉は

図 5　御徒町駅（2006 年撮影＊）

図 6　浜松城（2004 年撮影＊）

後まで残る。明治二十三年から二十四年にかけて（一八九〇〜九一）、旧幕府関係者に制度や役職の実態を聞き取りした『旧事諮問録』（旧事諮問会・進士慶幹、岩波文庫、一九八六）の中に、興味深い話がある。

外国奉行・御小姓・組番頭格御小姓頭取・御側御用取次などを勤めた経験を持つ竹本要斎が、質問を受け始めて間もなく、それを遮り、こんな発言をしている。

「さよう……で御質問の前に当りて一言申し上げて置きますが、幕府中の御話をしまするに、現今の言葉に改めて御話をいたすと、情の移らぬ事がある。それ故、やはり公方様益御機嫌能恐悦奉存候という調子で、御の字が付かぬと情合が移らぬようであります」。

これまで、私が「お城」と書いてきたのは、まさしく「御の字が付かぬと情合が移らぬようで」あるからだ。子どものころから「お城」としか呼んでこなかったそれは、すでに種を明かしてしまったが、浜松城（図6）である。築城は昭和三十三年（一九五八）、鉄筋コンクリート造三階建てのお城が姿を現した時、私は四歳になっていた。

さあ、「お城とお城のようなもの」を巡る旅に出かけることにしよう。

補遺❶　天井に絵のある大きな家

家でも職場でも、ほとんどの人が四角い部屋で過ごしている。したがって、空間を切り取るのは六つの断面、このうちの四面を壁と呼び、残りの一面を天井、一面を床と呼んできた。

そこが宇宙船でないかぎり、足をつける床が文字通りに身近だが（畳の部屋ならごろ寝の楽しみ）、一方の天井との間には常に距離がある。壁四面は、しばしば序列化される。たとえ上座と下座を明確にしなくとも、どれほどプライベートな空間であっても、入口と奥とには分かれるだろう。家具を置く場所が選ばれ、絵や写真を飾る壁も決まる。天井は、こうした日常性からも距離がある。あまり生活と関わらないのだ。

さて、この家では、畳でごろ寝という喜びがはじめから封じられている。立つか椅子に座るかしかない。バスケットボールでも出来そうな広い空間だが、これでも食後のくつろぎの場である（図7）。隣接して、さらに大きな宴会場「豊明殿」があった。

われわれには大き過ぎる、しかし、ヴェルサイユ宮殿に比べればこぢんまりとしたこの家の主は明治天皇。京都から東京に引っ越して、和風から洋風に生活を改めたのは、外国からの賓客をお座敷で饗応するわけにはいかなくなったからだ。つまり、外交上、畳の上に座る苦痛を、彼らに強いることを避けたのである。

黒船来航のころだと、アメリカ人は椅子で、日本人は床で対座する光景も見られたが（絵にそう描かれている）、文明開化を標榜する明治の日本人は、洋服に着替え、ヒゲを生やし、客人同様にテーブルと椅子につくことにした。もちろん、テーブルマナーも身につけなければならなかった。

図7　明治宮殿千種之間（『宮城写真帖』大日本国民教育会、1935年）

しかし、生活も空間も簡単に切り替えられなかったことは、この部屋の格天井によく示されている。むしろ、ここには、ひと昔前の御殿の記憶が色濃く漂っている。天井から吊り下げられた巨大なシャンデリアとの不調和、とわれわれには見えてしまう組み合わせが、当時の、この家に集うような日本人の意識を率直に表明しているのかもしれない。それは望ましき部屋、望ましき天井であった。

格天井が作り出す枡は全部で百十二あり、そのすべてが異なる種類の草花の丸い絵で装飾されている。ゆえに「千種之間」と呼ばれた。その優雅な天井は、正殿や豊明殿などの天井画が古模様を参照し、厳めしいことと好対照である。

柴田真哉が二カ月あまりで描いた下絵は、京都に送られ、それを元に綴織がつくられた。真哉の父である是真が手控えとして描いた下絵が伝わっており、遺族から東京芸術大学に寄贈されたのは昭和五十年（一九七五）のことである。宮殿は昭和二十年（一九四五）の戦災で失われたから、写真とこれら下絵だけが千種之間を復元する手掛かりとなる。

これまでにも、柴田是真の美術作品という観点からの紹介はあったが、今回の展覧会「柴田是真──明治宮殿の天井画と写生帖」（東京芸術大学大学美術館、二〇〇五）は、それを宮殿の中へと戻し、われわれをも千種之間に招き入れてくれるような試みであった。だからつい、人の暮らしにとって天井とは何かということまで考えてしまった。

〔『芸術新潮』二〇〇五年九月号〕

補遺❷　お濠端の明治生命館

明治生命館二階の三つ並んだ応接間のどこからも、窓越しに、皇居のこんもりとした森が見渡せる。正面奥に白い伏見櫓の姿が見えるから、窓の下の広い道路が二重橋に向かってまっすぐに延びていることがわかる。

周知のとおり、二重橋は皇居の正門であるが、皇居がまだ徳川将軍の居城であった時代に、次第に本丸よりも西丸が重視され、したがって、西丸大手門である二重橋に正門としての性格が与えられてきた。やがて、幕府が倒れ、新たな主として天皇が京都から移り住むと、江戸城は「皇城」、ついで「宮城」と呼ばれる。天皇を乗せた輦、馬車、のちに自動車は、必ずこの門を出発したから、二重橋前は天皇を迎える場所となり、また憲法発布や日清・日露戦争の勝利など度重なる国家的慶事に、祝賀を表する場所として機能するようになった。これに合わせて広場が整備され、今日に至っている。

明治生命館は、皇居から見れば、正門を出た真正面の第一等地に建っていることになる。とはいえ、明治生命がはじめてこの地に社屋（三菱二号館）を構えた明治二十八年（一八九五）の時点では、窓外の風景は現在とは大きく異なっていたはずだ。前年に三菱一号館が竣工、翌年に向い側に東京商業会議所が竣工、さらに翌年に三菱三号館が竣工という具合に、雑草の生い茂る「三菱ヶ原」がようやく「一丁ロンドン」へと変わり始めたばかりである。丸の内の一連の建設は馬場先通りを軸に進められていたが、通りは馬場先門で行き詰まり、そこには、いわゆる枡形の二重の門が設けられ、濠には木橋が架かっていた（図8）。

L字形に人の通行をコントロールする枡形は、今でも大手門や桜田門で見ることができる。城は防御のための施設であり、その空間は閉鎖的である。ところが内側は、少なくとも馬場先門の内側は国民が自由に出入し、祝賀行事を行う空間に変わろうとしていた。

　三菱一号館、二号館の竣工時期は日清戦争（一八九四～九五）とぴたり重なっている。相次ぐ祝勝会の主会場には上野公園が用いられたものの、二重橋前広場も祝賀に欠かせない場所となっていた。この地の閉鎖性と開放性の矛盾は、十年後の日露戦争で決定的なものとなる。明治三十七年（一九〇四）五月八日、九連城陥落を祝う提灯行列が馬場先門を入ろうとする時に事故が起こった。一気に群集が押し寄せたために、二十人の死者を出す惨事となった。

　これを機に、門と木橋が撤去され、濠の一部が埋め立てられ、二重橋と馬場先通りが一本につながった。併せて、大手門外から日比谷公園に抜ける道路も建設され、こちらは「凱旋道路」と呼ばれた。その名は忘れられても、新設の祝田橋によって分た

図8　馬場先御門（霞会館）

れた濠のひとつが「凱旋濠」として、当時の記憶を今なおとどめている。

先代の明治生命館が馬場先通りに向かい、現在の明治生命館がむしろ皇居に面しているのは、こうした馬場先門と二重橋前広場（宮城前広場）の変貌に対応しているからだ。さらに、後者の建設の背景には、震災からの「帝都復興」があった。

工が起こされた昭和五年（一九三〇）の三月二十四日に、帝都復興祭が挙行されている。この日、復興成った東京市内各所を昭和天皇が見学した。東京市編『帝都復興祭志』（東京市、一九三二）の掲載図「御巡幸御道筋」は、馬場先門を出て再び馬場先門へと戻る巡幸コースを示し、記録映画『帝都復興』（松竹キネマほか製作、一九三〇）は、馬場先門に建設された奉迎門を写し出している（図9）。

明治生命館が、まさにこの一角に、帝

図9　帝都復興祭奉迎門（1930年、『帝都復興祭志』東京市、1932年）

——都にふさわしい壮麗な姿を現すのは、それから四年後のことであった。

〔『明治生命館』竹中工務店、二〇〇六〕

1　宮城から球場へ

記憶力よろしき読者諸賢は、「次回からはいよいよ諸国城下町行脚へと出発」と口にしたっきり、お前さんはいったいどこへ消えてしまったんだと呆れ果てたに違いない。月刊誌で「次回」と書けば「来月」が当たり前。私も読者なら「騙された」と怒るところだが、著者なので、「来月とは一言も言っていない」と開き直るしかない。

それに、糸の切れた凧のように、風に吹かれてどこかへ飛んで行ったわけではない。むしろ地に足をつけて、皇居の回りをぐるぐると歩き回っていた。それが面白くて、東京をなかなか抜け出せないでいた。忘却力よろしき読者諸賢は、何も気にせず、ここから読んでほしい。

ある時、牛ヶ淵のほとりに立つ旧軍人会館、現在の九段会館屋上ビアガーデンでビールを飲みながら、東京都心ではもはやここにしか生息していないというバニーガールの攻撃をかわしながら（ジョッキが空になるやたちまち現れてお代わりを勧める）、お濠を眺めていた。

そこから見える北の丸は美しい緑の土手で囲まれている。今では内側が公園となっており、誰もが足を踏み入れることのできる場所だが、水面から立ち上がる土手は高くそびえて、人を寄せ付けようとしない厳しさがある。かつての江戸城の大きさが偲ばれる風景だ。ビアガーデンに入る前に、隣の昭和館で、段々畑に変わった同じ土手の写真を見たばかりだった。急な斜面にはりつくようにして、畑を耕す人々がいた。それは食糧難にあえぐ東京のなりふり構わぬ姿だった。見たこともない不思議なお城がそこにあった。

❖

東京駅の喧噪を抜けたほんの目と鼻の先なのに、皇居前広場の静けさからはしばしば異様な感じを受ける。手入れのよく行き届いた黒松がたくさん、適度な間隔をおいて植えられていること、ひとりのホームレスも住んでいないことなどがそうした印象のもとになっている。そのどちらもが東京の普通の公園と違っている。しかし戦後間もないころには、この辺りにもまた、現在からは想像もつかない風景が広がっていた。

『サン写真新聞』昭和二十一年（一九四六）十月九日号は、草野球のメッカとしての皇居前広場を伝える（図10）。地面はボコボコ、とはいえ、画家木村荘八が昭和二十六年（一九五一）夏のある晩にけつまずきそうになったのは、この穴ボコのためではなかった。「土手下の深い草の中に堅く相抱いたアダム・イヴ」が潜んでいたからだ（『東京繁昌記』演劇出版社、一九五八、ただし岩波文庫版『新編東京繁昌記』一九九八からこの一文は外されている）。

図10　皇居前広場の草野球（毎日新聞社）

夜になると、皇居前広場には、「アダム・イヴ」のための、あるいは即席「アダム・イヴ」のためのもうひとつの競技場が開場したことは、井上章一『愛の空間』（角川書店、一九九九）に詳しい。そこでは別のバットが必要だった、だなんて下品なことは書かない。お城をめぐるこの本はそういう場ではない、と思いたい。

皇居前広場に関するコンパクトな良書、前島康彦『皇居外苑』（郷学舎、一九八一）にも、むろんそんなことは書いていない。ただし、ひとつ興味深い史料が紹介されている。昭和二十二年（一九四七）十二月二十七日の閣議で決定された「旧皇室苑地の運営に関する件」である。

その前文はつぎのとおり。「旧皇室苑地の中、宮城外苑・新宿御苑・白金御料地等は速かに文化的諸施設を整備し、その恩沢を戦後国民の慰楽・保健・教養等国民福祉のために確保し、平和的文化国家の象徴たらしめることとし、概ね左の要領により運営するものとする」。

そして、宮城外苑の開放措置として、「宮城外苑に野外ステージを中心とする国民広場を設置し、各種行事、運動競技などに使用せしめること」を挙げている。

おそらく「アダム・イヴ」たちは、こうした皇室の「恩沢」に応えて、「平和的文化国家」建設のために、率先して「各種行事、運動競技」に励んだのであろう。この閣議決定は、閣議という高みから人間の営み、生活、現実を語ると、このような表現になることのよい例である。

さて、こうしたお濠の外の変貌ぶりがお濠の中に伝わらないはずがない。敗戦直後に侍従次長を務めた木下道雄の日記(前掲『側近日誌』)を見ると、早くも昭和二十年(一九四五)の秋ごろから、皇居が城の中にあることが問題にされ始めている。たとえば十月二十九日には、高松宮が木下に向かってつぎのようなことを語ったようだ。昭和天皇は「国都については、奈良地方の御考えなり。少くとも堀を廻らしたる城内に皇居あることを好ませられず。皇都を定めることが国土計画の第一歩」。

翌年一月三十日の日記には、木下自身が昭和天皇の意見を入れてまとめた「皇居の位置」が示されている。そこでは奈良遷都論が影を潜め、宮城と赤坂離宮と京都大宮御所三カ所の長所短所を比較検討したうえで、「宮城を皇居と定めざるを得ず」という結論に達したことがわかる。一案として、「本丸を開放して皇居が濠を廻らす城の感を減ず」ることも示された。

昭和二十三年（一九四八）七月一日の「宮城」から「皇居」への改称が、こうした考えを踏まえたものであることはいうまでもない。さらに、本丸の開放も実現した。もともと明治天皇が入城して以来、皇居は旧江戸城の西の丸に展開していたから、本丸を「平和的文化国家」の国民に明け渡すことはそれほど痛手ではなかっただろう。

❖

私がビアガーデンに座ってぼんやり眺めていた旧江戸城の北の丸も、むろん公園として開放された。戦前は近衛師団が陣取っていたそこに、戦後最初に出現した文化的施設は科学技術館であり、日本武道館であった。科学とスポーツは「平和的文化国家」建設の重要な柱とされたからだ。しかし、昭和四十一年（一九六六）のザ・ビートルズ日本公演が転機となり、その後の日本武道館が場所を提供してきた武道とはまったく無関係な「各種行事」の蓄積こそが、戦後実現した「平和的文化国家」の正体かもしれない。

その北の丸公園に国立近代美術館が進出しようとした時に、強い反対があった。今から見れば嘘のような話だが、おそらくそこには、敗戦後にいったんはなりふり構わぬ状況を呈した皇居周辺が、その後どのように変貌し整備されてきたかを知る手掛かりがあるはずだ。

もともと国立近代美術館は、昭和二十七年（一九五二）冬に東京京橋の旧日活ビルを改装して開館した。現在はそこに美術館から独立した国立映画アーカイブが入っている。この年の春に、日本は独立を回復したばかり。まだ美術館が自前の建物を持つことができなかったと考えることもできるし、そうまでして美術館を欲しがった時代だったと考えることもできる。

注目すべき問題は、美術館というよりはむしろそれが近代美術館であることだった。戦前にはなかった近代美術館というものを、ちょうど一年前に開館した神奈川県立近代美術館（小さいながらも自前の建物を建てた）に続いて、日本社会はふたつも手に入れた。戦前に賞揚されたナショナルな日本文化の対極に、インターナショナルなモダンアートが輝いて見えたのである。これらふたつの美術館開館の間には、ブリヂストン美術館の開館（昭和二十七年正月）がはさまっており、これまたニューヨーク近代美術館をモデルにした近代美術館にほかならない。開館順に、三館は公立、私立、国立とバラエティに富んでいた。

ブリヂストン美術館をつくった石橋正二郎は、仕事帰りにふらりと立ち寄ることのできる美術館を理想とした。それは断然オフィス街になければならなかった。開館式で次のような挨拶をしている。

又序に申上げますが、一昨年私が渡米いたしました際、米国の主なる美術館を見学して聊か知識を得ました事は、ニューヨークのモダンアートミュウヂアムはロックフェラーセンターにあって最も便利で、一寸飛び込んで観られるように造られて居り、吾々の今迄の観念では、美術館というと大きな公園の中に立てられた立派な大理石造りの宮殿式のものを考へますが――事実米国の大美術館は大体そうなって居りますけれども、このモダンアートミュウヂアムを見ましてから、交通の最も便利な都心にある此のブリヂストンビルの中に開設することは、理想的であると考へ、愈々決意した次第であります。（略）

（『ブリヂストン美術館館報』一九五二）

その後、同館は大幅に改装されたものの、相変わらず東京駅前の昔と変わらない本社ビルの中にある。

国立近代美術館の移転問題が具体化し始めるのは東京オリンピックが閉幕したころからだった。その建設費を石橋正二郎がポンと出した。条件はただひとつ、それを北の丸公園に建設することであった。

現在の国立近代美術館は、もともと美術館としては不適当な建物である理由から、近く移転新築の計画があると聞いていますが、私は度々海外を訪れて、世界で著名な美術館を数多く見て参りましたのと、自分でもブリヂストン美術館（東京）、石橋美術館（久留米）をつくりました経験から、近代美術館のありかたについて、一つのイメージを持っており、それには将来公園となる代官町の入口の場所（別紙図面御参照）が候補地として一番ふさわしいと考えます。

また専門家の方々の意見も徴しましたが、多くの人々の賛成を得ておりますので、右の候補地に建築することが許されるならば、私財を投じ近代美術館を建設して国家に寄贈したい所存であります。（略）

（昭和四十年十一月三日付文部大臣宛意見書、『東京国立近代美術館の新営』石橋正二郎刊行、一九七〇所収）

これに対する反対とは、北の丸公園には科学技術館と日本武道館以外の施設は建設しないことが、すでに閣議決定されていたことによる。

閣議決定を覆し、代々木公園への建設案を退けた論理は、「近代美術館というものは、現代の生活に密接に結びついて、市民に積極的に働きかけるものでなくてはならない」（石橋正二郎の意見書に添付された山田智三郎の意見書）という、いわばブリヂストン美術館を東京駅前に建設した論理と同じものであった。

それにもかかわらず、石橋正二郎は近代美術館が皇居のそばにあることを望んだように思われる。一九五〇年代から一九六〇年代に移り、皇居周辺は再び姿を大きく変えつつあった。国立国会図書館が建ち（昭和三十六年）、国立劇場が建った（同四十一年）。戦前の宮城周辺に軍関係の施設が並んでいたこととは対照的に、文化的施設が顔を揃え始めた。東京国立近代美術館の出現（同四十四年）とはその一環であり、さらに国立公文書館（同四十六年）、東京国立近代美術館工芸館（同五十二年）の相次ぐ開館が環をつなぐことになる。とりわけ、近衛師団司令部庁舎の工芸館への転用は、武から文へという皇居周辺の変容を象徴する出来事であった。

これに呼応するかのように、昭和四十三年（一九六八）に、お濠の中では新宮殿が完成した。いや、むしろ新宮殿の建設に合わせて、お濠の外が整備されていったのかもしれない。工芸館を除いて、どれもこれもちょっとモダンな和風の建築デザインが似ている。こうして、皇居前広場からは、草野球チームも「アダム・イヴ」も追い払われた。

補遺❸ 和田倉橋の恋人たち

井上章一『愛の空間』につづいて、原武史『皇居前広場』（光文社新書、二〇〇三）

が戦後しばらくは「人民広場」と呼ばれ、メーデーをはじめとするさまざまな政治的集会に用いられた皇居前広場を追いかけつつ、隠語としての「人民広場」までをも視野に収めている。

一九五〇年代半ば、箱根芦ノ湖を訪れた丸山眞男は、箱根離宮跡の公園で白昼堂々と性行為をしている男女の姿を目にし、同行の石田雄に向かって、「ここも人民広場になったね」と語ったという。

本家「人民広場」たる「皇居前広場」もまた、「ひところの「濹東」というと同じような隠語」となっていたことを、木村荘八が驚きをもって記録している(『東京風俗帖』青蛙房、一九七五)。それはそれは想像を絶するような皇居前広場があった。

血のメーデー事件を境に政治的集会が禁止され、皇居前広場が「人民広場」でなくなる一方で、井上のいう「愛の空間」は継承されたことを原は指摘する。昭和三十七年(一九六二)三月から広場内の芝生約三十三万平方メートルが開放されると「愛の空間」が復活、翌三十八年六月に夜間の立ち入りが、同年十月には再び立ち入りが全面禁止された。

写真家富山治夫が和田倉橋の上の少なくとも十組の恋人たちを撮ったのは、その翌年、昭和三十九年(一九六四)八月二十九日土曜日の夜だった(図11)。彼らはなぜ橋を渡った先の皇居前広場に入らないのかとずっと疑問だったが、立ち入りを禁じられ

図 11　富山治夫、『朝日ジャーナル』1964 年 9 月 27 日号、現代語感「連帯」

ていたのであれば腑に落ちる。「東京砂漠」という言葉が生まれたほど、雨不足に見舞われた夏だったが、この日はにわか雨が降った。神宮球場の国鉄・巨人戦、東京球場の東京・南海戦、後楽園球場の東映・西鉄戦がいずれも中止になっている。地下鉄日比谷線が営業を開始した。

日比谷映画でソフィア・ローレンの『昨日・今日・明日』、日比谷みゆき座でショーン・コネリーの『わらの女』、日比谷スカラ座でリチャード・バートンの『イグアナの夜』、丸の内ピカデリーでスティーブ・マックイーンの『マンハッタン物語』、丸の内東映パレスでショーン・コネリーの『マーニー』、丸の内日活で吉行淳之介原作・中平康監督『砂の上の植物群』（成人指定映画）が上映中だった。

発売中の『週刊新潮』八月三十一日号は、「接吻抱擁の描写は簡潔に！《映画》」という記事を載せている。映画の世界はともかく、和田倉橋の恋人たちは、それを「簡潔」に済ますわけにはいかなかっただろう。

オリンピック東京大会の開幕が目前に迫っていた。一週間ほど前にギリシアを発ったオリンピックの聖火が、この日、ヒマラヤを越えてインドに到着した。それから九月七日に沖縄に、九日に本土に到着したあと、聖火は四コースに分かれて、全国を回った。ちなみに、小学五年生になっていた私は鼓笛隊の一員として、浜松城内にあった体育館の前に勢揃いし、聖火の到着を今か今かと待っていた思い出がある。

最終的に聖火は皇居前広場に集められ、開会式の朝、ここから国立競技場に向けて、最後のリレーが行われた。名神高速道路の開通が九月五日、東海道新幹線の営業開始が十月一日、すべては東京オリンピックに合わせた突貫工事で、とりわけ東京がその姿を大きく変えたことはいうまでもない。外濠が埋められ、高速道路が日本橋の上に覆い被さったのはこの夏のことである。

拙著『世の途中から隠されていること』（晶文社、二〇〇二）では、あとがきの冒頭に実名で登場したが、今回は匿名希望のY氏の実感によると、さらに十年後の一九七〇年代前半においてなお、皇居前広場にはそんな雰囲気があったという。ただし、茂みの中から第三の手が出てくる日比谷公園に比べると、皇居前広場は安心できた。だからとても健全だったと、Y氏は遠い日を振り返るように煙草の煙をくゆらせた。

どちらがより健全なのかわかったものではないが、皇居前広場に比べれば、日比谷公園はたわいもなかったという木村荘八の戦後間もなくの証言にも耳を傾けておこう。

「この八月十八日に行って見た皇居前広場は、折からとっぷりと日のくれた、たしか土曜日だったと思いますが、ここに「繰り込む」という言葉はおかしいけれども、使えば、続々と八方開けっぱなしの「口」から殆ど例外なく二人連れの繰り込む、M君の云ったその、「ラッシュ・アワー」で、更にM君の云った言葉を重ねれば、そこはその時「アベック市場」というべき光景でした。（中略）そこに集まった人々は、「恋情」と云うか、ずばり「色情」と云おうか、それ一本槍の、いずれもこれは陶酔したもののようでした。他に何の思い患うところもない、アムールに酔っている人々です。アムールの他には思うに「金」も「世間」も何もない陶酔した人達があっちにもこっちにも一杯いる光景というものは、何か圧倒的な、又威圧的な、一種の迫力のあるものでした。（中略）われわれはここを立ち去って、濠端を、改めて日比谷公園へとはいってみました。と、ここで花壇のベンチで見たものは、M君曰く「ここは皇居前広場の大学校へはいる前の中学校ですね」と。更に曰く「面白いじゃありませんか。このアベックには詩がありますね。夢もあるし、レンアイも有るように見えるが——

あっちには夢も詩もへったくれもありませんね。率直大胆で、クソ真面目だ。そこにニンゲンが露呈しているように見える。イヤ、実際、日比谷のベンチのアベックの方が、不マジメかも知れませんよ」と」（木村荘八『東京風俗帖』青蛙房、一九七五。ちくま学芸文庫、二〇〇三）。

補遺❹ 竹橋でなければいやだといった石橋の話

福岡県久留米の小さな仕立物屋に生まれた石橋正二郎（一八八九〜一九七六）は、家業を継いだあと、足袋の底にゴムを貼った地下足袋で当て、莫大な財を築いた。やがて自動車タイヤの製造販売に事業を拡大し、自らの姓の英訳を社名にしてブリヂストンタイヤを設立した。のちに美術館をつくることになる遠因は、高等小学校の恩師坂本繁二郎から青木繁の絵の蒐集を勧められたことにある。

石橋の皇室や社会に対する貢献は、早くも昭和五年（一九三〇）に、久留米の自邸内に秩父宮の宿舎「御泊所」を建設したことに始まる。この時、青木繁の「海の幸」（石橋美術館蔵）が邸を飾ったという。

昭和七年（一九三二）の上海事変で、久留米工兵第十八大隊所属の工兵三人が敵の鉄条網を破壊し自ら爆死すると、陸軍は「覚悟の自爆」と発表、いずれも二十二歳だった三人は「肉弾三勇士」あるいは「爆弾三勇士」として祭り上げられた。これに感激した石橋は、工兵隊の敷地に三勇士記念館を建設して寄付、坂本繁二郎に三勇士の活躍を描いた壁画制作を依頼した。寄贈は正二郎ではなく、兄の徳次郎という説もある（岸田勉「消えた〝肉弾三勇士〟」『西日本新聞』一九六五年二月二十一日）。

「翌年から三年間、二月になると、薄暗いうちにアトリエの庭にわら人形をすえ、軍服を着せてイメージを出すのにつとめました。動の中の静、静の中の動、死の中の生、生の中の死、数分後に起こり得る結果を知りながらなお戦い進まねばならなかった三兵士の心境と宿命をいかにカンバスに定着させたらよいのか——昭和十年になってやっと三百号の作品が完成しました。あまり勇ましい絵ではないといわれたものです」と坂本自身が回想している（坂本繁二郎『私の絵 私のこころ』日本経済新聞社、一九六九）。

模糊とした色彩で馬ばかりを描いていた坂本にとって、戦争画は描きにくかったに違いない。戦後はこの大作が行方不明になったことを、同じ回想の中で明らかにしている。ただし、坂本は別に二十五号の油絵を二点描き、一点を石橋美術館に寄贈しているから、今も目にすることができる。もう一点は秩父宮家に贈られたという。

戦時中は戦争のために（昭和十九年には軍需会社の指定を受けた）、戦後は復興のために、自動車タイヤの需要は伸びる一方だった。GHQの命で解体された財閥と異なり、占領下でも石橋は大きな打撃を受けなかった。すでに戦前から、青木繁や藤島武二の作品の蒐集を始めていたが、戦後の混乱期に市場に流れ出た西洋絵画を一気に手に入れることができた。

それゆえにブリヂストン美術館の建設が可能となった。昭和二十七年（一九五二）一月八日の開館はまだ占領下のことであり、同年十二月一日開館の国立近代美術館におよそ一年先んじている。開館式での石橋の挨拶は、「公共的な記念事業」にふれるとともに、美術館が「交通の最も便利な都心にある」ことの意義を主張している。若い頃からの国家への貢献意識と、美術館は生活の中にあるべきとする信念とが、やがて、国立近代美術館の移転先を北の丸へと主張することにつながったのだろう。秩父宮の宿舎「御泊所」や三勇士記念館を建設して提供したように、さらに昭和三十一年（一九五六）には、美術館や体育館や水泳プールから成る石橋文化センターを郷里久留米市に寄贈したように、新たな国立近代美術館の建設費を石橋が全額負担して、出来上がってから国に寄贈するという大掛かりなプレゼントだった。建物は、竣工と同時に、昭和四十四年（一九六九）四月三十日に引き渡された。

移転先は単に便利な場所だけでは不十分だった。京橋よりもより皇居に近い竹橋の方が、国家への貢献をより明らかに表現できると考えたに違いない。

北の丸には科学技術館と日本武道館以外の施設（いずれも東京オリンピックにあわせて建設、遅れて国立公文書館の建設も許可）は建てないとする閣議決定をひっくり返すには、よほど強い意志と政治力がなければならない。

いったんは東京オリンピック終了後の選手村跡が移転先とされ、文部省はそれを前提に準備を進めていた。「ところが昨年九月体協から反対の声が起き、さらに石橋正二郎ブリヂストンタイヤ会長が「北の丸に移るなら一〇億円寄付する」と持ちかけた」(『日本経済新聞』一九六五年一月十一日)という。

建設前の北の丸の航空写真を見ると、石橋がねらった場所は猫の額のように狭い(図12)。ここでなければ金は出さないというのであれば、やはり皇居に面した場所であることが、譲れない最後の一線であったのだろう。

そもそも竹橋は、当時も今も、それほど交通の便がよいとはいえない。狭さに関しては、こんな参考意見が付されている。「土地の狭いのは弱点には違いないが、近代美術館というものは、五〇年以上の古い

図12　北の丸公園(『東京国立近代美術館の新営』)

作品は、他の美術館に移譲すべきもので、収蔵品が限りなく増えて行くべきものではないので、将来それほど大拡張すべきものとは思わない」（山田智三郎「国立近代美術館の移転について、代官町の候補地を推したい」『東京国立近代美術館の新営』石橋正二郎刊行、一九七〇所収）。

開館から疾《と》うに五十年が経過しているし、所蔵品の大半は「五〇年以上の古い作品」のはずだが、現在の東京国立近代美術館が「他の美術館に移譲」を考えているとはとうてい思えない。

いずれにせよ、石橋の念願は叶った。美術館玄関脇の壁には、「この建物は、石橋正二郎が建設し寄贈されたものである。昭和四四年五月七日、東京国立近代美術館」というプレートが皇居に向かって嵌め込まれている。ここにもぜひ目を向けて、併せて、この旅の最後に訪れる首里城内の沖縄県立博物館玄関脇のプレートと比べ、美術館や博物館が誕生するためには、どんな力が働くのかを考えてほしい（三九〇頁）。

2　和気清麻呂が見守るもの

『ぬっとあったものと、ぬっとあるもの』(ポーラ文化研究所、一九九八)という本づくりを手伝ったことがある。表紙の写真には、真っ白な上半身を山から「ぬっと」突き出した大船観音が使われた。『is』という雑誌の別冊だった。そして、続編は『ぬーっとあったものと、ぬーっとあるもの』がいいなと願い、それならば、カバーガールならぬカバーボーイには、皇居のお濠端に立つ和気清麻呂像をおいてほかにないだろうと考えていた。ところが、親雑誌の『is』が第八十八号をもって潰れ、つられて私の願いもはかなく消えた。

しかし、そんなこととは無関係に、和気清麻呂像は「ぬーっと」あり続ける。これまでもそうだったし、これからも変わらないだろう。それは「ぬっと」あることとどう違うのかと問われると答えに窮するが、私の感覚では、「ぬっと」あるものはすでに風景の中に埋没しており、うっかり見過ごしそうになるが、いったん目を向けるとゆっくりと立ち上がってくる。くわした者に一撃を加える。一方の「ぬーっと」あるものは唐突に出現し、出

いや、そんな屁理屈を捏ねるよりも、実際に和気清麻呂像の前に足を運ぶとよい。四メ

図13　佐藤清蔵「和気清麻呂像」（2005年撮影＊）

ートルをゆうに超える巨体がまさしく「ぬーっと」突っ立っている（図13）。

それまで、和気清麻呂像は、宇佐八幡の神託を称徳天皇に伝え、天皇位をねらった道鏡の野望を挫くという対決の姿勢で表現されることが多かった。神護景雲三年（七六九）に起こったこの「宇佐八幡神託事件」（私の手元の『角川新版日本史辞典』にはそんな一項目が立てられている）の一場面をそのように生々しく再現するのではなく、いわば「忠臣」の姿を象徴的に表現したのである。そこでは、現実的な動作や身振りが邪魔となる。時代を超越し、できるかぎり「ぬーっと」しているほうがよいと判断されたのだった。

背後に回ると、台座に「紀元二千六百年記念、建設委員長陸軍大将従二位勲一等功四級林銑十郎、寄贈者石川博資」と刻まれた文字が見える。周囲に人がいないのを見計らって台座の上によじ登ると、右足の後ろに「紀元二千六百年、佐藤清蔵、敬造」、左足の前に

「寄贈者、石川博資」という文字も見つかる。

作者佐藤清蔵は、この直前まで佐藤朝山を名乗っていた。「朝」の字は、師の山崎朝雲からもらったものだ。明治三十九年（一九〇六）、十八歳で故郷福島県相馬郡中村町を離れ、東京に出た時から朝雲に師事してきた。日本美術院が活動の場だった。大正十年（一九二一）から十三年にかけては、フランスに留学し、ブールデルに就いて学んだ。記念碑彫刻を学んだのはこの時である。帰国後も院展での発表を毎年続け、昭和十年（一九三五）には『朝山彫刻集』（日本美術院）を刊行するまでに至った。

ところが、和気清麻呂像の制作をめぐって山崎朝雲と衝突し、決別することになる。この銅像建設は、佐藤朝山に朝倉文夫、北村西望を加えた指名コンペで行われたが、衝突の原因は朝雲が朝倉の肩を持ったからであった。そこで、朝山は完成作に本名の清蔵を刻んだのだという（松田亨『天女開眼——佐藤玄々の芸術』萬葉堂出版、一九八〇）。

❖

その後、昭和二十三年（一九四八）になって、佐藤清蔵は阿吽洞玄々を名乗る。

玄々時代の代表作は、日本橋の三越本店中央ホールにそびえ立つ天女像だろう（図14、五七頁）。正式名称を「天女（まごころ）」という。昭和二十六年（一九五一）三月に三越との間で制作に関する契約が成立し、九年の歳月を費やして、昭和三十五年（一九六〇）四月に竣工した。天女の身長は約二メートル四〇センチ、光背の高さ約一一メートル、幅約四メートル四〇センチ、それに三メートル近い台座が加わる。下から見上げると、建物の四層分を貫いている感じだ。

和気清麻呂像とは対照的に、天女像はかたちも色彩も過剰である。衣紋、羽衣、装飾品、花、瑞雲、火焔などすべてが波打ち、うごめいており、それはそれで商品であふれる百貨店の空間にうまく納まっている。初めて三越本店に足を踏み入れた者の目には「ぬっと」現れるに違いなく、その一撃は「悪趣味」のひと言で片付けられてしまうかもしれないが、何度か目にした者の目には、商品の中から、つまりは現代日本の消費文化の中から「ぬーっと」現れてきて、「文化復興」が合言葉だった一九五〇年代の日本を語り出す。

和気清麻呂像は大手門と平河門の間の大手濠に面して立っている。そこから日本橋の三越本店まで、直線距離にしてわずかに一キロ。戦争をはさんでいるとはいえ、竣工の時間的な距離もまたわずか二十年にすぎない。同じ作者の手になるふたつの彫刻を見比べ（足を運ぶのは実に簡単なことだ）、改めて、和気清麻呂の抑制された身振りについて考えることにしよう。

❖

昭和十五年（一九四〇）に銅像を建立する理由は、和気清麻呂が「天の日嗣《ひつぎ》は必ず皇儲《こうちょ》を立てよ」という神託のメッセンジャーであったからだ。すなわち、この原則を連綿と守り、神武天皇即位以来万世一系の天皇家を戴く日本が目出たく二六〇〇年目を迎えたと考えられたのが、この年だったのである。

したがって、和気清麻呂像は二六〇〇年という幻想的な時間を背負っていることになる。皇紀でいえば一四二九年に起こった政治的事件を伝えることだけが、この銅像の役割では困るのである。二六〇〇年にわたって天皇に忠義を尽くしたすべての臣民を代表し、かつ二六〇一年以降のすべての臣民の模範たらねばならなかった。二六〇〇年という長い時間にふさわしい「ぬーっと」した身振りが、この時の和気清麻呂には必要であった。

ところで、昭和二十一年(一九四六)の憲法改正で、旧憲法の第二章「臣民権利義務」が新憲法の第三章「国民の権利及び義務」に改正されたからといって、日本国から「臣民」が消え、「忠臣」の象徴たる和気清麻呂が役割を終えたわけではない。その証拠に、内閣には「大臣」がごろごろいるではないか。確かに、現代の日本で和気清麻呂像の影は薄い。しかしながら、いつまた脚光を浴びるかわからない。皇紀二六〇〇年はまだ六十数年前のことだし、皇紀二七〇〇年はもう三十数年後に迫っているともいえるからだ。

それまで、和気清麻呂像は「ぬーっと」した身振りを続けることが無難なのである。先の『天女開眼』によれば、この銅像の管理者は不明だという。著者の問い合わせに対し、宮内庁も東京都もそれが誰かを知らないと答えた。これまた、和気清麻呂像には好都合な話だ。所有者が不明ならば、誰からもそっとしておかれるからだ。それに、銅像を引き倒すような行動を日本人は稀にしかとらない。

そう考えると、和気清麻呂像は大手濠に面した絶妙な場所に立っている。彼が見守る先には宮内庁病院がある。その距離はわずか二〇〇メートルほどである。かつて称徳天皇に伝え、道鏡を斥けることになる宇佐八幡の神託の現代における実践の場は、病院であるかもしれない。そうとまでいわなくとも、即位の礼が行われる宮殿と並んで、皇位継承者の誕生を支える病院は、皇居内でとびきり重要な場所だろう。

和気清麻呂像が見守るさらに先には皇居前広場がある。皇居前広場、あるいは皇居外苑と現在呼ばれる場所は、かつては、和田倉門、馬場先門、桜田門を抜けてしか入ることのできない閉鎖的な空間だった。その上、それぞれの門が桝形で二重の門を備えていた。馬場先門は広い自動車道路に変わったが、桜田門は当時の面影を残している。江戸時代には老中や若年寄など幕閣の役屋敷が並ぶ中枢の場所であったのだから、人を寄せ付けないのは当然である。

それが戦後、劇的に開放されたことは前章の話題だったが、広場としての性格はすでに戦前から段階的に形成された。閉鎖的な空間を一変させたのは日露戦争後に建設された凱旋道路である。これが日比谷と大手門を結んで走り、外苑を南北に横断した。また、馬場先門が拡張され、二重橋に向かって広い道路が出来た。次いで、関東大震災後の帝都復興事業のひとつとして、東京駅正面から外苑に向かって幅七七メートルの行幸道路が設けられた。

さらに紀元二六〇〇年の記念事業として、東京市が大掛かりな外苑整備を行った。昭和十四年（一九三九）十一月十四日に行われた起工式で、頼母木《たのもぎ》桂吉東京市長は整備の目的をつぎのように述べている。「この宮城外苑を最も崇高にして森厳清浄なる聖地たるに相応はしく整備致しまして一はもつて　聖恩に対し奉り一はもつて国民肇国精神の作興に資せむとするものであります」（『東京市紀元二千六百年奉祝記念事業志』東京市役所、一九四二）。その工事計画概要は、天皇が立つべき「御親臨台」を設け、そこに「十万人位の人々が整列し得られるやう整備する」（同右）とうたった。

それから、ちょうど一年後の昭和十五年（一九四〇）十一月十日に、紀元二千六百年式典が執り行われ、およそ五万人が参列した。内閣の公式記録『紀元二千六百年祝典記録』は、つぎのようにこの会場を絶賛している。

敷地広場ノ中央ニ立チテ西向スレバ即チ大内山ノ松樹翠色濃カナル辺白亜ノ城楼空ニ聳エ荘厳ノ気森然トシテ人ニ迫リ、眼ヲ転ズレバ北ノ方ヨリ（中略）帝都屈指ノ近代建築物東方外廓一帯ニ連瓦スル所外苑築堤ノ青松ヲ隔テテ望見シ得ベシ。是ニ由テ観レバ宮城外苑ハ、紀元二千六百年式典敷地トシテ正ニ唯一無二ノ適所ト謂フベキナリ。

そこに集まった五万人の人々の大半は二六〇〇年という幻想的な時間に酔ったはずだから、和気清麻呂を鑑とする「忠臣」たちといえるだろう。それならば、もっとずっと前から、もうひとりの「忠臣」がこの広場に陣取っていたことを忘れてはならない。和気清麻呂とは対照的に、こちらは馬上で激しい身振りをとったままだ。3章ではこの人のことを語ってみたい。

補遺❺ デパートの中の極楽浄土、駅の中の楽園

「今日は帝劇、明日は三越」という宣伝文句が一世を風靡したのは大正初年、考案者の浜田四郎自身が「如何にも浮薄なる文句」といいつつ、「今日は帝劇明日は三越ならば極楽浄土の再来」と振り返っている(『百貨店一夕話』日本電報通信社、一九四八)。観劇に買物の毎日とはいかにも気楽な暮らしだが、そんな都会生活を謳歌した彼らの子どもたちがやがておとなになるころには、今度は「贅沢は敵だ」というさかさまの世界が待っていた。

国民が耐乏生活を強いられた時代に、百貨店が何を売り物にしたのかは興味深い話だけれど、それはここでの話題ではない。話は敗戦から始まる。まだ占領下にあった

昭和二十六年（一九五一）に、三越は巨大な彫像の制作を、彫刻家佐藤玄々に依頼した。武器を捨て、文化国家として再出発したばかりの日本にふさわしく、それは伎芸天で、三年後に完成の約束だった。

三越は日本橋本店中央ホールの正面階段に大理石の台を設置して像の到着を待ったが、いつまでたっても像は現れない。玄々は、京都の妙心寺境内に建てたアトリエで制作に励んでいた。伎芸天は天女に変わり、その大きさは、予定の二十一尺が二十九尺、三十四尺、三十六尺（およそ一一メートル）とぐんぐん大きくなった。

待望の除幕式は昭和三十五年（一九六〇）四月十九日に行われ、「天女（まごころ）」と名付けられた。始まりからおよそ十年の歳月が流れたことになる。瑞雲に包まれながら天から舞い降りた瞬間をとらえたその姿は、豪華絢爛なまま四十五年後の今日も何ひとつ変わっていない（図14）。

図14　佐藤玄々「天女（まごころ）」
（2004年撮影＊）

むしろ、変貌したのは周囲の売り場とそこを訪れる買物客の方だろう。戦災復興期、高度経済成長期、バブル経済期を経て、体型と容姿と服装と身振りを一変させた日本人が、敗戦直後の日本人と同じ民族だとはとても思えない。

「天女」の前に立つと、そこは百貨店ではなくまるで大聖堂のようであり、浜田四郎の言葉とは異なる意味で、「極楽浄土」が出現したのだと思う。ここにはまだ「戦後」がある。

さらにもうひとつ、三越には「戦後」を感じさせるものがある。白地に赤のあの包装紙だ。昭和二十五年(一九五〇)のクリスマス用に画家猪熊弦一郎がデザインしたところ大好評で、翌年からは通常の包装紙となった。「華ひらく」がその名前、名前を持った包装紙なんてほかにあるだろうか。佐藤玄々が「天女」に取りかかるころ、猪熊は上野駅コンコースに今も残る大壁画を完成させ、「自由」と名付けた(図15)。

図15　猪熊弦一郎「自由」(2005年撮影＊)

上野駅に降りるたびに、私は学生のころを思い出す。青森が好きだった。結婚相手まで青森で見つけた。ただし、顔の黒い九州女だったが。〈上野発の夜行列車〉で何度も通った。行くというよりは帰るという感じの〈北帰行〉。今から思えば生意気盛り、ジーパンの後ポケットにぴったり入る、お尻の形に湾曲したウイスキーのボトルを駅のホームで買い込むと、キャップをグラス代わりにちびりちびりやりながら、暗い車窓を眺めていた、だなんて、いかにも〈青春時代〉で、書くだけで恥ずかしい。

逆に、東北からも、その先の北海道からも、たくさんの人々が東京を目指してやってきた。出稼ぎの労働者に、家出少女に、未来の横綱を夢見るちょっと太った少年。集団就職列車が走った時代もあった。家族と別れ、故郷の景色と別れ、同級生といっしょに、夜が明ければ〈あゝ上野駅〉である。

この絵は、東北本線改札口の上で、そうしたすべての人々を出迎え、また見送ってきた。東北各地へと誘う絵であることは一目瞭然だが、その右隅に「自由」と書き入れたのはなぜだろうか。

最近読んだ古今亭志ん生の自伝『びんぼう自慢』(ちくま文庫、二〇〇五)から、こんな一節を付き合わせてみたい。昭和二十年(一九四五)五月に、志ん生が満州への慰問に旅立つ場面だ。

「そのころの、上野駅なんてえものは、もう右ィ向いても左ィ向いても、遺骨を抱いた人ばかりですよ。亡くなって還って来た兵隊さんたちのまん中で、「元気でいってらっしゃアい」ってんですから」。

戦争が終わって、ようやく日本人は旅をする自由を得たのだった。窓口で切符を買いさえすれば、いつでも、どこへでも、誰とでも、好きなように出かけられるようになった。壁画からは、そんな時代のうきうきするような気分が伝わってくる。

もっとも、この絵を描くのに、猪熊はGHQから画材の提供を受けたという。考えてみれば、「自由」こそ、占領軍が日本人に真っ先に与えようとしたものである。この時、日本の占領はまだ終っていない。

〔『小原流挿花』二〇〇五年三月号・六月号〕

3　嗚呼忠臣楠木正成に見送られ

皇居前広場南端に立つ楠木正成像は、楠木正成にはならなかった可能性もある。建立の発端は、大阪の住友家が別子銅山開坑二百周年を記念して、別子産の銅を用いた銅像の献上を願い出たことにある。それを宮城正門、すなわち二重橋前の広場に設置することはすんなり決まったが、誰の像にするのかまでは決まらなかった。

神武天皇の騎馬像というプランもあった。それには明治天皇自身が難色を示したという話が伝わっている。「近時外交の道漸くその歩を進め、追々諸交際国の帝王の来遊もあるべきに、朕が祖先にもせよ其馬足の下を歩みて宮城に入らしめんには交際上如何あらん」（『美術園』第十一号、明治二十三年八月二十五日発行）。宮城を訪れる外国の帝王に、馬の足の下を歩かせるわけにはいかないという考えだった。

そこで公募となった。帝国博物館総長九鬼隆一が日本美術協会に示した募集条件のひとつには、「銅像ハ中世以来本邦歴史上に、著大の関係を有する人臣の像、若くハ国体を代表すべき、想像的の人物たるへし」とうたわれている（同右）。

当選したのは岡倉秋水と川端玉章による楠木正成騎馬像案であった。これに川崎千虎が綿密な歴史考証を加えて実施案を作り（『楠公銅像材料』東京芸術大学蔵）、明治二十三年（一八九〇）四月になって、東京美術学校に制作が委嘱された。主任を高村光雲が務め、山田鬼斎、後藤貞行が補佐した。

忠臣、功臣らの銅像建立の時代が始まろうとしていた。前年の憲法発布を機に逆賊の汚名が晴らされるや否や、西郷隆盛像の図案懸賞募集が行われ、靖国神社に建立が予定された大村益次郎像は明治二十四年（一八九一）から原型制作に入っていた。しかし、いずれも大事業であり、完成までに十年余を要している。

楠木正成像の場合、同じ二十四年四月に制作が始まり、二十六年三月にようやく木彫原型が完成した。それから鋳造に取りかかり、竣工は一九〇〇年七月であるから、やはり十年の歳月が流れたことになる。その苦労話を高村光雲が書き残している（『光雲懐古談』万里閣書房、一九二九）。

楠木正成像の特筆すべき点は、それが騎馬像であることだった。西郷隆盛像にも当初は軍服姿の騎馬像が構想されていた。大村益次郎像に取り組んだ大熊氏廣はイタリアに留学し、騎馬像を学んで帰国したばかりだった。高村光雲を補佐した山田鬼斎は明治二十三年の日本新聞社主催「日本歴史上人物の絵画若くは彫刻懸賞募集」（『日本』創刊号）に応じて、護良親王騎馬像（鎌倉宮蔵）を制作し当選、竹内久一の神武天皇像（こちらは立像、東京芸術大学蔵）とともに話題を呼んだ。

しかし、大型の屋外彫刻とならざるをえない騎馬像は、鋳造作業という難題を抱えてなかなか実現しなかった。逆にいうならば、騎馬像制作ほど、明治期の彫刻家たちの創作意欲を駆り立てたものはない。

弓馬の道という。狭義は弓術と馬術だが、広く武芸一般を指し、さらに武士のあるべき姿をも意味する。したがって、忠臣たる武士は馬上の姿で示されることが望ましい。

高村光雲によれば、皇居前広場の楠木正成像にはつぎのような「楠公一代において重き使命を負い、かつまた、最も快心の時」の姿が選ばれている。「楠公は金剛山の重囲を破って出で、天皇を兵庫の御道筋まで御迎え申し上げたその時の有様を形にしたもので、畏れ多くも鳳輦の方に向い、右手の手綱を叩いて、勢い切った駒の足掻きを留めつつ、やや頭を下げて拝せんとするところで御座います」（前掲『光雲懐古談』）。

文中の「天皇」とはいうまでもなく後醍醐天皇であり、それはまた山田鬼斎が騎馬像を作った護良親王の父でもあった。当時の彫刻家たちが銅像や騎馬像という新しい造形表現を用いながら、どのような世界を構想していたかがうかがわれる。

それらはまた紀元二五五〇年（西暦一八九〇年）の奉祝につながっていた。この点でも、皇居前広場をはさんで立つふたりの銅像、すなわち楠木正成像と紀元二六〇〇年を記念して建立された和気清麻呂像を同じ視野に入れ、それらがなぜそこにあるのかを考えるべきだろう。

さて、完成した楠木正成像は建立関係者が望んだほど二重橋近くには設置されなかった。前述の明治天皇の意志が働いたのかもしれないが、なるほど光雲のいうとおり、楠公は二重橋にきっと目を向け、そこから現れる天皇の「鳳輦」、実は馬や馬車や自動車を、今日にいたるまで見守ってきたといえそうだ。

❖

平成十五年（二〇〇三）正月、その楠木正成像に見送られ、荷物検査と身体検査を二度受け、私は生まれて初めて二重橋を渡った。

宮内庁のホームページを参照されたい。皇室に無縁なわれわれが皇居に入ることのできる少なくとも六種類の方法が示されている。難易度の低い順に、東御苑見学（月・金曜日以外の毎日）、一般参賀（新年と天皇誕生日の二日）、皇居参観（要手続、九十分の見学コースあり）、皇居勤労奉仕（要手続、十五名以上六十名以内、四日間奉仕）、秋季雅楽演奏会（要手続、定員あり）、歌会始の詠進（自作短歌が入選する必要あり）がある。むろん、このほかにも、合法・非合法さまざまな方法があるだろう。

さしあたって私が選んだのは、二番目の一般参賀である。この方法であれば、二重橋を渡って正門から入り、新宮殿を間近に見ることができる。そのうえ、ガラス越しとはいえ、天皇一家の姿をも目にすることができる。

新宮殿の建設は、東京オリンピックの直前、昭和三十九年（一九六四）六月に始まり、全国各地で明治百年を祝った昭和四十三年（一九六八）十月に竣工した。敗戦からの復興が明治回帰へとつながる時代だった。

とはいえ、アメリカ軍の空襲で焼失した明治宮殿が復元されたわけではない。すでに昭和三十四年（一九五九）に設置された皇居造営審議会が、同三十九年に出した答申で、「様式については、日本宮殿の伝統を重んじ、深い軒の出を持つ、かわらぶきの勾配屋根をかけた、鉄骨鉄筋コンクリート造の現代建築とし、室内は、日本特産の木材、裂地《きれじ》等を多く用い、国産の調度を配し、すぐれた工芸技術を生かした清楚で日本的な意匠とすることを適当と考えるが、実際の設計に当たっては、規模の点と共に専門家の意見を徴して万全を期すべきである」とうたっている（『宮殿造営記録』宮内庁、一九七二）。

「日本宮殿の伝統を重んじ」るものの、「鉄骨鉄筋コンクリート造の現代建築」でなければならなかった。戦後にピリオドを打とうとした時代が、そこには刻印されている。「新宮殿」という通称が、昭和三十九年開通の「新幹線」に通じている。

この和風を施したモダンデザインが、そのころ皇居周辺に出現し始めた国立国会図書館、国立劇場、国立近代美術館、国立公文書館などの文化施設と足並みを揃えている。それはまた、東京オリンピックの各競技施設とも通じるところがある。

さらにまた、東山魁夷、杉山寧、前田青邨、安田靫彦、中村岳陵、山口蓬春、橋本明治、上村松篁、福田平八郎ら日本画家、黒田辰秋、岩田藤七、富本憲吉、加藤土師萌、芹沢銈介、柳宗理、多田美波ら工芸家の作品で飾られた新宮殿の室内は、東京オリンピックに合わせてつぎつぎと建設された大型ホテルの和風ロビーを思わせるものがある。

こんな見てきたような話ができるのは、高尾亮一『宮殿をつくる』（求龍堂、一九八〇）を読んだからである。宮内庁皇居造営部長の職にあった著者は、新宮殿建設の経緯を簡潔に語る。当代一の芸術家を動員した丁寧な仕事であったことがわかる。「宮殿というものは一国の象徴だから、不幸にして東京が大地震に襲われても、なお厳然として建っていることが望ましい」と、造営にかける意気込みも伝わってくる。

しかし、この言葉を額面通りに受け取り、廃墟と化した東京に新宮殿だけが無傷で存在している光景を思い浮かべると、なんとも寒々しい気持ちになる。いや、確かに、多くの城下町の住民は敗戦後の焼野原にお城の天守がそびえ立っていることを望み、それゆえ、失った天守をあわてて復元したわけだが、宮殿をそれと同列に論じてよいだろうか。そもそも宮殿はお城のようにはそびえ立っていない。

ともあれ、「宮殿というもの」については、この城下町をめぐる旅が西へ西へ、さらに南へ南へと進んで、かつての琉球王国の首里城へとたどりついたころ、もう一度考えることになるだろう。

図16　皇居一般参賀（2003年撮影＊）

平成十五（二〇〇三）年一月二日、天皇一家は、まるで鳩時計の鳩のように、時間になると長和殿のベランダに現れて、合計七度の「お出まし」をこなした。一家が登場すると、日の丸の小旗が一斉に打ち振られ、サワサワサワという音を立てたが、聞こえてきたのはそれだけである。万歳三唱も君が代もなかった（図16）。

日の丸を振らなければ、私のようにカメラを構える、参賀の人々はそのどちらかしか行わない。拍子抜け、というのが率直な感想である。「お出まし」はあっけなく終わり、退場した一家はどんな会話を交わしながらつぎの「お出まし」を待つのだろうかと考えつつ、私は私で追い立てられるように皇居をあとにした。

新宮殿での一般参賀は竣工の翌年、昭和四

十四年（一九六九）一月二日から始まった。待ちかねたようにひとりの男が神戸から上京し、手製のパチンコを用いてパチンコ玉四発を天皇に向けて発射した。奥崎謙三という。

本人がその時の様子を生々しく書き残している。「私が一回パチンコ玉を発射しても、私の行為を知って騒ぐ人は誰もなく、私は肩すかしを食ったような、もの足りない気がしました」。そこで奥崎は仲間がいるかのごとく、大声で、「おい山崎！　天皇をピストルで撃て！」と四、五回叫んだが、「私服、制服の警官も、周囲の群集も、私を取り押えようとしないので、私は演技の間がもてなくなってしまいました」（奥崎謙三『ヤマザキ、天皇を撃て！』新泉社、一九八七）。

奥崎が呼んだ「山崎」はそこにはいなかった。山崎はニューギニアの山中を奥崎とともに彷徨ったあげく戦死している。新宮殿での奥崎の襲撃は、「天皇の名によって行なわれた戦争のために死んでいった戦友たちや、何百万人もの無辜の人々のことを考えますと、天皇の犯した罪は万死に値する」（同右）という確信に動かされていた。パチンコ玉を武器に用いたことにも一理がある。パチンコは天皇と並んで戦後の日本社会を象徴すると考えたからだ。

襲撃の直前、周囲の雰囲気を奥崎はこんなふうにも書いている。「最前列にいる白衣の六部姿の団体のリーダーが、「天皇が出てこられるまでに君が代を合唱しましょう」と、あまりよく通らない声で参賀の群集に呼びかけました。しかし、その呼びかけに誰も無関心で応じませんでした」（同右）。

私の体験した平成十五年の一般参賀も、それとよく似た雰囲気だった。おそらく、奥崎のころとの違いは、天皇が代替わりしたことと、奥崎謙三のような天皇に刃向かう「忠臣」がいなくなったことだろう。ゾロゾロと皇居をあとにするわれわれを、和気清麻呂と楠木正成が黙って見守っていた。そうそう、彼らのすぐそばには自ら、広場ではなく、ビルの谷間だが、「新皇」を称した平将門の切り落とされた首が眠っていることも忘れてはいけない。こちらにもお参りしておこう。

補遺❻ 櫓台上の巨大なる銅器

明治二十一年（一八八八）の秋に西丸に宮殿が完成すると、正門たる大手門の周辺を厳めしく整備することがつぎの課題となった。

現在、ここには石橋と鉄橋のふたつの橋が架かっている。まず石橋を渡って西丸大手門を抜け、ぐるりと方向を百八十度転じて鉄橋を渡り、簡素な中門をくぐると宮殿の前に出る。

新年か天皇誕生日の参賀の折に歩くと、お濠の水面がはるか下に見えて実感できるが、ここで一気に五メートルの高低差がある道を登ったことになる。江戸城は武蔵野台地の突端に、地形を巧みに利用して建設されたからだ。台地はすとんと落ちて、そこから先には、丸の内、日比谷、日本橋、神田といった低地が東京湾に向かって広がっている。

鉄橋の上で立ち止まらないようにという警官の注意を無視して、鉄橋の上から眺める丸の内は絶景である。かつての江戸の町が、湿地帯を埋め立てながら（日比谷という地名にその名残がある）、江戸湾に向かって広がっていったことがよくわかる。『江戸名所図会』（ちくま学芸文庫、一九九六）の冒頭にある「江戸東南の市街より内海を望む図」を彷彿とさせる。

また、ここは、昭和天皇と皇后がしばしば立った場所でもある。原武史『皇居前広場』によれば、昭和十三年（一九三八）十月二十八日、日中戦争での武漢三鎮占領を祝して宮城前広場に集まった国民に向かって天皇は二度姿を現した。昼間は白馬に跨がり、夜は提灯を手に皇后を伴って提灯行列に応えた。昭和六十一年（一九八六）十一月十日に、在位六十年を記念する提灯行列が皇居前広場に集まってきた時にも、天皇は四十八年前と同様に、鉄橋の上に立って歓声に応えた。暗い皇居、広場を埋め尽くした提灯の灯り、明るく輝く丸の内のビル群を前に、右手を振る天皇の後ろ姿をとらえた印象的な写真を、同書が紹介している。

この鉄橋が二重橋である。皇居前広場から石橋と鉄橋が重なって見えるから「二重橋」というのは俗説で、鉄橋がまだ木橋だった時代に、お濠があまりに深かったために、橋の下部を橋状の構造で支えていたことから二重橋の名がついた。

鉄橋に変わったのは、明治二十一年（一八八八）十月十四日、手前の石橋は翌二十二年（一八八九）十月十六日に竣工した。鉄橋にはドイツのハーコート社製の飾燈と橋欄が設置された。新宮殿造営に合わせて鉄橋が架け替えられた際に、これらの飾りは東京芸術大学に移管され、美術学部正門のすぐ左手に保存されている。

ドイツ風の装飾が喜ばれたことは、当時の日本が、憲法をはじめとして、政治・軍事・学問・文化など、国家と社会の範を新興国ドイツに仰いでいたからだ。この少し前に、政府は官庁集中計画をドイツの建築家エンデとベックマンに依頼している。彼らの周辺にいた日本人建築家松ヶ崎萬長《つむなが》（21章で登場する旧津和野藩亀井家当主茲明《これあき》の実兄）、河合浩蔵、妻木頼黄、渡辺譲らと彫刻家内藤陽三、菊地鋳太郎、佐野昭、寺内信一らの動向に注意を払う必要がある。

その一端を垣間みることができるのは、彼らの多くも会員である造家学会（のちの建築学会）が宮内省の委託を受けて、明治二十二年（一八八九）の春に実施した「宮城正門内鉄橋（旧二重橋）際ノ櫓台上ニ巨大ナル銅器設置」（『建築雑誌』第二十八号）の図案募集である。夏になって審査結果が同誌第三十一号に発表された。第一等の宗兵蔵も第三等の菊地鋳太郎も、二重橋の飾燈よりはるかに「巨大ナル銅器」をデザインした。入選案の中でひとりユニークなものは、横川（河）民輔の手になる「文武官騎馬之図」（**図17**）だろう。それはまだ日本のどこにも出現していない騎馬像であった。そして、最初の実現例である楠木正成像を先駆している。

ちなみに、同じこの年にドイツより帰国した河合浩蔵は西郷隆盛の騎馬像図を設計し、「故西郷隆盛翁建碑広告」（建碑主唱者植田楽斎、三楽堂、一八八九）として公表した。西南戦争でいったんは「朝敵」となった西郷は、二月十一日の大日本帝国憲法発布を機に名誉を回復し、銅像建設運動が始まっていた。当初の案は陸軍大将の正装に騎馬像であり、明治二十四年（一八九一）九月十四日には宮内大臣が宮城正門外への設置を認めた記録もあるが、翌年になって取り消され、周知のとおり、正装とは対極のつんつるてんの和服姿で上野公園に建つことになる。馬に代わって犬の出番となった。

図17　横川民輔「文武官騎馬之図」
（東京大学明治新聞雑誌文庫）

木橋だったころ、二重橋の正式な名称は西丸下乗橋だった。登城する誰もが馬や乗り物を降りなければならない。そこに騎馬像が立つことに対する明治天皇の難色は、二重橋をめぐるこうした一連の動きをにらんでのものであった。楠木正成像と二重橋との距離はそれを反映している。もっとも、東京美術学校で木彫原型が完成したあと、それは上野から大八車に乗せて運ばれ、宮城の中に入っている。宮殿玄関前に組み立てられた騎馬像の足元を、明治天皇がぐるりと眺めて歩いた時の緊張と晴れ晴れしさを、のちに高村光雲がこんな風に書き残している。

「御玄関に向った正面へ飾り附け、足場を払って奇麗に掃除を致し、幔幕を張って背景を作ると、御玄関先は西から南を向いて石垣になっていて余り広くはありませんから、其所へ楠公馬上の像が立つとなかなか大きなものでありました。

それに材は檜で、只今、出来たばかりのことで、木地が白く旭日に輝き、美事でありました。

これで好いとなりましたのが午前十一時。

聖上には正十二時御出御という触れ。一同謹んで整列をして差し控えておりますと、やがて、フロックコオトの御姿で侍従長徳大寺公をお伴れになってお出ましで御座いました。

陛下には靴をお召しで、階段の上にお立ちになってお出でで御座いましたが、やがて階段をば一段二段とお下りになって玄関先に御歩を止め御覧になってお出でで御座いました。すると、聖上には、何時か、御玄関先から地上へお降り遊ばされ、楠公像の正面にお立ちであったが、また、馬の周囲を御廻りになって、仔細に御覧になってお出でで御座いました」（前掲『光雲懐古談』）。

補遺❼ 奥崎謙三の家

自動車のバッテリー商を営んでいた奥崎謙三の家は、神戸駅で降り、湊川神社の脇を抜けて諏訪山にぶつかったら左に向かうと間もなく見えてくる（図18）。昔は「田中角栄を殺すために記す」といった激しい政治的スローガン（実は自著のタイトル）を店の前面に大書していたが、数年前に訪れた時には、それが宇宙からのメッセージにすっかり書き換えられていた。原一男・疾走プロダクション『ゆきゆきて、神軍』（話の特集、一九八七）が冒頭に掲げた写真を手掛かりに、改めて看板のメッセージを読むと、それなりに首尾一貫しており、最後の「殺人・暴行・ワイセツ図画頒布前科三犯の奥崎謙三は天与の生命がある限り、誠の大義・善・公利・公欲を追求し、何千万年たっても色があせない行動と発言をすることを誓います」という言葉に感動する。

いうまでもなく、湊川神社は楠木正成を祀る神社である。のちに伏見桃山城を訪れるころに再び話題にするつもりだが（二八三頁）、明治天皇が楠木に神号を贈り、神社創建を命じたのは、慶応四年（一八六八）四月二十一日と驚くほど早い。戦死の地が建設地に選ばれた。神社の奥には、今も「楠木正成戦歿地」が史跡として保存され、墓の脇には、水戸光圀によって「嗚呼忠臣楠子之墓」が建てられている。

まことに皮肉なことに、奥崎謙三は、この「忠臣楠子」の目と鼻の先の楠町で暮らしていた。そこに家を借りて営業を始めたのは昭和三十年（一九五五）の二月だった。ところが、翌年には、家賃をめぐって周旋屋を殺してしまい、大阪刑務所の独房で十年を過ごした。昭和四十四年（一九六九）の皇居でのパチンコ事件による服役、さらに昭和五十八年（一九八三）に起した殺人未遂事件による服役をあわせれば、復員後の人生の半分近くを刑務所で過ごしたことになる。

私の手元にある『ヤマザキ、天皇を撃

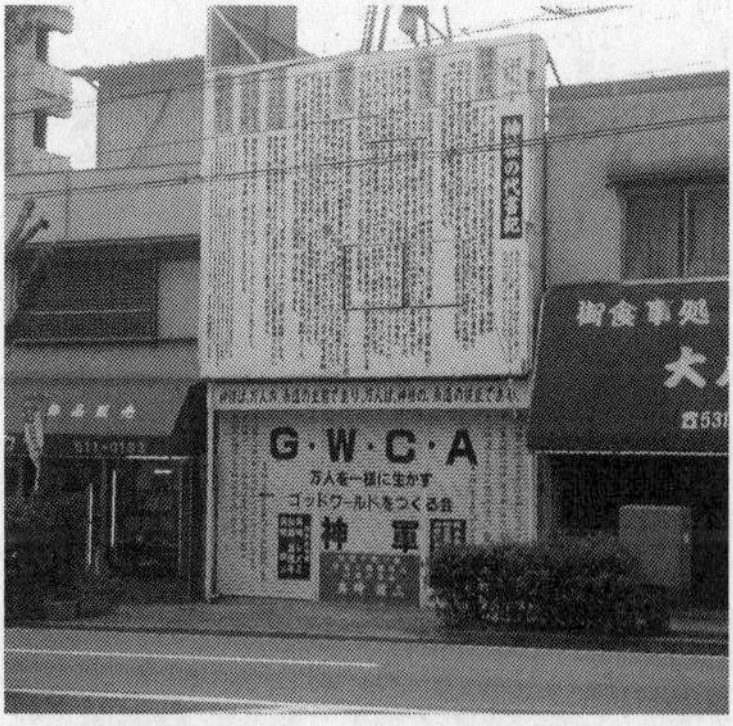

図18　奥崎謙三の家（2006年撮影＊）

て！』（前掲）、『ゆきゆきて「神軍」の思想』（新泉社、一九八七）、『非国民奥崎謙三は訴える!!!』（新泉社、一九八八）のいずれも、著者である奥崎の現住所を広島市中区上八丁堀二―一六、広島拘置所としている。平成十七年（二〇〇五）六月十六日に、奥崎謙三は神戸でひっそりと死んだが、天皇や国家と戦い続けた奥崎の戦歿地が史跡になるという話は聞かない。

戦争に行く前から、奥崎は奥崎のいう「天皇や天皇的なもの」への違和感を抱いていた。小学校の校長先生が教育勅語の奉読をうやうやしく始めると、いつも鼻がつまって息苦しくなったし、天皇の写真が載っている新聞紙を便所に持ち込み、それで尻を拭くことによって、先生が天皇は神よりも偉いといったことに対する反抗を示したりした。

復員するまでは、天皇が占領軍によって死刑にされるものと思い込んでいた。死刑にならなくとも、社会的に抹殺され、逆に敗戦まで貧しかった者や弱かった者が社会の主人公になるだろうと思っていた。

「ところが、戦争であれほど多くの尊い人命を犠牲にしておきながら、本質的には昔とほとんど社会が変らず、戦争の最高責任者であり、超A級の戦争犯罪者である天皇が、あいもかわらず大きな顔で日本国民の象徴として認められ、マスコミがチヤホヤしていることに対して、私は、飢えて死んでいった多くの戦友たちや無数の戦争犠牲者のことを考え、いつもがまんがならない激しい怒りを燃やしていました」(前掲『ヤマザキ、天皇を撃て！』）。

便所の中で尻を拭いて済ますのではなく、公然と行動に訴えようと考えたのは、大阪刑務所での服役中のことであった。本来ならば、ニューギニアの密林の中で、戦友たちと同様にとっくの昔に餓死していたはずなのに、自分の意志と力を超えた意志と力によって、ひとり生かされたのだから、それに応え、恩返しをしなければいけない。社会を変えるためには、天皇を殺せば済むという話ではなく、天皇に対して何らかの行為に出ることによって、マスコミに騒がれ、自分のアピールが世間に伝わり、多くの人々が迷夢から醒めるきっかけになると考えるに至った。投石かおもちゃのピストルを撃つことを手段に選んで、出所後二年以内に必ず実行すると刑務官に宣言している。

しかし、二年が過ぎてもチャンスはなかなか訪れなかった。結局、それは天皇との距離の問題に尽きる。かつて奥崎が最も天皇に接近したのは、バッテリー商を開業して間もないころに、天皇が神戸を訪れた時だった。店から五十メートルほど離れた道を車で通過する天皇のことを思うと、奥崎は「身体が火のように熱く燃え、身ぶるいするほどの強い怒りと憎しみ」（同書）を感じた。しかし、その時は、仮にピストルがあったとしても、命中せず、むしろ沿道の見物人を傷つけてしまうだろうと考えた。

さらに距離が縮まるチャンスの到来を待たねばならなかった。それが、竣工直後の新宮殿での最初の新年一般参賀だった。のちの裁判記録によれば、パチンコ玉を撃った時、奥崎と昭和天皇との距離は、二五・六メートルにまで縮まっていた（東京地方裁判所第一審判決）。

石でもおもちゃのピストルでもなく、パチンコを武器にした理由を、奥崎はこう述べている。

「天皇と「パチンコ」によって象徴される戦後の日本の社会は、経済的には戦前と比較にならない高度成長を遂げていますが、その本質は陳腐愚劣きわまりない、戦前と同様の、人間性に反した相対的な悪因の社会であると確信している私は、天皇に向ってパチンコでパチンコ玉を射つことは面白いとりあわせだと思い、愉快になりました」（同書）。

パチンコ玉は神戸元町のパチンコ屋から持ち帰り、空き地で拾った古いテーブルの金具をY型に改造し、ゴム管は近所の医療器具店で、石を挟む部分の皮は下山手通の皮問屋で買い求めた。手作りの武器だった。ニューギニアの密林を敗走しながら、天皇からの預かり物であるがゆえに、最後まで手放すことを許されなかった武器とそれは対極にある。

さて、奥崎製パチンコの威力はどうだっただろうか。最初は、一度に三個を発射した。どれも天皇には当らず、天皇もまた気がつかなかった。もう一度試みると、今度は、一発がバルコニーの下の菊の紋章の一、二メートル右に当たった。

これだけの攻撃に対し、東京地方検察庁は奥崎に懲役三年を求刑し、東京地方裁判所は懲役一年六月の判決を下した。興味深いのは、この裁判の中で、被害者の名前が明らかにされず、その証言も取られず、むろん本人の法廷への出頭も求められなかったことである。そこで、被告と弁護人は、被害者に対する証拠調をつぎのように請求した。これまた却下されたことはいうまでもない。

「 尋問事項

証人 本件被害者

一、証人の姓名・地位・経歴

二、被告人奥崎謙三を知っていますか。

三、昭和四四年一月二日いわゆる新年一般参賀が行なわれ、皇居長和殿春秋の間ベランダにあなたが家族とともに立っているとき、参賀に集まった人達の中から被告人が右ベランダの方向にパチンコ玉を発射したことに気付きましたか。

四、それはベランダに立っていた者のうちの誰に向けられたのかわかりましたか。とくにそれが自分に向けられたものと思いましたか。

五、その後、被告人のこの行為について新聞・雑誌・テレビ等で見聞したり、侍従等から報告を受けたり、あるいは家族等と話題にしたことがありますか。
また証人自身この行為について考えたことがありますか。

六、被告人が、聖戦の名の下に行なわれた太平洋戦争に徴集され、ニューギニア島で戦い、傷つき、辛うじて生き残った帝国陸軍の一兵卒であったことを知っていますか。

七、あなたは被告人が徴集された帝国軍隊（いわゆる皇軍）の統師権者の地位にあり、その権威の下に右戦争が遂行されたこと、そして被告人が右戦争の犠牲者・被害者の一人であることを同じ人間としてどう考えますか。

八、被告人が、ニューギニア島で飢え、傷つき、そして死んでいった同じ部隊の何千の戦友たちへの慰霊・供養として本件行為に出たことをあなたはどう考えますか。

九、現在証人は本件の被害者とされていますが、被告人のこの行動についてどのように考えていますか。
宥恕を望みますか、処罰を望んでいますか。
あなたと一緒にベランダにいた家族たちはどういっていますか。

一〇、その他関連事項」（前掲『ヤマザキ、天皇を撃て！』）
天皇はパチンコを撃たれたことに気づかなかった節がある。それにもかかわらず、奥崎の「罪となるべき事実」は「「おい、山崎ピストルで天皇を射て」と大声で呼びながらこれを投射し、右パチンコ玉を右ベランダブロンズ製鼻かくし（天皇の位置から一・六メートル）及び同出桁（天皇の位置から約二メートル）等に命中させ、もって暴行を加えたものである」（同判決）。

この事件の被害者は、天皇ではなく、新宮殿であったのかもしれない。これ以後、ベランダには防弾ガラスがはめられた。

4 北面の武士たち

一般参賀を終えた一般人は、宮内庁舎の前を抜け、坂下門、桔梗門《ききようもん》、乾門《いぬいもん》のいずれかを選んで皇居をあとにする。私はいったん桔梗門をめざし、三層の富士見櫓を間近に仰いだあと、踵を返して乾門へと向かった。蓮池濠を右手に、道灌濠を左手に見ながら進む道は、皇居には珍しくまっすぐに延びた一本道である。

門を出ると目の前に、東京国立近代美術館工芸館の赤レンガが現れる。工芸館は旧近衛師団司令部庁舎を転用して、昭和五十二年（一九七七）に開館した。なるほど天皇を守る近衛兵は、宮中に異変あらば、真っ先に駆け付けることのできる絶好の場所に陣取っていた。

乾は北西の方角を指すが、近衛師団司令部があった場所は宮殿のほぼ真北に当たる。つい「北面の武士」という言葉が浮かんでくる。それを設けたのは白河上皇で、彼らが守ったのは院の御所だったが、「天子南面す」の原則に従って、御所は南に向かって建設されてきた。そして、ボディガードは背後に待機する。

「玉体」とも呼ばれた「ボディ」は京都から江戸に移され、江戸が「東の京」に変わった。

明治宮殿もやはり南に向けて建てられ、背後を近衛師団が固めたのだった。

❖

前回、奥崎謙三の『ヤマザキ、天皇を撃て！』を引いた際に、ついでに何冊かの元兵士たちの証言を読み、あるいは読み直した。児玉隆也がまとめた『一銭五厘たちの横丁』（晶文社、一九七五、岩波現代文庫、二〇〇〇）の中では、こんな言葉に出会った。

東京竜泉の中村勇は、町内にラッパ手がいなかったため、自分でラッパを吹きながら出征していった。前代未聞だった。入った先が近衛第三連隊で、それを「なんせ徳川時代なら旗本だからね」と生涯誇りに思った。徳川時代をさらにさかのぼれば、「旗本」とは本陣に翻る「旗の本」で主君を守る武士の意味であり、中村の発言は確かに的を射ている。ところが「旗本」どころか、中国、さらに仏印へと送られ、「弾が体のどこに当るのかな」とばかり考えていたという。シンガポールでの捕虜生活を送ったあと、終戦二年目に生還した。

加東大介の『南の島に雪が降る』（文藝春秋、一九六一、ちくま文庫、一九九五）もじんとくる。加東は奥崎同様にニューギニアで戦い、捕虜となった。捕虜になる前もなったあとも、劇団、正しくは演芸分隊を作り、劇場、正しくはマノクワリ歌舞伎座を建て、兵士を鼓舞するための芝居を連日演じ続けたという信じがたい話である。

ある時、「関の弥太ッペ」の舞台に雪を降らせたところ、客席にいた三百人近い兵士の全員が泣き出した。彼らは東北出身の部隊だった。戦後、この話はテレビドラマにも映画にもなった。近年では小林よしのりが、『新・ゴーマニズム宣言スペシャル 戦争論』（幻冬舎、一九九八）で大きく取り上げている。小林の祖父が劇団の中心人物だったからだ。

しかし、小林のように「わしは祖父たちを守らねばならぬ」と声を大にしなくても、『南の島に雪が降る』は十分に感動的であり、戦場の現実を伝えて説得的である。少なくとも、つぎのふたつの場面が忘れられない。

ひとつは東北出身の部隊が観劇した翌日、担架に寝かされたままの黄色い顔をした重病人が、「手を横に伸ばして、きのう散らした紙の雪を、ソーッといじっていた。もう力の入らない指先で、つまんでは放し、放してはつまみ、それをノロノロしたスローモーションでくりかえしているのだ。もう表情は失われていた」。

もうひとつは現代劇「暖流」の鎌倉海岸の場面、女形の役者がしゃがむとスカートの中まで見えるという風評が立ち、席の取りっこが始まった。「客席は、下手の前列から、三角形がふくれていく恰好で、埋まっていった」。

前者はただの紙切れなのに、そして後者は男なのに。

❖

そんな小さな喜びや大きな苦しみを味わった兵士たちは、戦争が終わると、続々と故国に帰ってきた。生きて帰れた者もいれば、遺骨で戻った者もいる。遺骨さえもなく、「魂」だけの帰還を果した者もいる。誰もがまっすぐに我が家を目指した。しかし、せっかく日本に辿り着きながらも、身元不明の遺骨には行き先がなかった。

乾門を出たところにもう一度戻ろう。東京国立近代美術館工芸館を左手に見ながら北の丸公園をまっすぐに抜けると、「魂」の帰還地靖国神社がある。もとは招魂社というだけあって、どんなに遠く離れたところで斃《たお》れた兵士であっても、「魂」は招かれてくる。それは本人と遺族の意思を問わない。一方、工芸館を右手に見ながら英国大使館を目指すと、すぐに千鳥ヶ淵に出る。その対岸に、遺骨となって戻ってきた兵士たちが眠る場所がある。それが千鳥ヶ淵戦没者墓苑だ。

靖国神社と千鳥ヶ淵戦没者墓苑とは、両者は違うということを明らかにするために、しばしばいっしょに論じられてきた。前者は魂という目には見えないものを、後者は骨という物質を相手にしてきたことが決定的に異なる。

前者には戊辰戦争以来のおよそ二百四十六万人の死者が「祭神」となって名前を残し、後者には日中戦争以来のおよそ三十四万人分の骨が、それが誰なのかが分からないまま眠っている。名前の有無が両者をはっきりと隔てる。平成十四年（二〇〇二）十二月二十四日に出された「追悼・平和祈念のための記念碑等施設の在り方を考える懇談会」の報告書も、このふたつの施設を引き合いに出し、それぞれの性格の違いを確認するとともに、新たに政府が建設すべき「記念碑等施設」がさらにそれらとも違うことを強調している。

しかし、こうして歩いてみると、むしろ両者の近さに驚かされる。どちらも皇居の「北面」に、まるで寄り添うようにある。なるほど彼らは天皇のために戦って死んだのだから、いかにもふさわしい場所に眠っているといえるかもしれない。

千鳥ヶ淵戦没者墓苑はいつ訪れても人影がなく、ひっそりと静まりかえっている。納骨堂である六角堂と、横に長く延びた休憩所から成る。六角堂には古墳時代の棺を模した陶棺が置かれ、その地下に、独立回復直後の昭和二十八年（一九五三）に始まり今もなお続いている遺骨収集で戦地から持ち帰られた遺骨が納まる。いや、実際にはもはや納まり切らず、あふれかえっている。

身元不明、あるいは遺族不明の遺骨であるがゆえに、厳密な意味では、この墓苑を訪れる「遺族」はいない。この墓苑への参拝は、通常の墓参りと異なり、むしろ無縁仏を前にする感じに近い。

墓苑は昭和三十四年（一九五九）に開苑した。デザインを建築家谷口吉郎が手掛けた。新宮殿や東京国立近代美術館（これも谷口の作品、ついでにいえば近代美術館を寄贈した石橋正二郎の墓も谷口が手掛けた）など、これまでに皇居周辺で目にしてきた一九六〇年代の日本風を意識したモダンスタイルを先駆けて採用した。その簡素なデザインは墓苑の孤独をいっそう際立たせる。

❖

さらに千鳥ヶ淵に沿って歩くと、九段坂上に出る。靖国神社の大鳥居に向かって、大山巌元帥の騎馬像が立っている。さっきふれなかったが、東京国立近代美術館工芸館の前にも騎馬像があり、皇居に顔を向けたこちらは北白川宮能久親王である。奇しくも、北の丸の北と南を軍人の騎馬像が固めるという配置になる。

ふたりが身に着けた軍服、皇居外苑の楠木正成が身に着けた甲冑、大手濠の和気清麻呂

図19　横江嘉純
「愛の像」(2004年撮影＊)

が身に着けた官服とは対照的に、一糸まとわぬ裸体の銅像も皇居周辺で何体も見つかる。桜田濠に面して三人の女の裸体像、三人の男の裸体像が立っている（図20、九六頁）。東京駅前の戦犯死没者の慰霊碑「愛の像《アガペ》」（図19）も、肌を少し隠してはいるが、皇居周辺の男性裸体像に加えてよいだろう。

これら銅像の裸体であることが、敗戦後の日本の再出発を暗示していることはいうまでもない。裸一貫になっての出直し、巷でのストリップブームは銅像の世界にまで及んだのだった。

ただ、裸体の銅像が脱ぎ捨てたのは単なる衣服ではないことに注意しておきたい。軍服にせよ、甲冑にせよ、官服にせよ、すべては「制服」であり、突き詰めれば天皇との距離を正しく伝えるものであった。だからこそ、楠木正成ら「制服」組の銅像は金属供出の危機も敗戦の危機も乗り越えて現在に残ったのかもしれず、単なる衣服を身に着けた民間人の銅像の大半は、金属が不足したとたんに回収され鋳潰されてしまった。

制服と裸体の中間に、マノクワリ歌舞伎座の舞台に立った、というか、舞台でしゃがんだ兵士の女装がある。スカートをはいた兵士の銅像など、悪い冗談にしか聞こえないかもしれないが、それがあの千鳥ヶ淵戦没者墓苑に立っている姿をつい想像してみたくなる。あるいは、かぶりつきの観客を加えた群像仕立てにしてもよい。

谷口吉郎が戦没者のために選んだ陶棺よりも（それは王のためのデザインではあっても

兵士のものではない)、休憩所脇の碑に刻まれた昭和天皇の御製「くにのためいのちささげしひとびとのことをおもへばむねせまりくる」よりも、よほど兵士たちの戦場での日々がよみがえってくる。それは、加東大介の伝えるこんな光景である。


「ぎんが、あそこで、しゃがんで話すでしょ?」

たしかにそのとおりだ。ぎんは波打際にむかって、しゃがんでいる。日疋はそのうしろに立つ。

「斎木のしゃがみかたが妙チクリンだもので、下手よりの席からだと、スカートのなかまで見えるんだそうです」

わたしは、そんなことには気がついていなかった。しかし、そういわれておどろいた。

「それで、席を取りっこするのかい?」

「きまってるじゃありませんか。あの場所には、プレミアムがついている――っていいますぜ」

わたしは、つぎの日、開場のときにソデからのぞいてみた。

まっしぐらに走りこんできた若い兵隊が、最前列の左端にトライすると、うしろをむいて、

「班長どのッ、班長どのッ!」

と、叫んでいる。

いっせいに殺到してくる人波のなかから、

「とれたかッ?」

「とれました。ここですッ」

あらわれたのは下士官だった。部下にとらせた席にユウユウと腰をおろすと、ならんで坐った先乗りに、

「いや、ご苦労。では、これを……」

雑嚢から、ふかしたイモをつかみ出して、兵隊に渡していた。


(前掲『南の島に雪が降る』)

さて、四カ月を費やした江戸城・宮城・皇居半周の旅は、九段坂を一気に下れば、再び振出しへと戻る。われわれもまた、一から出直すことにしようではないか。

補遺❽ 無名戦士の墓

お互いに目と鼻の先にあるというのに、靖国神社と千鳥ヶ淵戦没者墓苑とはあまり

相性がよくない。前者は神社であり、後者は墓である。神社が祀るのは霊魂であり、遺骨ではない。と言ってしまえば、身も蓋もない。

まずは、その成り立ちから考えることにしよう。靖国神社は前身を東京招魂社といい、明治二年(一八六九)六月二十九日に九段坂上に創建された。その後、同五年(一八七二)五月になって社殿が完成、同十二年(一八七九)六月四日に靖国神社と名を改め、別格官幣社となった。社殿完成を機に、陸軍省と海軍省の管轄下に入った。すなわち国立の慰霊施設であり、それが敗戦を機に、昭和二十一年(一九四六)九月に宗教法人に変わる。

靖国神社の目的は、ペリー来航(一八五三)以来の国事に殉じた者の霊魂を祀ることにある。官軍は、戊辰戦争を進めながら、つぎつぎと出る戦死者の慰霊を行わなければならなかった。終戦を待たず、戦場において何らかの慰霊行為が戦死者に捧げられることは、いつの戦争でも同じだろう。

江戸城開城からふた月、上野戦争からはひと月もたたない慶応四年(一八六八)六月二日に、西丸御殿大広間で最初の招魂祭が執り行われた。長岡城では激しい攻防戦が繰り広げられていたころである。ついで七月十日・十一日に、京都川東操練場でも招魂祭が挙行された。

戦争が勝利で終れば、勝者の側では、その勝利に貢献したという確固たる評価を戦死者に与えることができる。勝者が新体制を固めれば固めるほどに、慰霊のための制度は整備される。明治初年の招魂祭から招魂社へ、招魂社から靖国神社へという展開は、そこで執り行われる儀式が、既存の建物から仮設の建物を経て常設の建物を必要としたということにほかならない。常任の司祭もまた必要になる。

逆に、敗者は自軍の戦死者を葬ることすら許されなかった。上野戦争がたった一日で終ったあと、彰義隊士の遺体は放置され、彼らの墓の建立が新政府によって許されるには、明治八年(一八七五)を待たねばならなかった。

いうまでもなく、その死は「国事に殉じた」ものではないから、彼らが靖国神社に祀られることはない。このように、戦争の勝敗は、戦死者の霊魂を死後においてなお冷厳と分つ。

一方の千鳥ヶ淵戦没者墓苑の建立は、昭和三十四年(一九五九)である。その背景には、独立回復後に始まる海外での遺骨収集活動がある。せっかく日本に持ち帰っても、身元が分からずに遺族に渡すことのできない遺骨の受け皿が必要になった。

政府は、そのための「無名戦没者の墓(仮称)」を建立し、管理することを閣議決定した。この時点では、遺骨の一部を「当該地域戦没者の象徴遺骨」として納骨することが構想されていたが、「無名」という言葉に対する抵抗が強く、名称は「千鳥ヶ淵戦没者墓苑」に落ち着く。

厚生省（現在は環境省が管轄）は、竣工式および追悼式の趣旨を、「この墓に収納される遺骨は、戦後、政府によって、各戦域から収集された無名の遺骨であり、みぎの追悼式は、この収集遺骨によって象徴される支那事変以降の戦没者に対して行なうものである」（『続々・引揚援護の記録』厚生省、一九六三）と閣議で説明した。「無名」は身元不明の意味にすり替わっている。「象徴」という言葉は使われてはいるものの、アメリカのアーリントン国立墓地の無名戦士の墓では、戦争ごとに戦死者ひとりの遺体を選んで埋葬することと比べれば、千鳥ヶ淵戦没者墓苑の象徴性の度合いは低いといわざるをえない。それに、常任の祭祀者もいない。

現実には、収集活動が進むにつれて、遺骨が納骨堂から溢れ出すという事態を招いている。これを書いている現在では、およそ三十五万人の遺骨が納められている。六角堂地下の納骨室がいっぱいになったために、平成三年（一九九一）と同十二年（二〇〇〇）と二度にわたって納骨室が増設されてきた。対照的に、六角堂中央に置かれた大きな陶棺の中には、昭和天皇が下賜した金銅製茶壺形の納骨壺があるが、そのデザインは死者よりも天皇の方を向いているようで、いつ見ても好きになれない。

もし、千鳥ヶ淵戦没者墓苑を靖国神社に代わる国立追悼施設にするのであれば、象徴性を高め、無名戦士の墓とするほかないだろう。ところが、象徴性は靖国神社がはるかに高い。同社の中心は祭神となった戦死者の名簿＝霊璽簿である。ひとりひとりが登録されている点では具体的だが、それは言葉に過ぎず、メディアを自由に乗り換えることができる。実際、靖国神社では祭神名のデジタル化も済ませたという。

一方の墓苑の中心は遺骨であり、それはどこまでも人の一部であることをやめず、代替物を持たない。いわば非物質か物質の違いであり、両者の溝はなかなか埋まらない。おそらく、遺骨を中心とした慰霊の体系をつくりあげるには、仏教がそうであったように（仏教の中核はむしろ経典であるが）、途方もなく長い時間がかかる。しかも、それを非宗教的に行おうというのだから、困難は大きい。

そうではない第三の道の模索は、さらにそこから遺骨を外そうというものである。結局、帰結するものは死者の名簿となる。宗教的な儀礼なしに、名簿に向かって行う追悼や慰霊行為がいかに困難なものであるかは、すでに先行した広島国立原爆死没者追悼平和祈念館と長崎国立原爆死没者追悼平和祈念館の閑散とした「追悼空間」が物語っているだろう。

補遺❾　銅像たちの戦後

「しゃがむと見える」に触発されたわけではないが、ブリーフよりはトランクス、トランクスよりはふんどし、六尺ふんどしよりは越中ふんどし、いやそんなものは付けてはいませんよ、私は気分がいつも「ゆるふん」なので、皇居の周りをハアハアゼイゼイさせながら走っているランナーのように、お濠に沿って走るというようなことはしない。もっとゆっくりと、もっとゆったりと、寄り道しながらぶらぶら歩く。すると、露天の銅像ばかりでなく、屋内の銅像も見えてくる。たとえば、国会議事堂に立ち寄れば、正面玄関ホールで伊藤博文、大隈重信、板垣退助三人の大きな銅像が出迎えてくれるし、隣接する衆議院の玄関ホールには、尾崎行雄と三木武夫の小振りな胸像が置かれている。議員在職五十年と物故者であることが胸像になる条件だから、今はそこに原健三郎が加わっているかもしれない。機会を見つけて確かめに行こう。

ついでに言えば、国会議事堂の前庭の茂みの中に、隠されるように巨大な伊藤博文像が立っている。こちらは見学コースから外れるので、なかなか目にすることができないし、話題にも上らない。敷地の外から、柵越しに目を凝らすしかないのだが、これを見ると、国会議事堂の屋根のデザインがドームではなくピラミッド型であるのは、伊藤博文の霊廟（マウソレウム）であることを意識したからだとする鈴木博之説（「マウソロスの墓と伊藤博文」『.is』八一号、一九九九）が腑に落ちる。

いや、話は逆で、銅像があとから建物に加わったのだろうが、国会議事堂は初代内閣総理大臣である伊藤に捧げられたものだと感じさせるほど、銅像の大きさは他を圧している。

　あるいはまた、国立劇場に足を踏み入れると、玄関ロビーに平櫛田中《でんちゅう》の「鏡獅子」と出会う。銅像ではなく木像だが、高さ二メートルと大きく、その鮮やかな色彩は、皇居周辺にある色を持たない銅像を貧弱なものに変えてしまう。

　実際、国立劇場のすぐ前の公園には、日本新聞協会が建立した黒ずくめの男性裸体像「自由の群像」があり、鳩の止まり木と化している。頭から肩からフンをかぶって悲惨だ。それにしても、なぜわれわれは彩色木像を捨て、銅像をせっせと建ててきたのだろうかと、改めて考えさせられる場所である（図20）。

図20　菊池一雄「自由の群像」（2006年撮影＊）

　岡倉天心が日本美術の舵を取っていた明治半ばのころは、まだ彩色木像の制作が奨励されていた。東京美術学校の竹内久一が、岡倉の指導の下で、明治二十六年（一八九三）に開かれたシカゴ万国博覧会のために制作した「技芸天像」（東京芸術大学所蔵）は、その最たるものだろう（そういえば先に紹介した三越百貨店の「天女像」（図14、五七頁）も、木像ではないものの極彩色の技芸天である）。この像も二メートルを優に越え、かつ「鏡獅子」を越えて極彩色である。実は、「技芸天像」は、同年三月二十一日に、先にふれた楠木正成像の木彫原型とともに宮城に運ばれ、天覧に供されている。

あるいはまた、東京国立近代美術館の中に入れば、近代美術における木像から銅像への交代劇を目にすることができるだろう。その分水嶺に位置する彫刻家が荻原守衛とされる。展示室ばかりでなく収蔵庫にも置かれたこうした銅像群は、あくまでも美術館のコレクションであり、屋外の銅像とは別個に語られるものだが、少し距離をおいて眺めれば、それらはいずれも皇居周辺に集まってきたものにほかならない。そもそも国立近代美術館がコレクションといっしょに京橋から竹橋へ、少しでも皇居の近くへと寄ってきたことは、すでに見たとおりである。

皇居が宮城と呼ばれていた時代には、それらとは別種の銅像がお濠の周りを囲んでいた。軍人の銅像が多かったのは、宮城の周囲に軍関係の施設が集まっていたからだ。その名残は、北の丸公園の北白川宮能久親王像と靖国神社脇の大山巌像にすぎない。どちらも騎馬像である。

北白川宮像は、北の丸に近衛歩兵第一旅団がおかれていた際に、第一聯隊第二聯隊営門の真正面に建っていた。宮城の乾門と向き合う位置になる。いうまでもなく北白川宮は、戊辰戦争時には上野寛永寺の輪王寺宮の座にあり、幕府軍にかつがれて仙台まで転戦した過去を持つ。その罪を許されたあとは、ドイツ留学後に陸軍士官学校を経て陸軍中将となった。日清戦争に近衛師団長として出征し、翌明治二十八年（一八九五）に台湾で病死した。台南神社は、その戦歿地に建立されたものである。東京の銅像は、明治三十六年（一九〇三）一月二十八日に除幕された。奇しくも近衛騎兵として台湾で北白川宮のそばに仕えた彫刻家新海竹太郎の手に成るものである。

戦後になって、銅像はその位置を五、六〇メートル西に移された。北の丸が陸軍の陣営であったことを伝える旧近衛師団司令部庁舎（現東京国立近代美術館工芸館）に接近したことは評価できるが、結果として、茂みの中にその姿を隠してしまった。

ほかに第一聯隊と第二聯隊の戦友会がそれぞれの記念碑を北の丸公園内に建立しているが、いずれも記念碑の常識に反して高くそびえず、むしろ低く抑え、騎馬像同様に、目につかないようにという配慮が働いたとしか思えない。

ちなみに、旧近衛師団司令部庁舎は、昭和四十三年（一九六八）に迎えた明治百年を記念して保存が決まった。先にふれた国立近代美術館の移転を承認する昭和四十一年（一九六六）一月十一日の閣議了解「皇居周辺北の丸地区の整備について」を根拠に、建設省は取壊しに向かい、これに対し、防衛庁と日本建築学会が保存運動を展開した。保存派は、この閣議了解があくまでも新築についてのものであり、既存の建物を拘束しないと主張した。

やはり明治百年の年に発足した文化庁がこの建物を重要文化財に指定するという条件で、ようやく政府内の意見がひとつにまとまった。指定は昭和四十七年（一九七二）十月二日、その年度のうちに修復工事が始まり、昭和五十二年（一九七七）十一月十五日に工芸館として再生した。『重要文化財旧近衛師団司令部庁舎保存整備工事報告書』（文化庁、一九七八）が参考になる。

私事にわたって恐縮だが、その三年後に東京国立近代美術館の採用試験を受けた私は、工芸館から来ないかと誘われた。自転車が三度のめしよりも好きだった初代工芸課長が、当時の私の研究テーマを無視し、履歴書の趣味欄に記した「自転車旅行」に目をつけたからだった（と面接の際に聞かされた）。もしもそのまま受け入れていれば、それからは課長とふたりで、ハアハアゼイゼイさせながら皇居の周りを自転車で走る昼休みが待っていたことだろう。北の丸を歩くたびに、青春の日々が蘇ってくる。

さて、大山巖像もまた、新海竹太郎の手に成るものであった。陸軍参謀本部表門西南側に、大正八年（一九一九）に竣工した。戦後になって、上野公園を経て、現在の九段坂上、靖国神社の道を一本隔てたお濠端に移された。

参謀本部は現在の国会議事堂前庭洋式庭園の辺りになる。イタリア人建築家カッペレッティの設計した建物を背景に、有栖川宮熾仁親王像が建っていた。やはり騎馬像で、彫刻家大熊氏廣が明治三十六年（一九〇三）に完成させた。有栖川宮は、戊辰戦争では東征大総督を務めたから、一時期、北白川宮と敵味方の関係にあった。その後も陸軍の中枢にあり、参謀本部長、参謀総長などを歴任、北白川宮にわずかに先立って病没した。

現在、銅像は港区の有栖川宮記念公園に移されている。江戸時代には盛岡藩下屋敷だった公園の由来を詳しく解説する案内板はあっても、銅像がかつてどこにあり、なぜ今ここにあるのかといったことは一切わからない。

参謀本部の前を抜け、桜田濠を右手に見ながら、三宅坂へ上ってゆくと、角地に寺内正毅元帥の騎馬像が建っていた。寺内は西南戦争で負傷し右手の自由を失っていたから、銅像でも、右手を外套の下に隠している。彫刻家北村西望の手になり、大正十二年（一九二三）に完成した。この騎馬像が姿を消したあと、同じ場所に、今は三人の裸体女性像（菊池一雄「平和の群像」一九五〇）が立っているのである。

寺内正毅像がその台座を離れたのは、昭和十八年（一九四三）の金属回収による。三月五日に「銅像等ノ非常回収実施要綱」が定められ、同月二十四日に商工省に金属回収本部が設置されると、銅像は格好の回収対象となった。なにしろ、銅像は目立つように建てられているから、隠れるわけにはいかない。各地で銅像の除魂式や出陣式が行われ、新聞の話題となった。

高松城の桜馬場におよそ七十体の銅像が勢揃いした写真が残っている。そこに姿が見えないが、栗林公園にあった高松松平家十二代松平頼寿の銅像もこの時回収に応じたはずだ。彫刻家藤川勇造の作で、高さ二メートル八〇センチと、等身をはるかに越えて大きい。昭和九年（一九三四）十二月十五日に行われた除幕式には、藤川と同じ二科会の安井曾太郎、有島生馬、正宗得三郎、山下新太郎、東郷青児らが参列し、これに合わせて高松市内で二科会の展覧会が催されるなど華やかな門出だったが、銅像は十年を待たずに座を降りなければならなかった。あとには、特大の銅像に見合う台座だけが残された。

昭和二十五年（一九五〇）になって、そこに胸像が設置されたものの、台座とのバランスをいささか欠いている。同じことは長岡の山本五十六像にも言えるのだが、果てしなく脱線してゆくので、あとで長岡城を訪ねる時に再び話題にしよう。

銅像の危機に直面し、北村西望は、作者ひとりにつき一体の保存を訴えたが、聞き入れられなかったという。もっとも、寺内正毅像が回収されたのは、当時南方軍総司令官だった息子の寺内寿一大将が率先して回収に応じたからだともいわれる（中村伝三郎「銅像 その時代的背景」『月刊文化財』第六七号、一九六九）。

同じ北村西望の手になる山県有朋元帥像（一九三〇）は金属回収に耐えた。しかし、戦後の逆風には逆らえなかった。陸軍大臣官邸を追い出され、陸軍参謀本部から追われた大山巖像とともに行き着いた先が上野公園であった。そして、東京都美術館の裏に放置された。

なぜそのような移動を余儀なくされたのかについては、平瀬礼太「戦争と美術コレクション――そこにあってはならないもの」(『講座日本美術史』第六巻、東京大学出版会、二〇〇五)が追跡している。

昭和二十一年(一九四六)の春に、旧陸軍省と旧海軍省がそれぞれに関係する銅像の調査票をGHQの民間情報局(CIE)に提出したことから、銅像のいわば第二の危機が始まった。同年六月十日付『読売新聞』に載った「将軍の銅像、どうする軍国の象徴」という記事は興味深い(図21)。意見を求められた文部省文化課長、内務省地方局総務課長、評論家はそろって、「将軍の銅像」を切り捨てる。GHQは軍国主義的な銅像の撤去を強制せず、むしろ判断を日本側に委ねた。まず同年十一月一日に、内務文部両次官から各地方長官宛に通牒「公葬等について」が、ついで同月二十七日に、警保局長通牒「忠霊塔・忠魂碑等の措置について」が出され、銅像撤去に関するガイドラインが示された。東京では、これを受けた東京都が、翌年一月二十五日に「忠霊塔・忠魂碑等の撤去審査委員会規程」を告示している。

大山巖像が再び皇居のそばに戻ったのは昭和三十五年(一九六〇)のことである。一方の山県有朋像も、同じ時期に、作者北村西望によって井の頭自然文化園に引き取られた。北村は、昭和二十八年（一九五三）から、長崎平和祈念像を制作するため、文化園に隣接してアトリエを構えていたからだ。平和祈念像は昭和三十年（一九五五）八月八日に長崎で除幕され、石膏原型はそのまま井の頭自然文化園に残された。

將軍の銅像
どうする軍國の象徴
取り拂ひに贊成
美術品の價値すらない
醜怪そのものだ

◀図 21
1946 年 6 月 10 日付
『読売新聞』記事

▼図 22
北村西望
「山県有朋像」
（2006 年撮影＊）

原型を含むすべての作品を東京都に寄付することが、アトリエの敷地を都から提供される条件だった。

結果として、平和祈念像と将軍山県有朋像が向き合うことになった。これに横槍が入り、山県有朋像は再び移動を余儀なくされる。最後に銅像を受け入れたのは山県の故郷の萩だった。今は、萩市民球場の前に移設され、ここでも「宮城から球場へ」が実現したことになる（図22）。

とはいえ、公園における平和祈念像と軍人像の共存が問題視されるのであれば、そもそも北村西望という彫刻家における両者の共存は問題にならないのだろうか。敗戦後は手のひらを返したように平和祈念像を作ったと、北村を非難できる日本人はあまりいない。三宅坂の寺内正毅像のあとを襲って平和の群像が置かれたように、みんなでそろって手のひらを返したのではなかったか。いや、「手のひらを返す」とは人聞きが悪い。「反省した」というべきかもしれない。

現在は、アトリエともども一般に公開されている井の頭自然文化園彫刻園を訪れると、実は、原寸大の長崎平和祈念像とともに（それはそれは大きい）、山県有朋像、寺内正毅像ばかりでなく、長崎県千々村に大正十年（一九二一）に建てられた日露戦争の軍神橘中佐像、満州国新京に昭和十三年（一九三八）に建てられた児玉源太郎像などのマケットを目にすることができる。

さて、皇居の周辺ばかりを問題にしてきたわけだが、皇居の内部にはいったい何があるだろうか。銅像が建ったという話はきかない。

戦前は軍人像によって、戦後は裸体像によって、取り囲まれた皇居の中の、昭和天皇の執務室には、戦前からリンカーンとダーウィンの肖像彫刻が置かれていたという（図23）。なんとも皮肉な話である。

図23　昭和天皇とリンカーン像・ダーウィン像（『天皇』トッパン、1947年）

5　なごやかな町

女の立小便は、これまでに一度しか見たことがない。それはそれは衝撃的な光景だった。逆に、数え切れないほど目にしてきた男の立小便も、最近ではとんと見かけなくなった。子どもの立小便、すなわち小便小僧でさえも見る機会は減っている。

もしや絶滅の危機に瀕しているのではないかと心配になり、ある時思い立って我が家の小便小僧をカメラに収めた（図24）。ただし、本人の将来を考え、背後からの撮影に止《とど》めた。一方、小便小僧像は永遠に小僧のままだから、その将来までを心配する必要はない。そこで真正面からの撮影となった次第だが、小僧もたいした度胸だ。カメラを一向に気にせず、いつまでも小便を放ち続けた（図25）。

場所は東海道ならぬ東海道本線小田原駅。われわれの旅はようやく最初の城下町に到着した。江戸時代ならば、品川を発った旅人が戸塚のつぎに泊まる宿場である。明日の箱根越えに向けて鋭気を養うところだ。

駅の改札を抜ける手前にちょっと瀟洒な庭園があり、池に向かって小僧が小便を放っていたのだった。すぐ隣で、驚いた鶴が飛び立とうとして、やっぱりそのまま銅像になっていた。

なぜ、小田原駅に小便小僧がいるのか。答えは立て看板に書いてある。小便小僧の発祥の地はベルギーのブリュッセル、王様の行列の前でも平気で立小便をした少年の自由を讃えたものである。日本もまた戦争に敗れて、ようやくその自由を手に入れることができたことの証しとして、昭和二十五年（一九五〇）十月に建立された。小田原駅の駅長の発案だったという。

城下町小田原にあっては、王様の行列は殿様の行列となる。看板いわく、「大名の威厳も専制政治も子供の天真爛漫な神のような心の前には何の価値も権威も

図24　鎌倉の小便小僧（いずれも1998年撮影＊）

図25　小田原の小便小僧

ないということを如実に物語る貴い記念碑なのである」。

だからといって、子どもたちがどこでも勝手に立小便をしてもよいというわけではない、と釘をさすこともちろん忘れない。

小便小僧は、戦後の城下町にいかにもふさわしい。だが、ここが小田原であるならば、戦前に向かって、時計をほんの少しだけ巻き戻したい誘惑にかられる。本当に、ほんの少し。その場合、戦後がいつ始まるのかが、いいかえれば戦争がいつ終わったのかが大問題なのだが、ここは昭和二十年（一九四五）八月十五日正午の玉音放送という俗説に従っておこう。それなら、巻き戻す時間はわずかに十時間である。

❖

八月十五日の午前一時から二時ごろにかけて、小田原はアメリカ空軍の空襲を受けた。しかも、それは熊谷と伊勢崎を空襲した帰路、日本上空を離れる前に、B29編隊が余った爆弾を落していったのだった。爆弾を搭載したままの帰還は危険だからという理由による。アメリカ空軍の公式記録に、熊谷と伊勢崎の空襲はあっても、小田原空襲はないという。落したというよりは捨てたというべきである。せっかくなら、海の上ではなく人の上へと。この時、少なくとも十二人が死んでいる。こんな人の殺し方があってよいのだろうか。

空襲の夜が明けると、戦争は終わった。混乱のうちに新しい年を迎え、天皇がいわゆる人間宣言を発してしばらく経ったころ、小田原ではこんな題名の回報が隣組に回された。「全国中継で紹介された様な『なごやかな町』小田原を建設致しませう」（小田原市役所、昭和二十一年一月二十五日）。

その五日前に、小田原では三曲名流大会が開かれ、ラジオで全国に中継されている。回報は、アナウンサーが小田原を紹介した言葉を引用する。すなわち「小田原城のお濠の水は暖い南の日射を受けてトロンと眠つた様に静かです。その水面に石垣の上からさしのぞく年を経た松の古木が影を落してゐます。時々真鯉・緋鯉がポツカリと浮び上り顔をのぞかせ、静かな水面に波紋を起し又沈んで行きます。お祖父さんに手を引かれ綿入れに着ぶくれた子供がそれを見て手をたゝいて喜んでゐます……」と始める。

「この放送を聞いた全国の人々は我が小田原をどんなになごやかな夢の町、おだやかな詩の町であらうと想像し羨ましく思つた事でせう」。しかし、現実はほかのどの町とも変わらない。「つまる所その解決の鍵は夫々《それぞれ》の職域や立場からお互ひに犠牲を持寄り、奉仕をし合ふ事だと思ひます」と、字面だけでは戦前の隣組回報とほとんど変わらない呼び掛けを行い、「なごやかな町、おだやかな町、住みよい小田原の建設に邁進しようではありませんか」と結んでいる（全文は『小田原市史、史料編、現代』小田原市、一九九七所収）。

こうして始まった小田原の戦災復興が、小田原城のお濠と石垣だけの「なごやかな」風景を拠り所にしたことがうかがわれる。なるほど、祖父と孫の遊ぶ光景は「なごやか」だが、それは父親の不在をも暗示している。失われた天守閣をそこに復元しようという気運が高まるには、父親たちが復員し、もうしばらく復興が進まなければならなかった。

❖

昭和二十五年（一九五〇）の秋、城跡を会場に、小田原こども文化博覧会が開催された。その目的は「将来の平和日本の建設を双肩に担う少年児童の福祉を増進し、その文化的素養を涵養すると共に、広く当地方を紹介するため」と明快である（「小田原こども文化博覧会開催趣意書」、前掲『小田原市史、史料編、現代』所収）。

駅にあの小便小僧が登場したのも、まさにこの博覧会の会期中であり、建立と開催の趣旨は通じている。城内には、文化館、産業館、観光館、アメリカ学童館、野外劇場、子供世界探検場、子供の国（飛行塔・メリーゴーランド・子供の汽車・大山すべり）などが立ち並んだ。同年十月十八日付『小田原市報』は「こども博特集号」を組み、たくさんの写真とともに、会場の様子を詳しく伝えている。

この時期に、こども博覧会が開かれたのはひとり小田原に限らなかった。たとえば私の郷里浜松でも、まったく同時期に、同じく城跡で浜松こども博覧会が開催された。ただ、小田原の場合、今訪れても城内に遊園地があり、動物が飼育され、当時の博覧会の名残を色濃く止めている。タイから象が連れて来られ、「梅子」と名付けられた（図27、一一七頁）。

当時の鈴木十郎市長が、「ゾウがなけりゃゾオオロジカル・ガーデンじゃないよ」と口にしたという話が伝わっている。そう書いた渡辺紳一郎は、続けて、「そのうち、コンクリの天守閣を作って中身は市営喫茶店にするくらいのことはやりかねない」と、市長がいかにやり手であるかを語っている（「日本拝見」一〇三、『週刊朝日』昭和三十年十月三十日号所収）。

すでにこども博覧会の前年から、天守台の石垣を再建するための「天守閣石一積運動」という名の募金運動が展開していた。博覧会開幕までにおよそ二十四万円の寄付金が集まった。工事は昭和二十五年（一九五〇）夏に始まり、二十八年暮れに終わった。そして翌年秋、天守台の上には、天守閣ならぬ観覧車が設置された。それは、単なる大型の遊具というよりは、天守閣の高さを疑似体験させるものであっただろう。しかし、回転を続ける観覧車では頂点にとどまることはできない。観覧車が天守閣に姿を変えるのは時間の問題だった。

それにしてもなぜ、お城を中心に町の復興が進んでいくのか。答は簡単で、小田原が近代になってもなお城下町の構造を色濃く残していたからだ。もともと小田原城は総構えの城として知られ、三の丸の外側に形成された町場を、壕（多くは空壕）と土塁が囲んでいた。その規模は、秀吉の築いた大坂城に匹敵するほど大きかったという。政権を握った家康は、小田原城の一部を破却し、再構成し、西国に対する江戸城の前衛とした。さらに近代に入ってからも、宮内省が城内に御用邸を置いたため、城郭の景観が比較的よく保たれてきた。

焼野原は地形をむき出しにする。そして、風景の中に埋没していたお城と町の関係を明るみに出す。実は、戦災復興の「天守閣石一積運動」には前史があった。大正十二年（一九二三）、戦災ならぬ震災が小田原城の石垣を崩したからだ。御用邸も大破したことで廃止となり、城跡が小田原町に払い下げられた。これを機に、お城が町民の問題となった。町は二の丸外濠を埋め立てようとしたが、小田原保勝会が明確な反対を示した。町は折れて外濠の保存を決め、昭和七年（一九三二）に二の丸の石垣を復興、翌年に本丸・二の丸の一部を公園として公開、さらに翌九年に隅櫓《すみやぐら》を再建するなど、戦争さえなければ、天守閣まで再建しそうな勢いだった。

小田原城の再建が、必ずしも戦災復興事業ではなく、戦前からすでに始まっていた事業の、戦争による中断からの再開であったことがわかる。肝腎の天守閣再建については、次回の話題としよう。

❖

小便小僧で始まった今回の話題は、小便小僧で閉じなければならない。先の渡辺紳一郎も小便談に筆を走らせる。「関東の連小便」が小田原での秀吉と家康のそれに由来することを論じたあとで、「口の悪い東京の人は、小田原を「箱根の便所」と呼んでいる。東京と箱根との往復には小田原は放尿以外、用はないかのごとくである」と、まるで他人言のように言いながら、渡辺自身が「口の悪い東京の人」にほかならない。「お堀の水も今でこそ放尿場に使われるが、それでも、よその城跡の堀みたいに泥水ではない」と、誉めているのか貶しているのかよくわからない（前掲「日本拝見」）。

なるほど、昭和二十五年（一九五〇）の小田原駅に出現した小便小僧は身近な存在であっただろう。しかし、半世紀が過ぎた今日、小便小僧はもはやその存在を許されないようだ。小田原駅が改装され、小便小僧は改札口近くから東海道線下りホームに移動させられたという風の便りが伝わってきた。そして、それは、小便小僧が小便を止められてしまったという悲しい知らせだった。

補遺⑩　小僧たちのその後

何よりもまず、小田原駅の小便小僧の小便再開を喜びたい。移築前は和風庭園の池に向かってしょぼしょぼやっていたものだが、今は心機一転、ローマ風の円形水盤のまん中に立って、盛大に放っている。

小便小僧の小便はこんなふうに無尽蔵でなければならない。なぜなら、古代ローマ以来、小便小僧の放つ小便は、治療・誕生・再生・豊饒の象徴だからだ。

小田原駅の小便小僧が戦後民主主義の象徴であり、その起源を十七世紀のベルギー、ブリュッセルのそれに求めていることは、「その小便小僧の芸術的価値は別として、人道上の意義をはっきりつかめない限りは単に滑稽奇抜な偶像としか思われないことになるだろう。小便小僧の持つ民主々義を象徴する真の意義をはっきり大衆に理解させることが最も肝要であり、その真意を会得してこそ初めて小僧の使途が達せられるのである」とする説明板に明らかだが、小便小僧自体ははるか昔から小便を放ち続けてきた。

秋山聰「小便小僧（プエル・ミンゲンス）の図像学」（『芸術とコミュニケーション』0-2号、二〇〇五）という希有な研究論文がある。「プエル・ミンゲンス」はラテン語puer mingensで、放尿する少年を意味する。「古来、尿には何か神秘的な力が潜んでいると信じられてきた」という指摘で始まるこの論文は、それゆえに、小便小僧が古代の石棺、噴水、青銅製彫刻、壺絵などに盛んに登場したことを、また、それゆえにルネサンス期に復活したことを、たくさんの事例を示しながら、ブリュッセルの小便小僧の「豊かな前史」について教えてくれる。

小便小僧をいきなり民主主義に結びつけるのは、いかにも戦後日本の発想であり、むしろ、小便小僧それ自身は、毎朝コップ一杯の小便が健康をもたらすという類の民間療法に通じていることを知るべきだろう。

それにしても、復活した小便小僧の新たな説明板には民主主義の「み」の字もない。それどころか、「社員一同、より良いサービスの提供に努めてまいりますので、小便小僧同様、宜しくお願い致します」と、まるでJR東海の社員のような扱いである。焼け跡の民主主義が青臭かったといえばそれまでだが、それがきれいに忘れられたことにも現代の日本社会が垣間見える。

永遠に小僧のままである小便小僧は、昭和二十五年（一九五〇）の日本を伝えてくれる。その小便は、「大名行列」が横行する社会にとって、なお有効な療法となるのではないか。箱根の温泉水でも流して飲ませれば、注目度はぐんと上がるのに。

ちなみに、次の記事から小僧の名前が明らかになった。

「私は、東口改札近くにあった小便小

図 26　小田原合戦（2006 年撮影＊）

僧さんが大好きでした。友だちとの待ち合わせにもよく使ったものです。一五年くらい前でしょうか、この小僧さんに名前をつけよう！　と公募してました。実は私も応募したのですがボツ。採用されたのは「ニコットちゃん」。昭和二五年一〇月にできたから二と五と一〇（トー）でニコットだそうです。「なるほどアイデアのある命名だ」と思ったのに、あまり知られなかったのが残念です。駅が新しくなったらニコットちゃんはどこへ行くのでしょうか。小田原市　鈴木たづ子さん」（『まちの情報紙ポスト』広域県西版、平成十五年二月七日）。

一方、あれから身体が倍ほども大きくなった鎌倉の小便小僧は、さっそく小田原の小便小僧と再会を果たした。挨拶の代わりの小便合戦が繰り広げられたものの、勝負は一分たらず、軍配が小田原の小僧に挙がったことはいうまでもない（図26）。

補遺⓫　子象たちのその後

昭和二十五年（一九五〇）十月十八日付『小田原市報』は号外を出し、「こども博特集号」を組んだ。子象の梅子は、写真入りでこんなふうに紹介されている。「タイ国からはるばるやってきた身長四フイートニインチ、体重一二貫の可愛らしい娘。市民から「梅子さん」という名前を貰つて大喜び」。

たぶん、大喜びはしていないと思うが、それ以来ずっと、梅子は小田原城のお姫さまとなった（図27）。常盤木門をくぐり本丸に入ったすぐ左手に、御殿が建てられたからだ。いや、ゾウ舎が先で、常盤木門の復興が昭和四十六年（一九七一）と遅かった。少し離れて眺めていると、梅子姫は、本当に渡櫓の中からお庭に出てくるような気がする。ちなみに、昭和二十六年（一九五一）開園の姫路市立動物園（これもお城の中にある）の象は、その名もずばり「姫子」という。

象と城は一見ミスマッチだが、実は相性がとてもいい。ともに、戦後は平和の象徴となったからだ。

象はまさしく平和の使者として、戦後の日本にやって来た。インドのネール首相が、娘の名前を取ってインディラと名付けた象を日本のこどもたちへと贈ってくれたのは、昭和二十四年（一九四九）のことである。

図 27　小田原城と梅子（2006 年撮影＊）

九月二十五日午前零時に、インディラは東京の芝浦桟橋から上野動物園に向かって歩き出した。真夜中だというのに、大勢のおとなやこどもが後をついて歩いた。行列は二千人にふくれ上がり、翌朝の開園時には、正門前に一万人も集り、園内は立錐の余地がなくなったという（小森厚『もう一つの上野動物園史』丸善ライブラリー、一九九七）。

上野動物園には、昭和十八年（一九四三）にいわゆる戦時猛獣処分を行い、三頭の象、ジョン、ワンジー、トンキーを餓死させるという悲しい思い出があった。とりわけワンジーとトンキーの二頭のメス象はなかなか死なかったために、象舎に鯨幕を張って衰弱した姿を隠し、慰霊法要が執り行われた。

それゆえに、インディラの来日は、人々に平和の到来を実感させたに違いない。この時期、ほかには、名古屋の東山動物園に二頭の象、エルドとマカニーがいた。翌昭和二十五年（一九五〇）の春からは、移動動物園の試みが始まり、国鉄と朝日新聞社が共催した。上野動物園は東日本を担当し、インディラは、四月二十九日に東京を出発し、静岡、甲府、松本、長野、新潟、山形、青森、札幌、旭川、函館、秋田、盛岡、仙台、福島、宇都宮、水戸、前橋と十七都市を巡り、東京に戻ったのは九月三十日だった。

小田原城で小田原こども文化博覧会が開かれたのは、まさしくこの秋のことである。そして、浜松城で浜松こども博覧会が開かれたのも、同じ秋だった。大きな象のアーチ門が建てられ、子どもたちはその足の間を抜けて会場に入った。

手元にある一枚摺りの「浜松こども博案内」を見ると、「わに、ひぐま、日本ぐま、鹿、狸、いのしし、猿などのけもの、くじやく、鶴、たか、さぎ、おおむ、などの鳥類を集めて東京名古屋間で象のいる動物園がはじめて浜松に出来ました」と誇らしげに書いてある。

そして、「タイから来た五才のメスの象は皆さんからよい名前をつけてもらつて喜んでおります。遠い異郷からはる〳〵来た可愛い象を皆さんのお友だちとしていつまでも可愛がつてください」とつづける。

たぶん喜んではいないと思うが、「よい名前」とは「浜子」だった。その六年後に、浜子は東山動物園を経由して大阪のみさき公園自然動物園にもらわれて行った。代わってやってきた象もまた二代目「浜子」と呼ばれた。

浜松市立中央図書館で借りた『動物園半世紀の歩み』（浜松市動物園、二〇〇〇）を見ながら、これを書いているのだが、それによれば、初代「浜子」に一年遅れてやって来たライオンの夫婦は、「浜男」と「松子」と名付けられた。すでに妊娠中だった「松子」は秋に娘を出産するが早世、翌昭和二十七年（一九五二）に生まれたつぎの娘が無事育つと、「市子」と名付けられた。むろん、「浜男」と「松子」が相談して名付けたわけではない。親子そろって「浜松市」となるわけだが、こういう命名のセンスはいったい何なんでしょうね。戦後ならではの、地方自治体への期待と解釈しておこう。

本書の冒頭で紹介した私のアルバムは、十三頁目で「赤ちゃんコンクール入賞！」となる。満一歳を迎えた春のことだ。表彰式のあと、御褒美に動物園に連れていってもらったらしい。残念ながら「浜子」の前ではなく、「浜男」の檻の前で母といっしょに撮られた写真が貼ってある。

この年に、横浜の野毛山動物園にやはりタイからやって来た象が、「浜子」と名付けられている。公募で決まったらしい。ほかに「タイ子」、「神奈子」、「春子」、「百合子」、「富士子」などの応募案があったらしい。「浜子」は明らかに二番煎じだが、横浜だから「浜ッ子」と呼ばれたのかな。

彼女は平成十五年（二〇〇三）十月七日に五十九歳で世を去った。そのしばらくあとで、野毛山動物園を訪れたら、象舎の前には「浜子」の遺影が飾られ、花が捧げられていた。

象の寿命は人間とほぼ同じだという。平和の使者だった子象たちの戦後も終ろうとしている。

6　お城が欲しい

戦争が終わって十年が過ぎた。昭和三十年（一九五五）の秋、小田原城の天守台に観覧車が出現した。それからちょうど一年後に、小田原商工会議所は小田原城天守閣復興促進会を設立した。会長が商工会議所会頭、顧問が小田原市長である。観覧車ではなく、やっぱり天守閣が欲しいと、みんなで思ったのだろう。さらに二年が過ぎた昭和三十三年秋に、市長はとうとう天守閣復興計画を発表する。

これを機に、復興促進会は復興期成会と組織を改め、募金運動を展開した。目標額は千五百万円。市民が瓦に自分の名前を記し、それを寄付する「天守閣復興瓦一枚運動」も、市内各所で始まった。平瓦と丸瓦なら一枚百円、唐草瓦と巴瓦なら一枚三百円と、寄付金額が決まっていた。やがて瓦は天守閣の大屋根に葺かれることになる。まるで寺院建立を願う信者たちの喜捨のようだった。

商工会議所が旗振り役を演じたのは、天守閣が観光資源になると考えたからである。お城にまで観光客を呼び入れ、「箱根の便所」（一一三頁参照）という文字どおりの汚名を返上しなければならなかった。関係者には、バスに乗り遅れまいとする気持ちがあったに違いない。

昭和三十三年秋の時点で、富山、岸和田、岐阜、広島、浜松、和歌山など、空襲で焼野原にされた六つの都市で、すでに天守閣が復興していた。さらに翌年の春に岡崎城と大垣城で、秋には小倉城と名古屋城で、天守閣が再び姿を現した。

そのうえ同じ昭和三十四年の秋、小田原の隣町ともいうべき熱海では、温泉町ではあっても城下町ではないはずなのに、大阪城や名古屋城を凌駕する巨大な天守閣が出現した。地元新聞『東海民報』の「愈々《いよいよ》十六・十七日に開城披露、錦浦《にしきがうら》山上の〝熱海城〟? 地下三階地上九階の近代建築?」という記事(同年十月十一日付)から、城内の様子をのぞいておこう。

「熱海城は地下三階、地上九階の大建築で、地下各階はプール、大小浴場、名店街、宇宙館、遊園地、温室、神前結婚式場など、地上各階には美術館、大食堂、喫茶店、名店街、大広間、和室、展望台などの近代施設があり、熱海名所の一つとして登場する」。

これでは、「そのうち、コンクリの天守閣を作って中身は市営喫茶店にするくらいのことはやりかねない」(一一一頁参照)と、そのやり手ぶりを揶揄された鈴木十郎小田原市長も太刀打ちできない。敵は喫茶店どころか、プール、結婚式場、美術館まで城内に備えていた。そんな熱海城はいささか極端な例かもしれないが、敗戦から立ち直ろうとするそのころの日本人のお城への期待がよく伝わってくるような話だ。全国各地で、こんなふうに真偽入り乱れて、天守閣の建設が相次いだ。これを称して「昭和の築城ブーム」という。

❖

とはいえ、お城の建設は、単なるビル建設とは違う。それはかつてあったお城、あるいは、あったと思われるお城の復元であり、古図面と、それを元に新たな図面を描くことのできる建築家の双方が必要であった。その役割を担ったのが、藤岡通夫と城戸久のふたりである。右に挙げた復興天守閣のうち、藤岡は和歌山城と小倉城を、城戸は岐阜城と浜松城と岡崎城と名古屋城の設計を手掛けている。

小田原市は藤岡通夫に白羽の矢を立てた。藤岡は和歌山城天守閣を完成させたばかりだった。その経験談によれば、頼りになるのは、和歌山城が幕末に再建された時の図面の複写写真と焼失前に建物を写した写真、それに平面の実測図であったが、いざ設計に取り組むと、平面図をそのまま実際の地形に落し込むことの困難にたちまち直面した（藤岡通夫『城と城下町』中央公論美術出版、一九八八）。

考えてみれば当然で、現実の地形はつねに紙に描かれた図面に先行する。高低差のある複雑な地形の上に、多くの城は建っているからだ。それが平地に建物を建てる場合と大きく違っている。和歌山城の天守閣は大天守と小天守から成っていたが、前者の一階は菱形に歪み、後者の一階は五角形であり、それぞれその上に矩形の二階、三階を載せていた。そうした歪みを内側に抱え込んだまま、修整を重ねて軒や屋根の形を決め、最終的には歪みのない外観を実現させなければならなかった。

藤岡通夫はこうも言っている。歪んだ建物を鉄筋コンクリート造で建てることはいとも簡単だ。木造建築にはそれほどの自由がない。したがって、はじめから鉄筋コンクリート造の建物として設計すると、木造の制約をつい忘れてしまう。そこで、和歌山城では、面倒ではあったが、まず木造として設計し、それを下敷きにして、鉄筋コンクリート造に置き換えるという方式をとった。木造建築では何よりも柱の位置が重要で、それを正確に決めておかねばならない。ところが、「近年建てられる怪しげな城郭建築では、この柱と窓の関係が鉄筋コンクリート造であるために滅茶苦茶で、同じ形の建物を木造では建てられないようなものが多い。このような建物が平気で世の中を横行しているのは、淋しい限りといわざるを得ない」(前掲『城と城下町』、傍点引用者)と結んだ。

❖

こうした経験を積んだばかりの藤岡通夫に仕事を依頼できたことは、小田原市民にとって幸運であった。そのうえ、小田原城には多くの古図面と模型が残されていた。模型は少しずつデザインの異なる三点が知られるが(東京大学旧蔵、大久保神社蔵、東京国立博物館蔵）、いずれも江戸時代に作られた二十分の一の模型（当時の表現では雛形）で、このうちの一点は天守閣完成後に東京大学から小田原市に寄贈され、小田原城で見ることができる。復元された「ニセモノ」のお城の中で、お城の「ホンモノ」の模型、でも模型なのだからやっぱり「ニセモノ」、でも神奈川県から重要文化財に指定されているそれを眺める体験は、とても不思議だ。いや、そう簡単に、小田原城を「ニセモノ」と呼んでしまってよいものだろうか。それがどのように建てられたかを知る必要がある。

藤岡通夫が最初に提示した設計案は、一重を東京大学旧蔵の模型、二重と三重を大久保神社蔵の模型に基づく折衷案であった。それを叩き台に検討を重ね、デザインが東大模型、平面が大久保神社模型、高さは両者の中間とし、さらに、基礎を安定させるための地下室と、三重を展望台にするために廻縁と高欄を新たに設けることにした。

展望台は、お城を観光資源に目論んだがゆえの産物だが、これには文部省文化財保護委員から異議が出された。史実を曲げることへの抵抗である。小田原市はそれを押し切った。藤岡も、幕末の再建時に廻縁高欄が設けられた和歌山城を引き合いに出し、「平和時代に建てられた天守には、それをもつものもあって時代表現がおかしいとはいえない」と擁護したという（『復興小田原城天守閣　昭和の天守閣再建』展図録、小田原城天守閣、二〇〇〇）。

最後の藤岡の説明には無理があるように聞こえる。同じ「平和時代」とはいっても、幕末と戦後を同列には論じられないし、そもそも、和歌山城に廻縁高欄があるから小田原城にもそれがあってよいという理由にはならない。折衷案は「近年建てられる怪しげな城郭建築」（藤岡自身の発言）ではない、と言い切る論理をどこに求められるだろうか。

それにはまず、「ホンモノ」と「ニセモノ」の境界線を再考することから始めなければならない。

一般に、江戸時代のお城は実用性を有し、明治維新を境に突然、無用の長物と化したとされる。それゆえにお城の破壊が相次いだが、二十世紀に入ったころから歴史的な価値が認められるようになり、保存が進んだ。ところが、多くのお城が空襲で焼け落ちてしまう。そのあとにやってきた「昭和の築城ブーム」で出現したお城には、むろん、江戸時代のような実用性もなければ歴史的価値もない。新築というだけで「ニセモノ」のレッテルを張られ、それらが木造ではなく鉄筋コンクリート造であることが、不信感にさらに拍車をかけた。

しかし、小田原城がまさにそうであるように、新築のお城は敗戦後の城下町住民に精神的な拠り所を提供し、かつ観光資源として経済的効果を生み出すという新たな役割を与えられた。これはこれで「実用性」と呼ぶほかないものである。先の藤岡の発言を、「平和時代」にはそれ相応の「表現」をお城は持つと拡大解釈すれば、小田原城が展望台として廻縁高欄を持つことは、内部に資料展示室を設けて一般公開することとともに、新たな「平和時代」の要請に応じた必要不可欠なことなのである。

こうして昭和三十五年（一九六〇）五月十五日に竣工した小田原城天守閣は、かつての

図28　小田原駅前の城門（1960年、小田原城天守閣）

小田原城に少しずつ「似せたもの」、という意味では正真正銘の「ニセモノ」であるかもしれないが、当時の小田原市民にとっては、観覧車の代わりにようやく手に入れた「ホンモノ」のお城であった。そして、五月二十五日に完成記念式典が盛大に挙行され、午後から一般に公開された。この半日だけで四千三百十二人の市民が登城したという。不特定多数の城下町住民（だけではなかっただろう）が天守閣の最上階にまで登り、城下を展望するという行動は、戦後の日本が目指した「民主国家」にいかにもふさわしい。小田原駅前に設けられた特大の城門は、この時の小田原市民の高揚ぶりをよく伝えている（図28）。

それから四十三年が過ぎた今日、小田原商工会議所はまた、小田原市民に向けて募金活動を始めた。今度の目標額は一億円と大きい。「市民の財産、小田原駅東西自由連絡通路の開通記念製作物にあなたのお力を！」と題したパンフレットには、記念製作物を飾って、訪問者に「小田原って、すばらしいまち」という印象を抱いてもらおうと呼び掛けている。「なごやかな町」を呼び掛けた昭和二十一年（一九四六）の小田原、お城が欲しくて千五百万円の募金を呼び掛けた昭和三十三年（一九五八）の小田原が甦ってくる。

では今度は、「すばらしいまち」に何が欲しいのか。パンフレットによれば、「巨大ちょうちん、ステンドグラス、陶板レリーフ、大型ビジョンを予定しています」とのこと。「自由」を名乗る通路には、小便小僧（前章参照）こそがよほどふさわしいのではないだろうか。

補遺⑫　熱海国際観光温泉文化都市ブルース

写真の一番手前に、まだ可愛かった私が写っている。すぐ後ろには弟と叔母、さらに後ろに母と祖母と伯母と三人の従兄弟たちが、仲良く朝風呂につかっている。奥には、堂々たる下半身の持ち主の姿も見える。上半身がカットされて残念、とは思うが、父が手にしたカメラのレンズはまだ若かった母にぴたりと向けられていたのだから仕方がない（図29）。

改めて写真を眺めると、「母とその他大勢」という趣きで写真が撮られている。後ろの下半身の持ち主に負けず劣らず、母もまたヴィーナスのように美しい。この時、お腹にはもうひとりの弟が入っていた。

時は昭和三十三年（一九五八）三月、所は伊豆の熱海温泉。母の隣にいる元ヴィーナスの還暦の祝いに、一族で浜松から熱海に繰り込んだのだった。

下半身の持ち主の上半身さえ映っていれば、どこの旅館かが特定できるだろう。逆に下半身だけではわからないのは、大浴場にヌード彫刻を飾ることが当時の熱海では大はやりだったからだと思いつつ、昭和三十年（一九五〇）発行の熱海のガイドブックをめくっていた。

今もそれを売り物にしている「ローマ風呂大野屋」に始まり、「パリー風呂つるや」「プラネ

図29　熱海温泉（1958年、木下満直撮影）

タリユームバス志ほみや旅館」などの広告を見ていくうちに、写真のそれがまぎれもなく「豪華トルコ風呂・百二十畳舞台付大広間、国鉄推奨旅館、日本交通公社協定旅館、臨海荘」であることがわかった。広告には大浴場の全景写真があり、ヌード彫刻ばかりでなく、ヌードの女たちを描いた絵が壁一面に広がっていた。

むろん湯舟の中の私には知る由もないが、そのころの熱海は大きく姿を変えつつあった。個人客ではなく、団体客が押し寄せ始めた。社員旅行や修学旅行がやってきた。それに合わせて、旅館は改築、増築に新築ラッシュとなった。旅館がいわゆる観光ホテルに変身した。大浴場や宴会場や娯楽室が必要となった。

母の思い出によれば、それははじめての家族旅行、というか一族旅行だった。父が薬屋を浜松駅前に開いたのが昭和二十八年（一九五三）、その翌年に私が生まれて、さらにつぎの年に弟が生まれて、母も休まる暇はなかっただろうが、父も店の経営に懸命で、ようやく一息ついたのがこの熱海旅行であったとのこと。今では信じられないが、休みは盆と正月で、定休日というものがなかった。

すなわち温泉とは、せっせと働いたあと、骨を休めに行く場所であった。温泉につかってじっとしていると、本当に骨まで休まるような気がする。昭和三十年代に入って、熱海にどっと人が押し寄せるようになったのは、戦後の混乱期を必死に生きた人たちがようやく「骨休め」をと思い始めたからだろう。東京の奥座敷、熱海の繁栄は戦後復興の反映でもあった。

そこに、なぜヌード彫刻が必要とされたのだろうか。答えは簡単。ヌード彫刻もまた戦後復興のシンボルだったからだ。東京三宅坂に建っていた北村西望「寺内正毅元帥像」が、昭和二十五年（一九五〇）に菊池一雄作「平和の群像（三美神）」に差し換えられたのがその典型だ。町から軍人が追われ、代わりに裸の女たちが引っ張り出されたのである。

そういえば、西望が今度は長崎の爆心地につくった巨大な人物も、女ではないが、やっぱり裸である。裸であることは武器を持たないこと、戦争放棄のシンボルでもあっただろう。もっとも裸こそが武器であるという人もいるに違いない。

需要に供給が追いつかなかった。ブロンズではなく、セメント彫刻が盛んに建てられたのもこの時代だった。黒ずんだ銅像に代わって明るい白色セメント像の登場は、戦後社会に歓迎された。

早くも昭和二十五年に、日本彫刻家連盟は東京都と小野田セメントの協力を得て、井の頭公園で第一回林間彫刻展を開催、翌二十六年には日比谷公園で野外創作彫刻展を開催している。小野田セメントの社史『回顧七十年』（一九五二）では、写真図版で紹介された十四点の白色セメント彫刻のうち十点が女性像だという（田中修二「セメント彫刻の戦前・戦中・戦後」『屋外彫刻調査保存研究会会報』第二号所収）。

伊豆にはその名残がある。沼津から船で土肥に入った時、港で二体のヌード彫刻に迎えられて驚いた経験がある。真っ青な空と海を背景に、真っ白いそれらはあまりにもまぶしかった。下田では、あまり大きくはない橋の四隅で、四体のヌード彫刻が思いっきりしなをつくっていた。伊豆にはヌードがよく似合う。

熱海の戦後史をひもとくと、敗戦からの復興よりも、昭和二十五年四月十三日に起こった熱海大火からの復興が切実な問題であったことがわかる。焼失家屋九百七十九戸、罹災者千四百六十五世帯、五千七百四十五人と記録されている大惨事だった。熱海の中心部の四分の一が焼けたという。

この大火と直接の関係はないが、その直後の八月一日に、熱海国際観光温泉文化都市建設法が制定された。熱海への期待をすべて盛り込んだ名前となった。

その目的はつぎのとおり。「この法律は、国際文化の向上を図り、世界恒久平和の理想を達成するとともに観光温泉資源の開発によって経済復興に寄与するため、熱海市を国際観光温泉文化都市として建設することを目的とする」（第一条）。

なるほど、昭和三十三年には、木下家のささやかな経済復興にも寄与したはずである。

この法律に基づいて、「国際観光温泉文化都市『熱海』建設構想図」が描かれた。その原図を見つけることはできなかったが、それは魚谷正弘編『観光文化の八都市』

（国際特別都市建設連盟、一九五三）に載っており、今もなお熱海の中学生たちに伝えられている（熱海市教育委員会発行の社会科郷土読本『熱海』の平成十三年度版も同じ図を掲載）。

「国際観光温泉文化都市『熱海』建設構想図」には、大学や港など、今も実現していないものが描かれている。反対に、構想図にはないものが今は実現している。当たり前だが、現実は理想どおりには進まない。

構想図にはなくて今は存在するもののひとつに熱海城がある。お城は国際観光温泉文化都市にふさわしくないからと外されたわけではない。お城はもともと熱海にはなかった。旅館がこぞって鉄筋コンクリート造の観光ホテルを建設したように、熱海城もまた鉄筋コンクリート造で建設されたのだった。より正確にいえば、建設された観光施設がお城の姿をしていたのである（図30）。

昭和三十四年（一九五九）十月十一日付『東海民報』に、「愈々十六・十七日に開城披露、錦浦山上の〝熱海城〟？　地下三階地上九階の近代建築？」という記事が出た。それで城内の様子がわかる。

「熱海城は地下三階、地上九階の大建築で、地下各階はプール、大小浴場、名店街、宇宙館、遊園地、温室、神前結婚式場など、地上各階には美術館、大食堂、喫茶店、名店街、大広間、和室、展望台などの近代施設があり、熱海名所の一つとして登場す

図30　熱海城（2006年撮影＊）

る」。

『東海民報』が募集した「今年の十大ニュース」にも、「熱海温泉にお城が出来た！」として選ばれている（同年十二月十五日・二十三日付同紙）。十大ニュースのひとつには、「東京—大阪間を三時間で結ぶ弾丸列車」こと東海道新幹線の熱海停車が決まったことも含まれ、この年の熱海の勢いはとどまるところを知らなかった。

それから五年後の数字だが、熱海市役所が発行した『熱海』（一九六四）に観光施設の年間利用者数が出ている。それによれば、熱海城の利用者は五十万人、梅園と並んでトップを走り、熱海海上ロープウェイの四十五万人、渚公園の十五万人、熱海ゴルフ練習場の十二万人があとに続く。熱海城はロープウェイで上がった岬の先にあったから、両者の利用者は重なっていたはずだ。築城間もないころの写真が残っている。戦後復興を宣言したかのように、堂々としている。熱海の町といっしょに写った夜景写真もある。城下町とお城とをキラキラと輝くロープウェイが結んでいる。

「規模においても天下の名城とうたわれ、昭和時代に再建された大阪城、名古屋城をはるかにしのぐ、日本一の天守閣であります」という案内板の説明を、はじめ私は疑ったが、熱海の町とは反対側、錦ヶ浦から眺めると、なるほどそこには壮大な城郭が姿をあらわす。天守閣ばかりでなく、西の丸と東の丸が建てられ、大手門まであるではないか。天守閣の高さ四五メートル、敷地地盤よりの標高一二五メートルという規模は、平地に建つ大阪城天守閣と名古屋城天守閣を凌駕している。

初代城主は、三浦美淑熱海国際観光株式会社社長。その功績を讃えて大手門脇に建立された石碑には、「築城記念、平和なる、熱海の城の礎を、築きし功、永遠に伝えん」と刻まれた。その後、同社は倒産、お城は人手に渡った。

新たな城主へのインタビュー記事が『豆州かわら版』昭和五十二年(一九七七)四月号に載っている。城主は、消防法による規制が厳しくて、以前のように客を泊められないと嘆く一方で、「記念写真用のお姫さまも常住させる」と意欲を示している。

それからさらに三十年が過ぎた。今も新幹線熱海駅のホームに立てば、遠く熱海城の姿を望むことができる。駅とお城とが同じ時代の産物であることに思いを馳せる人はもういないかもしれない。足を運ばない人には、その大きさがわからない。お城は風景の中に溶け込み、忘れられたかのようだ。歳を重ねたお姫さまはどうなっただろうか。

城内に、日本城郭資料館がある。二代目城主による再開時に設けられた。「本館展示指導鳥羽正雄(顧問代表)、出品史料提供・解説西ヶ谷恭弘(運営委員長)」の名前が掛かっている。どちらも著名な城郭研究者だが、皮肉なことに、彼らの著書に熱海城は登場しない。熱海城のような昭和のお城は城郭研究の対象とならないからだ。熱海城がいくらお城の姿をしていても、本物のお城とはいえない。それは読者もすぐに納得することだろう。

しかし、それではいくつかの問題が残ってしまう。第一に、昭和になってなお城が築かれたのはなぜか。そして、熱海では、なぜ新たな観光施設の建設にお城のデザインが採用されたのか。第二に、そもそも何を指して本物のお城と呼ぶのか。引き合いに出された名古屋城もまた、熱海城とまったく同じ昭和三十四年(一九五九)の築城であった。もちろん、名古屋城には、昭和二十年(一九四五)の空襲で落城するまで本物の天守閣があり、それは国宝にも指定されていた。しかし、二度と焼かれるまいという思いからか、今度は鉄筋コンクリート工法が採用された。内部にはエレベーターを備えた。焼失前の図面が完璧に残っているにもかかわらず、観光客の利便を図って、天守閣最上階の窓のデザインを変更した。

この前後、鉄筋コンクリート造の天守閣の建設が相次いだ。

昭和二十九年＝岸和田城

三十一年＝岐阜城

三十三年＝浜松城、津城、和歌山城、広島城

三十四年＝岡崎城、大垣城、小倉城

三十五年＝小田原城、熊本城

四十年　＝下田城

四十一年＝岡山城、福山城

一連の動きを「昭和の築城ブーム」という。この中には、名古屋城同様に空襲で天守閣を失ったものもあり、すでに疾うの昔に天守閣を失っていたものもある。

改変や捏造に対する歯止めは、ほとんど効かなかった。昭和六年（一九三一）に鉄筋コンクリート造で建設された大阪城という先行モデルがすでにあることが免罪符となった。史実と少々違っていようが、たいていの城下町が焼け野原になっていたから、そこにまず天守閣を建て、喪失感を癒すことが先決だった。それは、現代の遺跡復元に期待を寄せる地方自治体の過熱ぶりに似ている。

熱海城は、熱海の戦後復興の波に乗ったばかりでなく、こうしたお城の戦後復興の波にも乗っていたのである。この明白にまがいもののお城の参入は、全国各地のコン

クリート城が、程度の差はあれ同じくまがいものであることを浮き彫りにする。

ひとり熱海城だけを排除するわけにはいかない。他のお城が持つ熱海城的なるものまでが、芋づる式に出てきてしまう。名古屋城が観光客の利便を図ったように、多くのお城は観光客を招くことに熱心で、その内部はどこも資料館や博物館になったからだ。逆に、熱海城が築城当初より美術館を持っていたことの意味もこれでよくわかる。

もともとその土地にお城があったかなかったかは、「ホンモノ」とまがいものを分ける有効な境界線だが、それは建物の真偽を見分けるまでの効力を持たない。一般に、城郭研究者が建物に対して用いる境界線は、江戸時代と明治時代の間に引かれている。すなわち、幕末までに建てられたお城は本物で、それ以後の近代のお城はまがいものだとする。しかし、これまた江戸時代初めのお城と幕末のお城を同列に扱ってよいのかという問題が残る。この問題については別稿（「近代日本の城について」『近代画説』第九号）に譲り、最後にひとつだけ、問題を提起しておこう。

熱海城とは、観光施設がお城の姿をしたものである。それならば、お城の姿をしたお城とはいったい何だったのだろうか。お城はなぜお城であるために、天守閣を必要としたのだろうか。

そんな疑問を抱きつつ、伊豆をさらに南下した。その終点の下田にも、熱海に少し遅れてお城が築かれた（図31）。昭和四十年（一九六五）のことである。同年五月三十一日付『伊豆新聞』に、「築城いそぐ下田城、お吉の一生を人形で」という記事があり、建設中の写真が載っている。

「築城の動機となったのは幕末開国にまつわる悲劇のヒロイン「唐人お吉」こと斎藤きちの生涯が一部で粗末に扱われているのを森下社長が嘆き、その生涯を歴史的に生かしたいと考えさらに町の観光施設として下田観光発展の一助にしたいと考えたからだという」。「内部施設としては、まずお吉の慰霊をかねて〝お吉観音〟を天守閣に祀り、お吉の一生を話す人形約五〇を展示して画き出す」という構想は実現し、ほぼそのままに残っている。

記事に名前の挙がった森下孝森下産業株式会社社長が初代城主である。しかし、こちらも熱海城同様に、志半ばで人手に渡り、現在

図31　下田城（2001年撮影＊）

は国際宇宙協会会長という人物が城主を務める。大手門から現れた会長の奥さんの名刺には、「大奥」という所属が記されていた。

天守閣は隕石の展示室にも使われている。宇宙をかつては「天」と称していたわけだから、天から落ちてきた隕石と天守閣とは、唐人お吉よりははるかに相性がよいかもしれない。

下田城が、伊豆の観光化の波に乗って登場したことは明らかだ。昭和三十六年(一九六一)十二月に、伊豆急が下田まで乗り入れた。それまでは、伊東か修善寺からバスで入るしかなかった。鉄道の開通は観光ブームに火を付けた。下田駅で催された開通式には、石原裕次郎がヘリコプターで登場したというから、その浮かれぶりがうかがわれる。観光客の到来は、土地の商売を変え、風俗を変え、風景を変え、ついでに歴史にまで変更を迫る。

先の『伊豆新聞』が「唐人お吉」が粗末に扱われていると書いたのは、下田を知るわれわれには信じがたいが(なぜなら今はどこに行ってもお吉が売り物になっている)、当時はまだそうだったのだろう。お吉の特権化、伝説化はそれだけで十分に研究テーマに値する。

現代は、むしろ行政が土地の歴史を語ることに熱心だ。下田市は平成十二年(二〇〇〇)十二月十五日に「ペイ・ステージ下田」を開設し、その二階に「歴史の交流館」という名の施設を設けた。下田の歴史が、史料と模型で展示されている。そこには、あの下田城はなく、別の下田城がある。「ベイ・ステージ下田」から目と鼻の先に見える鵜島城址の展示である。北条氏の水軍の拠点として、岬に築かれた典型的な海賊城であった。天正十八年(一五九〇)三月に、秀吉軍に攻め落とされた。当然、天守閣を持たない。にもかかわらず、城址を訪れると、「天守台」という標識が立っている。

複雑な地形の上に建設された軍事施設を、模型は巧みに復元しているものの、ある時期の姿に固定せざるをえないことに、そもそもの限界がある。とはいえ、特定の時期の姿を復元するだけの史料もない。一方で、模型を見る側は、お城を平城のイメージに引き寄せて理解したがる。お城の中心はどこかを知りたがり、そこに天守閣を見ようとする。

お城に天守閣を求める、あるいはお城を天守閣で代表させる認識パターンのわれわれにまで続く根深さを思えば、昭和四十年(一九六五)に下田城が出現したことも驚くべき問題ではないだろう。建物が現実には存在しない(空壕という建造物は存在する)、城址のみの鵜島城の保護に下田市は力を注ぐ一方で、現実に存在する下田城に対しては、扱いに窮している感じだ。「歴史の交流館」には、一切の言及がない。しかし、戦後の下田の社会と風俗をすでに展示している以上は、歴史的存在としての下田城もまた、そろそろそこに、被展示権を主張できそうな気がする。

熱海に戻ろう。熱海を立ち去る前に、駅の裏山を見上げてほしい。MOA美術館が見える。その前身である熱海美術館は、熱海城築城に先立つこと二年、昭和三十二年（一九五七）に開館した。前述の『熱海』に年間利用者数が計上されていないのは、それが観光施設ではなかったからだ。

設置者は世界救世教、昭和二十七年（一九五二）開館の箱根美術館に続くものだった。そして、それは「地上天国」建設の一環であった。箱根のそれは神仙郷、熱海のそれは瑞雲郷と名付けられた。ふたつの「地上天国」は、美術館の建設によって完成した。教祖岡田茂吉が、「地上天国は、芸術の世界であるからである」と説いたからである（世界救世教経典編纂委員会編『天国の礎、芸術』世界救世教出版部、一九九二）。

岡田が尾形光琳作「紅白梅図屛風」（国宝）を手に入れた昭和二十九年（一九五四）には、瑞雲郷に、教祖自らの設計による「コルビュジェ式」の救世会館と水晶殿が建った。冒頭でふれた昭和三十年（一九五五）の熱海のガイドブックにも、さっそく、「天国の象徴、熱海に新しく出来た名所、瑞雲郷地上天国」と見開き二頁で詳しく紹介されている。

水晶殿は半円形のホールで、全面ガラスの向こうに熱海の風景が広がる。教祖は、その絶景を讃えたあとで、こんなふうにいう。

「ここに身を置くときさながらこの世の天国にある思いがするとは、誰もが絶賛するところである。まったく天地創造のとき神が準備された聖地であり、神の大芸術品でなくて何であろう」（「私の仕事を邪魔しないでくれ」前掲書所収）。

幸運にも（?）、その風景の中に熱海城が姿を現すのを見ずに、教祖は昭和三十年（一九五五）に地上を去った。水晶殿は、今もそのままに残る。眼下に広がる絶景は変わらない。ただし、その一番奥には、熱海城が陣取っている。

ほぼ同じ海抜にある両者は、熱海の町をはさんで対峙しているかのようだ。聖と俗、未来（天国）と過去（近世のお城）、認知された美術館（国宝を所蔵するＭＯＡ美術館）と認知されない美術館（熱海城の地下一階には複製画による「空想の美術館」がある）の違いはあるものの、そのどちらからも、戦後間もないころの日本がぷんぷんとにおってくる。そのにおいだけは、まぎれもなく「ホンモノ」である。

〔『.is』第八七号、二〇〇二〕

7　遺品の有効期限

意外なことに、地図で見ると、小田原から箱根を越えて三島へと向かう旧東海道はほぼ一直線である。逆に、一直線だとばかり思っていた東海道本線も東海道新幹線も、小田原を出ると南に大きく曲がって熱海をめざす。熱海駅を通過する時、遠い岬の先に、熱海城の天守閣が小さく見える。それが実は驚くべき大きさのお城であることを前章で話題にし、その築城の意義については補遺⓬で考えた。今回は立ち寄らずに、そのまま丹那トンネルを駆け抜けることにしよう。

ところで、「トンネルを駆け抜ける」主体は私であり、同時にまた、これを読んでくださる読者だと何となく考えている。都合よくひとりで、あるいはみんなで、街道を歩いたり鉄道を使ったりしているものの、すべては空想の産物である。この旅を現実の私が追いかけている。

ようやく大磯に到達したところだ。前々回、小田原を指して、「江戸時代ならば、品川を発った旅人が戸塚のつぎに泊まる宿場である」と書いたものの、本当にそんなことが可能なのかと気になり、歩き始めた。品川から戸塚がおよそ三十三キロ（日本橋からなら四十一キロ）、そして戸塚から小田原がおよそ四十キロの距離である。二十五キロほど歩くと、もういいや、「茶屋」に入ろう、一杯やろう、自分を誉めてあげたい、という気分になる。しかし、夜明けとともに行動を始めるのならば、一日四十キロも夢ではない。

歩くとよくわかる。あの山まで、あの岬まで、あの島まで、という具合に、そのつどの目標がつぎからつぎへと現れてくる。江ノ島のように海の上に浮かんでいるもの、箱根の山のように高くそびえ立っているもの、すなわち風景の中から抜きん出ているものが、特別な存在となり、名勝、あるいは名所と呼ばれ、しばしば信仰を集める場所となるのは当然のことと思われる。理由は、まさしくそれが「抜きん出ている」からだというほかない。

さて、丹那トンネルを抜けると間もなく現れて、旅人の目を引き付けるのは、いうまでもなく富士山である。しばらくは、富士山を右手に、田子の浦を左手に見ながら平坦な道が続く。

富士川を渡ったあたりから、ようやく行く手に山々が迫ってくるが、いずれも背の低い穏やかな姿で、「静岡に帰ってきたなあ」という気にさせられる風景である。私の生まれは浜松で、島田にも静岡にも清水にも、さらには天竜川のはるか上流の「山家《やまが》」としか呼ばなかった集落にも親戚がちらばっていた。祭りや法事のたびに集まってくるおじさんやおばさんたちとワイワイガヤガヤやっていたころの思い出を、このあたりの穏やかな山並みはいつも呼び覚ましてくれる。

とはいえ、江戸時代であれば、静岡に入る手前で、難所がひとつ待ち構えていた。由比と興津の間を薩埵《さった》山が海に向かって迫《せ》り出している。薩埵峠を通るのでなければ、海際の道を通るほかなかった。そこは「親知らず子知らず」と呼ばれた。波にさらわれまいと、その時ばかりは、親は子に、子は親に構ってはいられなかったからだ。

❖

薩埵山を無事に抜ければ、興津、清水を経て静岡に入る。しかし、われわれは街道を外れ、海際に見える険しい山を目指すことにしよう。久能山である。永禄十一年（一五六八）に武田信玄がこの山に砦を築き、久能城と呼んだ。山頂からの見晴らしはすばらしく、今なら偵察衛星で探知するかの如く、地上での敵軍の動向が手にとるようにわかった。

信玄亡きあとは徳川家康の手に渡る。家康は、この山に自らの遺体を葬れと命じて、元和二年（一六一六）に死んでいった。亡くなったその日のうちに、遺体は久能山に運ばれたという。久能城は廃され、墓が建てられた。そればかりか、家康は直ちに神（東照大権現）となり、東照社（のちに東照宮）に祭られる。遅れて建立された日光東照宮に比べれば、久能山東照宮ははるかに地味で小さいが、家康の遺志は今なおこの山を縛ったままだと感じる。

家康が遺したものは数多い。もっと長く続くはずと思ったか、意外と長持ちしたと思ったか、本人に尋ねてみたいものだが、没後二百五十年にわたって続いた徳川政権は遺産の最たるものだろう。一方、身の回りの細々としたものもまた、家康の遺したものにほかならない。東照宮に納められ、あるいは形見として分けられて(駿府御分物と呼ばれた)、それぞれに宝物となった。

むろん、家康にかぎらず、誰もが多くのものを遺してゆく。遺体、遺言、遺影、遺品、遺産、遺族などがある。このうち遺族が真っ先にやらねばならないことは、遺体の処理である。放置したら大変なことになるからだ。次いで遺言に従って、あるいは反して、あるいは無視して、遺産や遺品を分配する。しかし、それらが「遺」であり続けるのは、せいぜいが二代後、孫の世代までだろう。それからあとは「遺」が消えて、ただの「産」や「品」になる。そこでなお価値があれば、再び世の中に出回り、なければゴミになるまでだ。

久能山東照宮博物館には、四百年が過ぎた今も、家康が身につけていた遺品が展示されている。考えてみれば、それは驚くべきことといわねばならない。あらゆる宝物が、それ自体の物理的な保存と、価値の保存の両方を求める。そのための装置として、東照宮が長く機能した。それゆえに、徳川政権を否定した明治維新(勝者の表現!)が、家康の遺品にとって最大の危機であったことはいうまでもない。

もう少し一般化するなら、敗戦後に、敗者の宝物には二種類の危機が訪れる。すなわち、価値ありとされれば略奪、価値なしとされれば廃棄が待ち受けている。

しかし、結果をいえば、家康の遺品は、明治維新も、その後の新政権による宗教政策もうまく乗り切ることができた。東照宮は神社であったがゆえに（ただし神仏分離政策により仏教色は徹底的に排除され）、明治三十年（一八九七）に制定された古社寺保存法の対象となったからだ。古社寺保存法は、その名のとおり「古社寺」のみの宝物を保存の対象とし、個人が所有する宝物までは面倒を見なかった。旧大名家はいうまでもなく、徳川宗家でさえ、自らの宝物は自ら守るしかなかった。

古社寺保存法に対応する新たな保存装置が博物館であり、戦前はそれを宝物館と呼ぶことが多かったが、戦後は資料館や博物館を名乗るものが続出した。戦後の文化財保護法が「宝物」を「文化財」と呼び替えたことに対応している。その方が、宝物の有効期間をより長く保証すると信じられたからだ。久能山東照宮と日光東照宮では、大正四年（一九一五）の東照宮三百年祭（家康の三百回忌）を機に、それぞれ宝物館が建設されたが、昭和四十年（一九六五）になって前者には新たに博物館が登場している。

❖

遺品館という名前は、ほかではあまり聞かない（図32）。単純明快だが、宝物館でも博物館でもないだけに、遺族の世代交替を超えて遺品を伝えようとする強い意志と、そのことの難しさとの両方を、この看板は語っているように見える。遺品館が静岡県護国神社の境内に建てられたのは昭和五十三年（一九七八）だった。館内に一歩足を踏み入れると、展示ケースの中にあふれんばかりに並んだ軍服、軍帽、鉄カブト、刀、水筒、飯盒、写真、手帳、手紙、証明書、時計、眼鏡、財布、貨幣、寄せ書きされた日の丸など、戦没者たちのまさしく「遺品」としか呼びようのないたくさんの物品が無言で迎え、思わず息を呑む。これまでに二度訪れたが、二度とも誰にも会わなかった。そこでは死者たちと向き合わざるをえない。

とりわけ強く印象に残るものは、死んだ息子の遺品を白い額縁の中に隙間なく詰め込んだある父親の「作品」である。置き場所を変えれば、そのままで美術作品として強いメッセージを発しそうだが、あくまでもそれは父親が息子との対話のために作った私物にすぎない。おそらく、額縁は、父親の家の鴨居に長く掛けられていたことだろう。そして彼が息子のもとへと旅立つと、遺族はそれを護国神社へと納めたに違いない。遺族が代替わりする中で、顔も知らない先祖の遺品が次第に

図32　遺品館看板（1999年撮影＊）

無気味なものへと姿を変えることも、想像に難くない。

遺品館が現在の立派な建物に変わったのは、そう古いことではない。以前は、同じ境内の少し離れた場所に建つ木造の建物が使われていた。戦争が終ってようやく落ち着きを取り戻したころに、遺族が必要としたものは、「自分の家族である英霊を永遠に顕彰すると共に、自ら歴史的反省をし一段と遺族相互の親睦援助と、福利」を図ることのできる場であった（「静岡県遺族会館建設趣意書」一九五五、『静岡県護国神社史』静岡県護国神社、一九九一所収）。そこでは「遺品記念品の展示保存」も構想されていたが、実現した遺族会館にはその役割が与えられなかった。

そこで二年後の昭和三十二年（一九五七）に、護国記念館が建設されることになる。「護国記念館建設趣意書」（前掲『静岡県護国神社史』所収）は「英霊恩愛の遺族も、英霊と死生をともにした戦友も、年とともに減少するのを免れません。（中略）今にして血脈の相通ずる遺品、記念品、資料、物語、記録などを保存するの道を講じなければ、他日において臍をかむも及ばぬのであります」と悲痛に訴えるが、それが敗戦からまだ十二年目の時点であることに、五十八年後にいる私は驚かざるをえない。それほど早く「遺」は離れてゆくのかと。だからこそ、新たな建物には遺品館の名を付したに違いない。

正確にいえば、護国記念館は「建設」されたのではなく、「移築」された。旧歩兵第三十四聯隊兵舎集会所であったその建物は、駿府城から運ばれてきた。そのころ、城内の兵営が軒並み取り壊されることになり、「せめてその一棟の面影を、郷土の歴史にとどめること」（前掲「護国記念館建設趣意書」）もまた、移築の目的であった。駿府城にとっては二度目の敗戦、二度目の戦後である。一九五〇年代といえば、折しも「昭和の築城ブーム」のころ、城は新たに生まれ変わることを求められていた。

駿府城に入る前に、久能山東照宮博物館で家康の遺品を、静岡県護国神社遺品館で戦没者たちの遺品を目にすることができる。遺品の有効期限について考えざるをえない。

補遺⑬　終の住処

各地の招魂社が護国神社と改称されたのは、昭和十三年（一九三八）の内務省令による。日中戦争以降の戦死者の急増に対処するためだった。府県ごとに一社が指定護国神社となった。したがって、県庁所在地にあり、県庁所在地の多くは城下町であるから、城内に置かれている場合が多い。

ただし、静岡県護国神社の場合は違う。お城に面した新静岡駅から、電車で少し行ったところにある。私は、東京帝国大学の構内にあった工学士市川紀元二の銅像を追いかけているうちに、この神社にたどり着いた。市川は大学を卒業した八年後の明治三十八年（一九〇五）に、日露戦争で戦死した。当時はまだ大学出の戦死者は珍しかったから、その死は惜しまれ、郷里の静岡県磐田郡中泉の駅頭ばかりでなく母校にも、それぞれ銅像が建立された。

戦争が敗戦で終わると、戦争から生まれた銅像が一転して逆境に立たされたことは、すでに皇居周辺で見てきたとおりだし（補遺❾）、このあとに登場する山本五十六の銅像は、なんと腹のあたりでふたつに切断され、霞ヶ浦の湖底に沈められる始末だった。現役の将軍たちばかりでなく、銅像までもが腹を切っていたのである。

東京帝国大学が東京大学に変わったあとの構内に、市川紀元二像は立ち続けることができなかった。校舎の中庭にしばらく放置されたあと、郷里に引き取られていく様子は、霞ヶ関から上野公園、上野公園から井の頭公園、そして最後は故郷の萩へとたどり着いた山県有朋騎馬像のたどった運命によく似ている。

市川紀元二像が静岡県護国神社に引き取られる経緯については、拙稿「追われたふたり」（『世の途中から隠されていること』晶文社、二〇〇二）をご覧いただきたい。実は、銅像の立っている場所が、旧歩兵第三十四聯隊兵舎集会所の前なのである。駿府城から移された集会所は護国記念館と変わり、さらに今はつつじ会館と名を改めている（図33）。

境内を歩くと、ほかにも駿府城から移ってきたものを目にすることができる。それは、招魂斎場の前に建つ小さな鳥居で、そこにはつぎのような説明が記されていた。

「この鳥居は駿府城跡の元静岡歩兵第三十四聯隊内に鎮座した岳南神社の鳥居です。数万の聯隊兵士はこの神社で武運長久と戦勝を祈願して、出征しました。特に兵士の素朴な願いと、心のよりどころの神社でありました。昭和二十年戦いが終わり駿府城跡内も一変し、新時代の姿に衣替えをすることになり、仲町及地元世話人有志により、此処に終戦三十周年を記念して移築されました」。

むしろ、ここにも「追われたもの」があると、言い換えた方がよいかもしれない。

図 33　新海竹太郎「市川紀元二像」とつつじ会館（2004 年撮影＊）

補遺⑭　ふるさとに還れ

遺品に有効期限があることは、自らの経験に引きつければ明らかだろう。私は父の遺品を持ってはいるが、祖父の遺品を持っていない。有効期間は、長く保って孫の代までと思う。

人には三種類の死しかないといわれる。すなわち、自分の死、家族や友人の死、赤の他人の死。一般に、遺品とは、このうちの第二の死者がこの世に遺していったものである。第一の死者である自分は、遺品とはこの世で相容れない。生きている間は遺品ではないし、死んだらそれを見ることも触ることもできない。一方、第三の死者がこの世に遺したものは、他人にとってはただの物品にすぎない。どれほど高価なものであっても、それは単に高価だという物品にすぎない。

このように、第三の死者の遺品とはすぐれて「無関係なもの」であるはずなのに、なにゆえに、他人からしばしば価値を共有されるのだろうか。

ここでは、山本五十六の遺品を手掛かりに、そのプロセスを追ってみよう。一群の遺品が「東京の美術市場に出たのは昨年の四月。家の建て替えなどの事情から、遺族が手放したらしい」（『朝日新聞』二〇〇六年三月七日付夕刊）というニュースを耳にして、さっそくそれらを見るために、山本の郷里長岡を訪れた。新潟県立歴史博物館が「緊急特別公開、ふるさとに還れ、山本五十六、新発見の遺品は語る」（同年二月十一日～四月二日）を開催していたからだ。

先の新聞記事によれば、「美術商からの連絡で、館長をつとめる小林達雄國學院大教授が「戦争を語る基本資料だ。散逸させてはいけない」と銀行から個人で借り入れて、買い取った。三五〇〇万円だったという」。

博物館でそれを購入する余裕はなく、地元で「長岡《ふるさと》を創造した人々・その思想と歴史を伝える会」が立ち上がり、募金活動を展開して遺品を手に入れ、博物館での一般公開となった。したがって、展覧会は同会の主催である。同展のリーフレット裏面に載る「開催にあたって」は、それが長岡にあることの意義をつぎのように主張する。

「平成一七年春、山本五十六・旧日本海軍連合艦隊司令長官の遺品が発見されました。山本五十六は改めていうまでもなく生涯を賭け、長岡藩風を体現し非戦論を唱えた人物であったことは歴史的事実であり、長岡はもちろん、新潟県の、そして日本にとっての偉人であります。

特に、昨年末ＮＨＫ「その時歴史が動いた」では、二回にわたって、その人物像が語られましたことは、混沌とする今日の世界情勢の中で自国を守りながら世界平和に向けての心構えを発信し、長岡・新潟を内外に知らしめる好材料となり、長岡人としての自負心の増大に貢献できたと考えます。

このことからいたしましても、その遺品の歴史的価値は長岡にあってこそ、その意義は極めて大きいものと思われます。（中略）

会の目的は山本五十六のみならず、今日の長岡の基礎を築いて来られた多くの先人の、貴重な資料や遺品を収集・保護し、長岡の発展のために活用していくことにあります。

その第一弾として取り組む事業が「山本五十六の遺品群を長岡に戻す」ことであります。（後略）

平成一八年二月一一日　長岡《ふるさと》を創造した人々・その思想と歴史を伝える会」

遺品を遺族が手放したことにはふれずに、ここでは「新発見」が強調されている。なるほど、遺族にとっての価値が後退する一方で、新たな歴史的価値が発見されたといえそうである。しかし、それはあくまでも平成十八年（二〇〇六）の日本社会から下された価値評価だという点に注意を払う必要がある。

疑いなく、山本五十六を「長岡藩風を体現し非戦論を唱えた人物」と評価することが、これら遺品を散逸させないための前提となっている。「長岡藩風を体現」した人物であるがゆえに「山本五十六の遺品群を長岡に戻す」ことが必要であり、「非戦論を唱えた人物」であるがゆえに、公立博物館での一般公開が可能となる。好戦論者の遺品の公開に税金を投じるわけにはいかないからだ。私はいわゆるA級戦犯がすなわち好戦論者だとは考えないが、たとえば、現代の日本で、公立博物館が「A級戦犯」というタイトルの展覧会を開催することは難しいに違いない。

日米開戦を前に、山本が「非戦論を唱えた」ことはよく知られる。しかし、いったんは開戦と決まった以上は、聯合艦隊司令長官として、アメリカ海軍を叩くために、真珠湾攻撃に全力を投じたこともまた「歴史的事実であり」、真珠湾で戦死した兵隊の遺族はもちろん、アメリカ海軍の、そしてアメリカにとっての許しがたい敵であったはずである。生きて終戦を迎えたならば、A級戦犯とされたに違いない。三五〇〇万円を館長が銀行から借りたという話はにわかに信じがたいが、軍人の遺品の収集に、新潟県がぽんと資金を提供するわけにはいかなかったのだろう。

また、それを受け入れた団体がその活動を山本に限定しなかった点にも、配慮が感じられる。将来再び日本が世界に冠たる海軍国になれば、山本の遺品にはまた新たな価値が与えられることだろうが、当面は、山本を「長岡を創造した人々」のひとりとして遇しなければ、遺品を散逸から守ることはできない。

遺品には、元帥刀、勲章、大礼服、軍服、シャツ、帽子、トランク、時計、手紙、辞書、写真など身の回りのものが多く、戦死したブーゲンビル島から届いた遺髪、衣類、墜落機の部品、さらには「父の遺品」と記された紙片まであり、まぎれもなく、それらが遺児の手にあったことを語っている。『父 山本五十六』（光文社、一九六九）という著作もある長男義正氏は、すでに戦時中から、遺族が各方面の求めに応じて遺品を手放してきたこと、それらの多くが敗戦を境に焼失・散逸したことを語っている（「父 山本五十六」『清風』第一四号、山本元帥景仰会、一九九八）。

もし、長岡か東京に山本神社があれば、遺品は市場などに流れず、もっとすんなりと奉納されていたかもしれない。乃木神社や東郷神社があって、山本神社がないのは、ある意味で、山本の戦死が遅過ぎたからだともいえる。

昭和十八年（一九四三）四月十八日に山本五十六を乗せた一式陸上攻撃機が米軍機によって撃墜されたあと、その死はしばらく伏せられ、遺骨の帰国に合わせて五月二十一日に公表された。

六月五日に、九年前の東郷平八郎と同じ日を選んで国葬が執り行われた。遺骨は多磨墓地に納められ、分骨が六月七日に長岡へ戻った。

郷里では、さっそく山本の遺徳を偲ぶ人々によって山本元帥景仰会が組織され、翌昭和十九年（一九四四）十二月に財団法人となった。財団設立にあたって掲げた事業は、つぎの四件であったが、最後の山本神社だけが実現しなかった。

一　山本元帥生家の保存
一　慰霊祭の執行
一　講演会等の開催
一　山本神社の建設候補地の検討

（山本五十六記念館編『翼は還る』恒文社、二〇〇一）

山本神社の建立には、「山本は、そんなことは大嫌いです。神様なんかにされたら、一番困るのは山本自身です」と米内光政が強く反対し、それで沙汰やみとなる。戦後になって、山本神社建立候補地であった生家跡には記念公園が建設されたことを語って、阿川弘之は『山本五十六』(新潮社、一九六五)の筆をおいている。

昭和二十年(一九四五)八月の長岡空襲で、生家は全焼していた。財団法人山本元帥景仰会はいったん解散したが、昭和三十三年(一九五八)になって再発足し、最初に取り組んだ事業が山本記念公園の建設、銅像の建立、そして生家の復元であった。

図34　山本五十六生家と銅像原型(2006年撮影＊)

銅像は等身をはるかに越える大きな胸像である(図34)。実は、戦死から間もなくして、山本五十六像は土浦海軍航空隊の玄関前に建立された。五十六像は五十六の名にちなんで、大日本航空美術協会に属する五十六人の彫刻家が制作に携わったという。立像であった。敗戦後、海軍飛行予科練習生たちが、占領軍の目から隠すために、それを上下に二分し霞ヶ浦の湖底に沈めたが、昭和二十三年(一九四八)になって、胸部を引き揚げ、土浦市内の神竜寺に安置していた（『清風』第七号）。長岡の銅像はこれを原型にしている。オリジナルのセメント像は、江田島の教育参考館に移された（「元帥胸像ここにあり」『清風』第一号）。山本記念公園の銅像と向かい合うように建つ復元生家には、胸像制作時の石膏原型が、仏間にどんと置かれ、稀に訪れる人をギョッとさせる。

それから今日に至るまで、長岡市内には、山本五十六の遺品を集めた施設がつぎつぎと建てられてきた。山本五十六記念館、如是蔵博物館、長岡市郷土資料館、長岡高校記念資料館、それにこのたびの新潟県立歴史博物館。

山本神社が実現しなかった以上は、遺族の手を離れたあとのつぎの受け皿は、このような博物館なのである。もっとも、如是蔵博物館だけは、すでに山本生前中の昭和九年（一九三四）開館と早く、長岡空襲にも耐えた。設立者の野本互尊には山本も私淑したという。三階建ての博物館の二階が山本の遺品展示にあてられている。国葬関係の資料も多く、肖像画を中心とした展示は、まるで「山本神社」の祭壇のようである。日露戦争で指を二本失った山本に下賜された義指が、「昭和十四年六月、再御下賜、海軍中将山本五十六、謹記」と墨書した桐の箱とともに、その中心に置かれている。

さて、わたしの城下町への関心にしたがえば、山本五十六が「長岡藩風を体現」していることにも注目しなければならないが、この話は、少しあとで、長岡城と長岡駅について語る時にふれることにしよう。

8　捕らぬ古ダヌキの皮算用

「御殿」のふた文字をノートに書いたっきり、ぼーっとしている。締切は疾うに過ぎており、先に進まなければと思いつつも気が散って、話が始まらない。つい「御殿」と書きつけたのは、今月は駿府城に立ち寄ったあと、掛川城にまでは辿り着こうと思っているからだ。そうすれば、そこには、江戸城からも小田原城からも駿府城からも失われた正真正銘の御殿が待っている。

最近、御殿について考えた気がしていたが、ようやく思い出した。『ifeel』（紀伊國屋書店）という雑誌に、「バラック御殿と無縁寺回向院」という小文を書いたのだった。むろん「バラック御殿」は語義矛盾だが、「貧しいながらも楽しい我が家」という言葉が浮かんできて、うれしくなる。するとその直後に、今度は「楽しいながらも貧しい我が家」という言葉が浮かんで、現実に引き戻される。

「ひばり御殿」なんて言葉が突然頭をよぎるのも、今月号の締切が祥月命日と重なって、美空ひばりの歌声を耳にする機会が多いからかもしれない。ひばりのようなスーパースターにこそ御殿はふさわしい。一代で財を築き、御殿を建てる。それは日本の戦後復興の歩みと見事に寄り添っていた。

❖

いうまでもなく、御殿の対極にあるものはバラックである。そして、バラックとはそもそも兵舎を意味した。仮にどれほど豪華な兵舎があったとしても、それは御殿の反世界である。御殿の主を守るために、兵隊は家族から離れ、兵舎に詰めなければならなかった。天守閣と御殿を中心とするお城とは、まさしく兵舎によって守られた構造物であったといえる。

昭和二十年（一九四五）に敗戦を迎えた駿府城から陸軍の兵舎が一掃されたことは7章の話題だったが、さて、それまでにどれほどの数の兵隊がこのお城に詰めただろうか。なにしろ駿府城は、徳川家康が大御所として隠居した地である。慶長十二年（一六〇七）に駿府城修築を諸大名に命じ（すなわち天下普請）、自らも江戸を離れ駿府に移り住んだ。度重なる火災に見舞われながらも、数年後には天守閣と御殿が出現した。

御殿の平面図が伝わっており（「駿河御城指図」東京大学総合図書館南葵文庫蔵）、その規模は昭和二十年の空襲に遭うまで存在した名古屋城の御殿に匹敵することがわかる。広間を「南殿」、対面所を「前殿」と呼び、安倍川から水を引いて寝殿風の庭園を設けるなど、家康の住宅観は、京都にいる天皇や公家の住宅（前者は御所と呼ばれた）を強く意識していたとされる。

家康は晩年の十年を駿府で過ごし、この世を去った。それからの駿府城には幕府によって城代が置かれ、いいかえれば藩主のいないお城のままに二百五十年の時間が流れ、それ相応に荒廃が進んだ。天守閣は、寛永十二年（一六三五）の火事で焼失して以来再建されず、御殿は元禄三年（一六九〇）ごろに奥が取り壊されて、玄関と広間だけになってしまう。そして、安政元年（一八五四）に東海道を襲った大地震で完全に倒壊した。

明治維新で将軍徳川慶喜は江戸城を明け渡し、慶喜を襲って徳川宗家を継いだ家達は駿府に入ったものの、明治四年（一八七一）の廃藩置県によって、今度は、藩というお城の前提、お城の存在理由そのものが、まるで手品のごとく消えてなくなった。駿府は静岡と改称された。

全国各地で同じことが起こり、お城は一斉に無用の長物と化した。重要な城跡には新政府の軍隊が駐屯したが、静岡はそうはならなかった。ようやく日清戦争のころ、静岡市は聯隊誘致運動を起し、明治二十九年（一八九六）に歩兵第三十四聯隊が置かれた。その当時は、天守閣ではなく兵舎が望まれたのだった。

少年時代を静岡で過ごした三木卓が、敗戦直後の城跡で遊んだ思い出をこんなふうに書いている。

有刺鉄線で閉ざされている入口をたった一人で乗り越えていくと、沈黙したグレイの兵舎がならんで、真夏の陽炎に揺れていた。丈の長い草が草原となって練兵場を埋め尽くし、ムンムンする草いきれを発しながら輝き、草を分けて一歩進むと巨大なバッタが次々に空に舞い上がった。わたしは、汗をダラダラ流しながらバッタを追い、胸が詰まる思いで立ちすくんでいた。三四連隊は非運の連隊で、日清戦争と第二次世界大戦で二度も壊滅した。その事は聞いていたから沈黙の兵舎群が、兵たちの霊であふれているかのような気がした。

（三木卓「駿府城跡の青春」『駿府城』駿府城再建準備委員会、二〇〇〇所収）

❖

やがて兵舎は校舎に変り、三木卓も城内中学、次いで城内高校へと進学した。城跡は「駿府公園」の名で親しまれるようになったが、一九九〇年代に入って俄に天守閣再建運動が盛り上がる。

いったい誰のためにと問わずにはいられない。すでに小田原で見てきたように、「昭和の築城ブーム」は戦災復興と手を結んでいた。天守閣を必要としたのは、誰よりもまず城下町の住人であり、そこに招き入れるべき観光客は二の次だった。

一方の、いわば「平成の築城ブーム」では、城下町住人のためから観光客のためへと重心は移動したかに見える。疾うに復興を成し遂げ、高度経済成長期とともにぐんぐんと豊かになった城下町住人に必要なものは、天守閣ではなく都市公園であるはずだった。天守閣を必要とした人々は、むしろ観光客に金を落してもらおうと考える観光業者、商工会議所、地元自治体などに違いない。

こうして静岡でも、平成二年（一九九〇）に駿府城再建準備委員会が結成され、翌年に署名運動、さらに翌年に「瓦一枚運動」を試みるなど、小田原城天守閣再建に遅れることおよそ三十五年の運動が始まった。静岡市駿府城再建等駿府公園再整備基金条例が制定され、巽櫓《たつみやぐら》、東御門が相次いで再建された。それらはいずれも木造で建てられ、鉄筋コンクリート造が多かった「昭和の築城ブーム」とは一味違ったものになっている。伝統的な工法技術の伝承にも大いに役立ったという。

また、平成六年（一九九四）には、同準備委員会によって「駿府城天守丸地下利用計画」が出された。東海大地震が予想される静岡にあっては、天守閣を建てるならば天守台の大規模な補強が必要で、それならばいっそ、天守台の中に博物館を建設してしまおうという大胆な発想だった。外観に金をかけない分、建設費は半分の十五億円で済むとはじき出した。

❖

「昭和の築城ブーム」になく、「平成の築城ブーム」にあるものが、NHK大河ドラマの

図 35　駿府城（2000 年撮影＊）

援護射撃である。いや、大河ドラマ自体はもっと早くに昭和三十八年（一九六三）に「花の生涯」で柿《こけら》を落し、翌年の「赤穂浪士」、翌々年の「太閤記」と回を重ねて、一挙に国民的番組となった。まさしく高度経済成長期とともに、番組も成長した。

その人気において、織田信長、豊臣秀吉の後塵をどうしても拝してしまう徳川家康も、昭和五十八年（一九八三）に単独で「徳川家康」が、平成十二年（二〇〇〇）には息子と孫の三人セットで「葵徳川三代」がドラマ化された。後者の放映に合わせて、ＪＲ東静岡駅前では一年にわたって「静岡葵博」が開かれ、駿府城と城下町が出現した。静岡葵博実行委員会が置かれたのは、静岡市観光レクリエーション課の中だった。博覧会は静岡市制百十周年記念をもうたったからだ。

さっそく私も千円の入城料を払い、城門をくぐった。御殿はドラマのオープンセットを兼ねていた。そこでの撮影シーンの様子が写真パネルで紹介されたり、FRP製の石垣の石がいかによく出来たニセモノであるかを懇切丁寧に説明するパネルが立っているばかりか、石を手に持たせてその軽さに驚かせるというサービスまで行っていた。

それは、たとえば大阪城の蛸石、「三十六畳敷、百三十トン」（大阪城天守閣ホームページ）ともいう巨石の大きさや重さを売り物にすることとは対極の、かなり屈折したお城のセールスポイントであった。虚実入り混じった感じというよりは、虚であることが、これでもかこれでもかという具合に示されたが、考えてみれば、そこはJRの駅前、隣はパチンコ屋、何ひとつとしてホンモノがあるはずはなかった。

天守閣が遠くに小さく見えるのは、城下町が大きいからではなく、天守閣のスケールが実際の三分の一と小さいからであった。背後に回ると、背面の半分がお城ではなく看板になっていて、国道一号線を通過するドライバーに向かって、「ようこそ静岡へ」と呼び掛けていた（図35）。

この博覧会が、駿府城再建運動の最後の盛り上がりであっただろう。二〇〇二年になって、駿府城再建委員会は解散した。あきらめきれない関係者のひとりは、せめて再建運動があったことを記録に残したいとウェブ上に情報を発信している。

「その経済波及効果は無限大」と題されたページでは、つぎのような数字が示されている。第一に、駿府城への入場者は年間八十万人が見込まれ、ひとり五百円の入場料を設定すると、収入はおよそ四億円。第二に、静岡県を訪れる観光客の平均土産購入費は六千三十円(静岡県資料に基づくという)、それからいろいろ計算すると(ほとんど理解できないが)、静岡市内で少なくとも三十二億円が消費される。第三に、市内の宿泊率が十五パーセント(静岡市資料に基づくという)、一泊の平均宿泊費が一万千九百五円だから(こちらは静岡県資料)、およそ二十三億円になり、したがって合計六十億円が駿府城再建によってもたらされる。「しかもイベントのような一時的効果でなく、永続的に続くものです」と、同ページは結ばれる。これこそが「捕らぬタヌキの皮算用」、いや家康ゆえに、「捕らぬ古ダヌキの皮算用」と呼ぶべきものだろう。

こうして本章もまた、恐れたとおりに、目的地には辿り着けなかった。まあ、島田で川留めにあったと考えることにしよう。大井川さえ渡れば、掛川城はもう目と鼻の先である。

9　双子の城

いざ鉄道敷設、という段になって、多くの城下町ではそれが煙たがられた。まだ城下町の住人という意識が、人々の心の中に残っていたころの話である。登城の際には、お城のはるか手前に、馬から下りる場所、すなわち「下馬」の地点が厳しく決められていたぐらいだから、いくらお城から殿様がいなくなったあとだとはいえ、鉄道は、城下町の秩序を破壊する鉄でできた暴走馬のように感じられたに違いない。

鉄道開通は明治五年（一八七二）、新橋・横浜間が最初だが、新橋駅は旧江戸城外濠のすぐ外側に設けられた。それから先わずか二キロ足らずの鉄路を延長して、というよりもそもそもは新橋駅と上野駅を結ぶ市内貫通鉄道が煉瓦アーチ橋による高架線で計画され、お城の真正面に東京駅が姿を現すまでには四十年近くを要した。そのころには丸の内も大名小路から一丁ロンドンと呼ばれたオフィス街へと様変わりをしており、鉄道に対する認識もすっかり変わった。

私は浜松の駅前に生まれ、駅こそが町の中心だと思い込んで育ったから、浜松でも鉄道敷設時には駅が忌避され、それゆえに町外れ（！）に建設されたと知った時には心底驚いたものだ。したがって、小学生の私は、町の中心からではなく、町外れからお城の中の小学校へと通ったことになるが、それは次回の話題。

今回はようやく大井川を渡って、掛川城へと辿り着いたところだ。それにしても時代は変わった。掛川城の天守閣再建にあたっては、それが鉄道の沿線にあることが積極的に評価されたからだ。

ここでもまた、「捕らぬタヌキの皮算用」が働いた。駿府城再建で一年間におよそ六十億円がもたらされると踏んだ静岡市の「皮算用」に比べると、掛川市が算出した数字はおよそ四十億円といくらか控え目だが、「皮算用」のわけのわからなさは、逆に掛川市が静岡市を凌駕する。

掛川市の「皮算用」はざっとこんな調子だ。登城客は年間二万人が見込まれ、ひとり三千円を消費するとして六億円。掛川城のすぐそばを東海道線、東海道新幹線、国道一号線が走っており、年間に一億三千万人が掛川市を通過する。このうち天守閣に気付く人が全体の五パーセントとすると六百五十万人、これらの人々の「インプット料」（記憶料）を一回五十円と計算すると、「アナウンスメント効果」は三億二千五百万円となる。さらに、「子供の歴史教育効果や郷土愛育成効果、Uターン吸引効果、父母思い出し効果」は、天守閣があるかないかでひとり一万円の違いが生じ、児童と学生が一万人いるから一億円。

一方、「市民や法人の資産価値向上効果、やる気向上価値、接待力アップ効果」は、六万人社に対して五万円を掛けて三十億円となる。

その総計が一年でおよそ四十億円なのである（榛村純一・若林淳之編著『掛川城の挑戦』静岡新聞社、一九九四）。ちなみに、編著者のひとり榛村純一氏は掛川市長の職にあった。

これに比べれば、入場料と宿泊費と土産物代のみを単純に積算した静岡市の「皮算用」は、明朗で合理的で妥当なものに見えてくるから不思議だ。

掛川市のこの「皮算用」を知って以来、新幹線で掛川を通過するたびに、私はお城の姿を窓外に探し求めるようになった。すると、「チャリン」と音がして、五十円玉が通路をコロコロところがっていく。あわてて拾おうと追い掛けるのだが、タッチの差で車両の隅に開いた穴に吸い込まれてしまう。新幹線が走り去ったあとの線路には、たくさんの五十円玉があたり一面に散らばって、キラキラと輝いている、という気がしてならない。

❖

むろん、「皮算用」でお城は建たない。駿府城が実現せず、掛川城が再建されたのは、巨額の建設費が寄付されたからである。もともと掛川市は全国に先駆けて「生涯学習都市」を宣言した。これに賛同したある人物が、ぽんと一億五千万円を出した。すると市長はこの金で天守閣を建てたいといい、それならもっと出そうという話になって、合計五億円が寄付された。これをもとに再建は具体化するのだが、天守閣の建設費だけで十二億四千三百七十三万円、周辺整備費九億七千四百三十三万円を合わせると、実に二十二億千八百六万円という巨額の建設費が投じられることになる。掛川市は、寄付金五億円の他に、一般財源から四億五千八百六万円、県から補助金五千万円、地方債十二億一千万円をあてて賄った。

平成四年（一九九二）に天守閣は落成した。鉄筋コンクリート造にすれば半額で済んだところを、あえて木造でつくった。木造の天守閣を出現させることで、先行した浜松城や小田原城を、質において、一挙に追い越してしまおうと考えたからだ。掛川にとっては、東西のこの二城がライバル、目の上のタンコブだった。

木造建築であることの利点を、関係者はふたつ挙げる。第一点は、せいぜいが百年の寿命しか持たない鉄筋コンクリート造に対して、木造ならば五百年は持つ。第二点は、鉄筋コンクリート造は明らかな「まがいもの」だが、木造は「本物」である（前掲『掛川城の挑戦』）。

これらふたつの利点を、額面どおりに受け取るわけにはいかない。なるほど法隆寺の例を持ち出すまでもなく、木造建築の寿命は長いが、それには莫大な維持費が必要である。風雨にさらされる建物は日々傷んでいくからだ。そして、大建築であればあるほど傷みも大きい。多くの社寺はそれに苦しんできたし、現在も苦しみ、また未来も苦しまなければならない。お城も同じだ。

一方、木造が単純にお城の真正性を保証するものでないことはいうまでもない。それは建築技術、材料の違いに過ぎないからだ。真正性の基準はどうにでも移動する。すなわち、お城に殿様がいるかいないか、天守閣に実用性があるかないか、建設時期が明治維新の前か後か、いかにもお城らしいスタイルで建てられているかいないか。

さらに、こんな市長の発言もある。「乾燥した大木が調達できるかどうか危ぶまれていた。もしかしたら米ヒバでやらなければならないと思っていたが、天守閣を外材でやるとはまったく情けなく、どうしようかと思案するうち、幸いにも青森ヒバが見つかったのである」(前掲『掛川城の挑戦』)。市長は、木造ならば何でも本物と考えたわけではなく、国産と外国産の木材に差をつけて、アメリカ産のヒバで出来た天守閣は、青森産のヒバで出来た天守閣よりも本物の度合いが落ちると考えたことになる。

しかし、こうして完成した掛川城を、本物のお城であると公言するのは憚られたか、現在、天守閣を訪れると手渡されるパンフレットには、「日本初の本格木造復元天守閣」という文字が大きく印刷されている。「本物」は「本格」へと、いくらか後退したようだ。

❖

駿府城でも話題にした安政元年(一八五四)の大地震で、先代の掛川城天守閣は大破し、取り壊された。その翌年に掛川を通過した清河八郎は、旅日記『西遊草』(岩波文庫、一九九三)において、「袋井とおなじく大崩のうへ、町中より出火あり、過半焼失せり。即死人も百人余ありしとぞ」と被害の大きさを語ったあとで、「天地の変、人力の及ぶところにあらずといへども、愍天《びんてん》何ぞ下民を顧みざるや」(愍天＝人民をあわれむ天)という感想を述べている。掛川城下の被害はよほど大きかったのだろう。

復元工事は、つねにどこへと戻るかが問われる。掛川城天守閣の姿は、正保年間(一六四四〜四八)に描かれた「正保城絵図」と、嘉永四年(一八五一)の石垣崩壊時、安政元年の震災時にそれぞれ記録された「御天守台石垣芝土居崩所絵図」「遠江国掛川城地震之節損所之覚図」で知られる。しかし、それらの絵が必ずしも正しいとはいえないし、何よりも、絵から図面を起こすことは困難である。

そこで工事関係者が飛びついたのは、高知城の築城記録『御築城記』であった。そこには、山内一豊の築いた高知城が掛川城をモデルにしたことが記されていたからだ。それならば、今度は、現存する高知城をモデルに掛川城を築けばよいことになる。なぜ、そんなことが起こったかといえば、山内一豊が土佐に転封されるまでのおよそ十年間を掛川城主として過ごしたからであった。掛川城は豊臣秀吉から小田原攻めの軍功で、高知城は徳川家康から関ヶ原の戦の軍功で与えられた。五万石から二十万石への出世だった。

高知城は掛川城のコピーであるから、復元された掛川城はコピーのコピーということに

図36　掛川城遠望（2000年撮影＊）

なる（図36）。山内一豊が土佐に去ったあとの掛川城では、松平、安藤、朝倉、青山、本多、北条、井伊、小笠原、太田という具合に目まぐるしく城主が代わったものの、現在の掛川城は山内の記憶に強く結び付けられている。掛川城ではなく高知城に来てしまったかのような錯覚を与えるほどに、その観光戦略は、山内一豊、というよりは「一豊の妻」にあやかっている。

✤

せっかくだから、高知城にも足を運ぼう。こんな時、空想の旅は便利だ。一瞬のうちに、高知駅に降り立つことができる。ここでもまた、駅がお城から遠ざけられ、城下の外にあることがわかる。

高知を訪れるのなら、日曜日がいい。お城

に向かうまっすぐの追手筋に大きな市が立つからだ。色鮮やかな南国の物産に目を奪われながら歩いてゆくと、露天商のテントの間から、真っ白い天守閣が忽然と姿を現す。

小高い山の上に建っていることといい、三層六階の小振りなスタイルといい、なるほど高知城は掛川城によく似ている。お互いに真似し合ってきたのだから当たり前の話だが、両者にはもうひとつ共通点がある。御殿が現存することだ。

高知城の御殿は天守閣に隣接する本丸御殿で懐徳館と呼ばれ、掛川城のそれは二の丸御殿である。前者は寛延二年（一七四九）に、後者は大地震のあと文久元年（一八六一）に建てられた。御殿と聞いて、江戸時代はじめの狩野派の障壁画に彩られた豪華絢爛な大広間を期待すると、あまりに質素なことにがっかりするだろう。しかし、高知城はともかく、掛川城では、ピカピカの天守閣よりは地味な御殿に足を運んでこそ、武家の暮らしぶりにふれた気になれる。

補遺⑮　鉄道と城下町

目を閉じると、ホームに洗面所のあった駅の光景がふっと浮かんでくることがある。蛇口が横一列に並び、大きな鏡がはまっていた。長旅に疲れた乗客が降りてきては、そこで顔を洗い、歯を磨き、髪を整えた。夜行列車の停まる駅には欠かせない設備だった。

新幹線が走るまでは、私の生まれた町の駅もそんなだった。私の生まれるずっと前は、ずいぶんと長い時間、列車が停車したらしく、乗降客ばかりでなく、待ち時間にひやかしに降りてきた乗客をも相手にした土産物屋を、祖父は駅前で営んでいた。わさび漬けが名物だった。わさびの姿をした江戸時代さながらの吊り看板が、ただし木製ではなくブリキ製であったが、店先にぶらさがっていたらしい。もっとも、私の子どものころには、すでにその看板は店の裏にころがっており、石をぶつける恰好の遊び道具となっていた。

列車の停車時間がだんだんと短くなり、もはや土産物屋の時代ではないと考えた祖父は父を薬科大学にやり、薬屋に商売替えをした。代わって店先には、カエルやゾウやウサギの看板人形が並び始めたが、そんな思い出話を始めたら切りがない。

店の二階で生まれて育ったから、毎日、駅を眺めて暮らした。駅前の広場はバス乗り場でもあり、列車が到着するたびに、駅からどっとはき出された人々は、いつも好き勝手な方向に広場を横切った。祭りの日だけはバスが姿を消し、各町内から曳き出された屋台が駅前を目指して集まってきた。祭りが盛り上がり、ひときわ高く歓声が上がった。

だから駅前が町の中心だと、ずっと思い込んでいた。町の中心から町の外れの小学校に通っている、とばかり思っていた。事態はまるで逆で、町の外れから町の中心に通っていたのだと気付いたのは、おとなになってからだ。小学校はお城の跡にあり、なるほどその名を元城小学校という。

遠い明治の話になるが、鉄道が敷かれる時には、それを町から遠ざけようとする勢力と引き寄せようとする勢力との間にさまざまな駆け引きがあった。城下町の住人には、鉄道を煙たがる人が多かったようだ。実際、煙を吐いたしね。

なにしろ、城下町はお城を中心にがっちりと出来上がり、その構造は明治維新のあともおいそれとは変わらない。最初の鉄道は、明治五年（一八七二）に新橋・横浜間を走った。新橋は江戸城の外濠から江戸湾をつなぐ堀川に架かる橋である。駅はその手前に建設された。東京と名を改めたばかりの町から見れば、濠の外で、鉄道の侵入を食い止めたことになる。

同じことが私の町でも起こった。それは古い地図を見るとよくわかる。駅は町外れに設けられ、汽車は町をかすめるように走った。

さてここからは、本誌を閉じて、目を車窓へと転じ、お城の姿を探すことにしよう。お城から殿様がいなくなったあとも、城下町が明治・大正・昭和の日本を築いてきたのだから、鉄道はそれらの町をつないで走っている。お城と駅の距離が町によって違う。金沢や岡山、福岡や熊本といった大藩は、さすがに鉄道を寄せつけないできた。城下に入るのならば、下馬、ならぬ下車をして、歩いて来いといわんばかりだ。

とはいえ、多くの城下町の規模はたかが知れている。そこで、車窓からも、右に左にお城の姿をしばしば目にすることになる。ほどよい距離にあるものは、何といっても姫路城だろう。もともと小高い岩山の上に建てられたその優美な姿は、ビルがどれほど建ち並んでもまるで相手にしない。逆に、線路脇の城といえば福山城の右に出るものはない。新幹線が福山駅のホームに滑り込むと、黒い瓦と白い壁が窓一杯になって、全貌はさっぱりつかめない。しかし、鉄道にもっとも近い城は長岡城だと聞いたことがある。戊辰戦争で官軍に最後まで激しく抵抗した長岡藩のお城は影も形もない。その跡に鉄道を走らせたからだ。お城の上に駅がある。

民俗学者宮本常一が生まれた町を離れる時に、父から贈られたというこんな言葉が好きだ。

「汽車へ乗ったら窓から外をよく見よ、田や畑に何が植えられているか、育ちがよいかわるいか、村の家が大きいか小さいか、瓦屋根か草葺きか、そういうこともよく見ることだ。駅へついたら人の乗りおりに注意せよ、そしてどういう服装をしているかに気をつけよ。また、駅の荷置場にどういう荷がおかれているかをよく見よ。そういうことでその土地が富んでいるか貧しいか、よく働くところかそうでないところかよくわかる」（宮本常一『民俗学の旅』講談社学術文庫、一九九三）。
どうやら、私もまた、子どものころは駅前ばかりを、生まれた町を離れたあとは、車窓から風景ばかりを眺めてきたような気がする。

〔『ひととき』二〇〇五年七月号〕

補遺⑯　上り下りの日本

全国津々浦々にまで行き渡った鉄道によって、日本人は上り下りという観念を刷り込まれてきた。その上り詰めた先、双六でいえばまさしく「上がり」が東京駅である。開業は大正三年（一九一四）というから、すでに九十年の歳月が過ぎた。辰野金吾設計の壮麗な駅舎は、昭和二十年（一九四五）の空襲で致命的な打撃を受けたものの、三階建てを二階建てに、円屋根を八角形の簡素な屋根に変えるという処置で急場をしのぎ、生き永らえてきた。近年になって重要文化財の指定を受け、ついには往時の姿に戻すことが決定している。

その開業九十周年を記念する展覧会が、万世橋のたもと、交通博物館で開かれた。小さな展覧会ではあったが、いろいろなことを教えられた。

東京のように、江戸時代にはすっかりその骨格が出来上がっていた都市に、鉄道を通すという事業は容易なことではない。ヨーロッパの都市と同様に、まずは東京の周縁にターミナルが建設される。明治五年（一八七二）の新橋駅を皮切りに、上野駅、新宿駅、渋谷駅、飯田町駅、池袋駅、両国駅、万世橋駅と、そのすべての開業が明治時代の中にすっぽり収まっている。

むしろ、ロンドンやパリと異なる東京の特色は、それらの鉄道を宮城の正面に、いささか強引に収斂させようとしたことだ。それが東京駅にほかならない。だから、東京駅が「上がり」なのである。

東京駅の正面は宮城に向かい、中央の玄関は皇室専用であった。玄関を入ったところが三十坪ほどの「広室」で、そこに黒田清輝と和田英作によって壁画「海陸・殖産・興業」が描かれたが、惜しくも戦災で失われた。

東京駅近くにあった鉄道博物館（のちの交通博物館）が現在地に移ったのは、万世橋駅の薄幸な運命と深く関わる。万世橋駅の初代の駅舎は、やはり辰野金吾の設計に成る煉瓦造の華麗なものだ。駅前は有数の盛り場であったがゆえに、日露戦争の軍神広瀬中佐を讃える銅像もこの場所に建立された。しかし、間もなく中央線は東京駅につながり、ターミナルであった期間はわずかに七年、関東大震災による倒壊、その後の縮小計画が進む中で、鉄道博物館が進出することになる。

昭和十一年（一九三六）の開館時には、鉄筋コンクリート造三階建てのモダンな建物が用意された。今は変哲もないビルにしか見えないが、半円筒形のガラス張りの階段室は、当時の面影をよく残している。内部に立つと、はっとするほど美しい。

本物の汽車や電車が並び、子どもたちが走り回り、歓声が響き渡る展示室の中で、巨大な兜がひときわ異彩を放っている。甲斐国と武蔵国を結ぼうとしたがゆえに、中央線がまだ甲武鉄道と呼ばれていた時代に、甲＝兜にちなんで四谷トンネルの外壁に取り付けられたものだ（図37）。明治二十六年（一八九三）に、東京美術学校に製作が

図37　四谷トンネルの兜（交通博物館）

図38　高橋源吉「大婚二十五年奉祝景況図」より、四谷門址の兜（1894年、三の丸尚蔵館）

委嘱され、山田鬼斎が原型をつくり、岡崎雪声が鋳造した。

翌明治二十七年（一八九四）に、伯爵亀井茲明が画家高橋源吉（高橋由一の息子）に作らせた油絵の連作は、明治天皇の結婚二十五周年を祝う東京市内の様子を描いたものだが、その時、四谷門址には兜の作り物が飾られた（図38）。両者は、一過性の作り物と恒久的な美術作品とが同居した明治の文化を語っている。

思わぬ発見に、端から見れば、私は子どものように喜んでいたかもしれない。歓声を挙げて、駆け出しはしなかったけれど。

（『芸術新潮』二〇〇五年六月号）

補遺⑰　長岡城と長岡駅

長岡駅前のロータリに少しばかりの石垣が積まれている。その脇に建つ「戊辰史跡案内標柱、長岡城本丸跡、平成二年（一九九〇）建立、長岡市」と刻まれた石柱を見て、びっくり仰天。多くの城下町が鉄道を嫌ったと、せっかく説いてきた自説が根底から覆されてしまうではないか。

これほどまでに、お城が姿を消してしまった城下町はめずらしい。新旧の地図を重ね合わせると、長岡駅は、本丸から三の丸の上にかぶさっていることがわかる。駅前の商業ビルの下に、かつての二の丸があった。この地に北越鉄道長岡停車場が開設されたのは、明治三十一年（一八九八）のことである。

青柳孝司『長岡城を歩く』（新潟日報事業社、二〇〇四）という本に頼らなければ、長岡城を歩くことはできなかった。同書は、長岡藩士小川善右衛門（當知）が明治十二年（一八七九）に著したという『長岡懐旧雑誌』（長岡市立中央図書館蔵）の美しい挿絵を手掛かりに、在りし日の長岡城を案内してくれる。小川には、ほかに明治九年（一八七六）にまとめた『懐旧歳記』があり、こちらはその名のとおり、城下の年中行事をやはり美しい挿絵で伝えてくれる。複数の写本が知られ、『長岡城之面影』と題された二巻本は、『長岡市史双書』四四（長岡市立中央図書館文書資料室、二〇〇五）として翻刻されている。

小川がこのような思い出を伝えようとしたのは、戊辰戦争において長岡城が戦場となり、その建物をほとんど失っていたからだ。戦いは慶応四年（一八六八）五月二日の河井継之助・岩村精一郎の名高い小千谷会談決裂に始まり、五月十九日に落城した。長岡軍が自ら建物に火を放っていったん退却したものの、再び盛り返し、七月二十五日には長岡城の奪還に成功している。しかし、その四日後に再び落城、長岡藩は九月二十五日に米沢で官軍に降伏した。長岡城は、実戦に使われた稀有なお城として、会津若松城と双璧を成す。

ところで、小川善右衛門の絵からも明らかなとおり、長岡城には天守閣はなかった。

「御三階」と呼ばれた隅櫓が、その代わりを果たしていた。なんと、この櫓が戊辰戦争でも焼け残ったと『長岡懐旧雑誌』にある。しかし、廃藩置県によって長岡藩は消滅、城跡の廃材や樹木は売り払われてしまった。明治十四年（一八八一）になって、長岡城跡保存公園設置会が設立されると、御三階が建っていた高台や土塁や壕などをわずかに残して公園が整備された。

長岡停車場の開業は、城跡の風景を一変させる。御三階の高台下に建立されていた河井継之助と山本帯刀のそれぞれの顕彰碑が、高台の上に移され、さらに大正七年（一九一八）に悠久山公園へと移された。高台は昭和初年には削られて平地となり、最後まで残っていた二の丸南櫓跡の土塁も、昭和三十三年（一九五八）、長岡厚生会館の開館によって整地されてしまった。

悠久山公園に再びお城が姿を現したのは、それから十年後の昭和四十三年（一九六八）のことである（図39）。いや、その前に建つ次の案内板は、決してお城だとは言っていない。

「（前略）長岡城は、現在のJR長岡駅付近を本丸とする平城で、「兜城」または「浮島城」と呼ばれていました。天守閣はありませんが、本丸の角櫓の一つに「御三階」と呼ばれる建物があり、城のシンボルとしてそびえていたものです。しかし、長岡城は戊辰戦争（一八六八）で焼失したのち廃城となり、今は昔のおもかげをしのばせる

図39　長岡市郷土資料館（2006年撮影＊）

ものがありません。
長岡市では、そのような情況にかんがみて、昭和四十三年四月、この蒼紫の森につつまれた悠久山公園の高台に城をかたどった郷土資料館を建設しました。貴重な歴史資料や文化財を一堂に集めて展示公開し、郷土長岡の歴史を学ぶ施設として活用しています。　長岡市郷土資料館」

隅櫓から入り、受付を済ませて走り櫓を抜けると、すでに天守閣の中となる。三階までのすべての階が展示室となっており、むろん郷土の偉人山本五十六の展示コーナーも設けられている。海軍省にあったとされる肖像レリーフ、「常在戦場」の扁額などが目にとまった。

戦国時代の武将たちが心掛けた「常在戦場」を、天下泰平の世となっても、長岡藩は「藩風」とした。明治維新後もそれは引き継がれ、山本五十六も好んでこの文字を書いた。そういえば、長岡駅の裏手にある如是蔵博物館には、表紙に『贈山本大将閣下、大詔奉戴一周年記念、常在戦場児童画集、長岡阪之上国民学校』と墨書された画集が展示されていた。昭和十七年（一九四二）に、全校生徒が贈った画文集だという。

同校の三年生だった村井ルミさんが、「山本元帥、生家の思い出」と題して、山本元帥景仰会機関誌『清風』第一四号（一九九八）に寄稿し、こんなことを振り返っている。「校長先生は折にふれ、幼少の山本元帥が二階窓辺に机を置かれ、勉強に励まれたこと、元帥出身校の誇りをもち、「常在戦場」の精神で、規律を守るよう指導されました」。

山本五十六は、明治十七年（一八八四）に、旧藩士高野貞吉の六男として生まれた。貞吉五十六歳の時の子ゆえに、「五十六」と名付けられたことはよく知られている。長男とは三十三歳も歳が離れていた。海軍大学校に在籍していた三十二歳の時に、旧長岡藩家老の山本家の養子となり、姓が高野から山本に変わった。その二年後に、旧会津藩士三橋康守の三女禮子と結婚した。

戊辰戦争で、河井継之助とともに長岡藩を率いたのが、まだ二十三歳だった家老山本帯刀である。官軍に捕えられた帯刀は会津飯寺で斬首、山本家は河井家とともに絶家とされた。先にふれたふたりの顕彰碑が御三階高台そばに建つのも、まずは明治十六年（一八八三）に、両家の家名再興が許されるのを待たねばならなかった。

高野五十六が山本五十六となることで、「藩風」は受け継がれたばかりでなく、山本が日本海軍という「官軍」の最高位に上り詰めることによって、「朝敵」とされた長岡藩の汚名を晴らしたことになる。もっとも、長岡の人たちは、それを「汚名」とは考えていないようだ。ここに引いた『長岡城を歩く』は、決して「官軍」などという表現を用いない。そう呼んだとたんに自らは「賊軍」となってしまうからだ。あくまでも「西軍」であり、「東軍」は、彼らとそれぞれの正義を掲げて対等に戦い敗れたにすぎない。

長岡からお城の面影が失われてしまった現代、山本五十六に自らの拠り所を託そうとする長岡人の気持が伝わってくる。

10 忍者だったころ

とうとう「わたしの城下町」にやってきた。しかし、ほとんどすべての読者が、「それはおまえさんの城下町にすぎない」というに違いない。

町の名前は浜松。本当は雅びな言葉なのに、なんとも平凡に響く。古くから、琵琶湖に対して浜名湖を持つがゆえに、近江《おうみ》に対する遠江《とおとうみ》と呼ばれてきた。都から遠い分だけ、雅びなものは影を潜め、田舎臭いものが顔を出す。

浜松で生まれ育った私が、浜松と聞いて真っ先に思い浮かべる光景は、広重が連作浮世絵「東海道五拾三次」に描いた浜松図である。一本の杉の木の下で、四人の駕籠かきが汚い尻を丸出しにして、たき火にあたっている絵だ。

その少し奥に、松林が見える。絵には立て札も描かれており、旧跡「颯々《ざざんざ》の松」であることがわかる。『東海道名所図会』は、その場所をつぎのように紹介する。

「足利義教公富士見に下向の時、この松の下にて、浜松の音はざざんざと諷ひ酒宴したまふより、名附け初めしなり。（中略）しかしながらこの松の事のみとは思ふべからず。ただ蒼々たる浜松の色変らず、風の音の波にまじへて幾久しきを祝ふ詞なり」。

再び広重の絵に戻れば、画面の奥に、遠く小さく浜松城が見える。それを囲むように人家の屋根が並び、町に辿り着くには、まだしばらく田んぼの中の一本道を歩かなければならない。もっとも、城下に入ったところで、お城は一向に大きくはならなかったはずだ。

浜松城は、徳川家康が二十代後半から四十代にかけての十七年間を過ごし、それゆえに「出世城」と呼ばれるものの、その二代あとの松平左馬亮忠頼が城主であったころには、早くも天守閣は失われていたらしい。広重が描いた風景は、それから二百三十年もあとの浜松である。天守閣に見えるひときわ大きな建物は櫓のはずだが、櫓しかなくとも広重は天守閣を描きたかったに違いない。いや広重以上に、買い手がそれを望んだのだろう。

❖

さらに百二十年が過ぎた昭和三十三年（一九五八）に、天守閣は再び姿を現した（図6、二三頁）。今度は市民がそれを望んだと断言できる。動かぬ証拠がある。浜松城再建談義で盛り上がったあと、同郷の先輩高取利尚さんがわざわざ実家から陶製の天守閣型貯金箱を探し出してきてくれたのだ。それは立派な天守閣で、石垣の部分に「浜松城再建献金」と記されている（カバー写真）。

こんな証言がある。「城を形どつた貯金箱約二千個がつくられ、市内の飲食店、娯楽場、など人の集るような場所に配置をみ、一方婦人会、会社事業場、一般家庭などに対してもかなり積極的な呼びかけが続けられ、とにもかくにも八百万円にのぼる金を集めた」（「今と昔、浜松城を造った男」『東海展望』自治タイムス社、昭和三十三年六月号所収）。この記事によれば総工費は千四百万円だったというから、半分以上を寄付金でまかなったことになる。

記事の見出しには「白亜三層秀麗の美を誇示」とあるものの、野面《のづら》積みの荒々しい石垣の上に再建された天守閣は今見ればいかにも小さい。小さいけれども、それを小さいと感じるのは、名古屋城や大阪城を知ったずっとあとのこと。幼い私にとっての浜松城は、何よりもまず動物園と結びついていた。

小田原城や姫路城には今もあるように、浜松城にも動物園があった。動物園で撮った家族写真の背景には、しばしば天守閣がそびえている。むろんその日の記憶はないが、赤ちゃんコンクールで健康優良児に選ばれた帰りに、「御褒美で」、動物園を訪れて撮った記念写真にも天守閣が大きく写っている。

そういえば、上野動物園が開園百二十周年を記念して「家族と動物園との想い出写真」を募集、それをもとに写真集『動物園で撮った家族の写真』（平凡社、二〇〇二）が出版された。それは何も上野動物園に限らない。おそらく全国の動物園の檻の前で、動物たちといっしょに、無数の家族写真が撮られてきたことだろう。動物園こそが、家族そろって写真を撮るべき場所であった。

そして、各地の動物園がお城の中にあることにも、それなりの意味がある。

浜松ではまず、お城を公園にする計画が先行した。昭和二十三年（一九四八）十一月の県都市計画諮問委員会で浜松城公園の建設が決まり、翌年九月に着工している。予算千百万円、国が三分の二を、県が三分の一を負担した。この時点で、すでに動物園、プール、野外劇場、市民広場、庭球場、児童公園、市民館などを城内に設けることが計画されており、市当局は「文化都市浜松として恥しくない、立派なものとすべく努力する」と宣言、一方、市民からは「各種建築物施設の配置、配合が雑然とし、コセコセした感じがする」「昔懐かしい城内一帯の野趣ある風致美を再び活かし、更に近代化して、幽すいに富んだ昔の面影をブチコワさないよう望んでいる」といった意見や要望が寄せられている（『浜松文化新聞』第二号、昭和二十四年十月十日付）。

「文化」の名の下に、お城が変質を迫られていた様子がよくわかる。お城は、もはや「野趣ある風致美」を示すだけでは許されなかった。やがて、そこには遠い国々から続々と動物が運ばれてきた。ライオンやカンガルーやニシキヘビなど、お城とは無縁な動物ばかりだった。

動物園の開園は昭和二十五年（一九五〇）十一月一日、この年の九月十日から十月二十日まで、浜松城公園で「浜松こども博覧会」が開かれており、閉幕後、その施設がそのまま動物園になったからだ。すでに小田原城でふれた「小田原こども文化博覧会」と、開催の趣旨も会期もほとんど重なっている。

静岡県浜名教職員組合教育部が編集する雑誌『遠州の子ども』（遠州の子ども会発行）は、その二十七号（昭和二十五年十月号）で「こどもはくらんかい」特集を組み、「二学期が始ったからまた、へそのねじをしめて、しんぞうをうごかしましょう」、「さあ、私達は、この二度と来ない博らん会をどんなかまえで見たらよいのでしょうか」と、博覧会に向けて、まさしく活を入れている。新しい日本の建設はこどもを育てることからという時代の息吹が伝わってくる。

❖

開園から四年目、昭和二十九年（一九五四）の浜松市動物園は、アミメキリン雄一頭入園、豆ジープ五台購入、猛獣舎完成、夜間開園実施、昆虫館完成、エゾヒグマ二頭寄贈というぐあいに充実の一途をたどっていた（『動物園半世紀の歩み』浜松市動物園、二〇〇〇）。幸せにもこの年に、私は生まれ出た。

鍛冶町、肴町、伝馬町と抜けて通った小学校は元城小学校といい、二の丸の中にあった。天守閣の真下が運動場で、毎日お城を見て育った。ここでも集合写真を撮るとなれば、運動場に出てお城を背景にした。そのころ、「忍者部隊月光」というテレビ番組が人気だった。友だちの家に集まっては手裏剣作りに精を出し、お城に登っては実地訓練に励んだものだ。野面積みの石垣は登り易く、訓練を始めたばかりの「忍者部隊」にはちょうどいいコースだった。

中学校も城内だったが、校舎からも運動場からも山の陰でお城は見えず、むしろ動物園の隣にあったという印象が強い。放し飼いの孔雀が時々紛れ込んできて、大きく羽根を広げたりするのが、授業中の教室の窓から見えた。今訪れると、動物園は郊外に移転し、中学校の建物も木造から鉄筋コンクリート造へとすっかり様変りし、正門だったところにはお城の姿をした交番が建っている。ちょんまげのお巡りさんが拳銃の代わりに刀を腰に差していたらもっといいのだが、そこまでのサービスはしてくれない。

高校生のころ、市内の別の学校に通う女子高生とお城に登り、石垣の上で、X年後にまた同じ場所で会おうと約束したが、うっかりそれが何年後だったのかを忘れてしまい、それっきりになった。浜松城を見るたびにそのことを思い出す。こんな話に読者は付き合いきれないだろうが、私には、鉄筋コンクリート造の小さくてインチキで貧弱な浜松城がたまらなく懐かしい。だからこそ、このお城の前に、もっとインチキな浜松城があったと知った時には心底驚いた。

❖

そのお城は石垣を絵で描いていた（図40）。写真でもはっきりとそれがわかる。よく読めば、「浜松こども博覧会」の案内パンフレットにも、天守台に建てられた展望所が「浜松城を型どつたお城の模型」であると書いてある。

「模型」とはいっても、内部に人を入れたようだ。屋根には鯱も載っている。市内の某百貨店が十数万円をかけて木造で建設し、博覧会終了後に六万五千円で売りに出したことが次の記事からわかる。

図40　浜松城（神谷昌志撮影）、『ふるさとの想い出７』国書刊行会所収

このとおり立派なお城がたつた六万五千円で身売りします――といえばまさにギヨギヨだが、これは浜松こども博覧会々場内の旧浜松城御天主跡の高台に同市の某百貨店が建てた木造建築、それでも十数万の金がかゝつているのだが、博覧会が終つて用がなくなつたのでこれを市に譲ろうという話になつたもの、遠目には立派なお城にみえるので、市でもこれをそのまま存置し

たい考えだが、肝腎の御天主一帯の土地は個人の所有地であり、公園指定にはなつているものの、未だ市で買収するまでには話が進んでいないので、折角買つたお城も事と次第によつては撤去しなければならないとか――（『浜松民報』昭和二十五年十一月二十五日）

半額セールといったところだろうか。結局買収を断念したものの、一時は税金を投じて買おうと思ったというところがすごい。そこまでしても、お城が欲しい時代だった。

そして、念願は八年後にようやく果されることになる。「文化都市浜松」のシンボルであることが求められたのだから、内部を「展望所」で終わらせるわけにはいかなかった。

まず、昭和三十三年（一九五八）四月一日に浜松城条例が施行された。その第二条は「浜松城は浜松市元城町四十九番地の二に置く」という奇妙なものだ。しかし、それをお城だと思うから奇妙に感じるのであり、お城の姿をした市立の施設と考えれば何の不思議もない。

条例に改めて「目的」はうたわないが、「目的外使用」はうたっている。すなわち第八条で、「城の一部は、教育目的の利用に供することができる」とし、これを受けて、十日遅れで浜松市立郷土博物館条例が施行された。郷土博物館は浜松城内（天守閣内）に置かれ、「一般の教育、学術及び文化の発展に寄与することを目的とする」（第一条）ものであった。やがて半世紀になろうとする今日もなお、郷土博物館は健在だ。

開館間もないころに郷土博物館主任を務めた鈴木謹一さんは、つぎのような思い出を語っている。「子供たちが、テレビのまねをして忍者の練習だと、石がきによじ登ったり、積み石が風化してずり落ちたりして、ひやひやしたことも再三」（読売新聞浜松支局編『浜松城物語』東海電子印刷株式会社、一九七八）。

鈴木さん、ごめんなさい。私がその「忍者」の成れの果てです。新しい日本の建設に期待されていただなんて、ちっとも知らなかった。

補遺⑱　ラムネ城のころ

この本につながるお城巡りのそもそものきっかけは、浜松市戦災復興記念館で一枚の写真を目にしたことにある。そこには、昭和二十五年（一九五〇）に建てられたという浜松城の信じ難い姿があった。不鮮明な写真からも、私がよくよじ登った野面積みの石垣のさらに上の石垣は、絵に描いた石垣であるとはっきりわかる。こちらはつるつる滑って、よじ登れそうにない。

その時、ふいに「ベニヤ城」という言葉が浮かんだ。実際には、もう少し厚い板が使われていたのだろうが、吹けば飛ぶような、そして拭けば消えてしまうようなお城に見えた。すっかり気に入って、「ベニヤ城」の名をあちこちで口にした。「ベニヤ城」と口にしたとたん、その対極に、「コンクリ城」の堅固な姿がみるみるうちに浮かび上がってくるからだ。

正しくは鉄筋コンクリート造、すなわちRC造という。でも、ウチのばあさんは、いや冒頭で登場した私の祖母は、「コンクリ、コンクリ」と呼んでいた。なぜなら、「子どもをつくるにはよかったが、育てるには不向きだった」我が家は、何を隠そうRC造だったからだ。だから奥の方は薄暗かった。

土産物屋から薬屋に家業を変える際に、清水の舞台から飛び降りるように、祖父はビルを建てたのだろう。その直後に、父は祖父を失ったが、薬剤師免許を手に入れ、妻を手に入れ、息子を手に入れ、「自分の城」まで手に入れた。いや、ビルは三階長屋だったから、「自分たちの城」ということになる。隣も土産物屋、その隣がうなぎ屋だった。店先で焼くうなぎの蒲焼きのにおいが、この「お城」にはいつも漂っていた。それから半世紀の歳月が流れ、すっかり年老いたその姿を浜松駅前にさらしている。

コンクリで建てれば、また空襲があっても焼かれないという気持ちが、そのころの日本人にはあったのではないか。昭和三十年代を迎えると、全国各地で、お城がこぞってコンクリ製で建てられ始める。それが「コンクリ城」だった。

はじめに「城巡り」と書いたけれど、私は「城を攻める」と呼んできた。古いファイルを調べていたら、そのタイトルで『朝日新聞』(平成十二年七月二十二日付夕刊)に寄稿していることがわかった。昭和三十年代のお城は「雨後のタケノコ」のように建ったと書いて、それら「タケノコ」にとっての「雨」とは焼夷弾だったと、我ながら気の利いたことを言っている。

その時点で、「この一年に攻め落とした城はつぎのとおり。北から会津若松城、上田城、千葉城、江戸城、小田原城、熱海城、掛川城、浜松城、名古屋城、清洲城、岐阜城、伏見城、大阪城、松江城、高知城、唐津城、名護屋城、晋州城」であった。「春にはとうとう朝鮮半島にまで攻め入った。秀吉のように城攻めはハイペースだが、秀吉と違って、韓国晋州で私がやったことは、名物うなぎ料理を平らげることだった」。そういえば、晋州城にも、うなぎのにおいが漂っていた。

さて、ベニヤ城がコンクリ城攻略の突破口であったわけだが、一方で、ベニヤ城のさらに過去へとさかのぼってみた。明治・大正時代の浜松城には、どうやら天守台の上に展望台が建っており、金を取って人を入れていたらしい。つぎのような証言がある。

大きな胴体についた、小さな眼のやうな感じのする、古びたせまい入口でした。

図 41　有楽街の浜松城（1957 年頃、浜松市博物館）

門口の一間ほどの片隅には、煙草、果物、ラムネ、菓子のるゐが並べてありました。

父は天主閣の預り主といふ人と少時話してから、先に立つて二階への階段をのぼつて行きました。

その階段は入口が四角の井戸の口のやうに暗くて直立のやうでしたが、手擦にぶらさがつてやつと上りました。すると二十畳ほどの広々とした座敷に出ました。まはりに欄干がありまして四隅には四本の太い柱がありました。

伯父を案内する父はそこをさつさと通りぬけて、今度は今のと反対側についてゐる階段をのぼつて行きますので、姉も私もエッチラエッチラあとにつづきました。階段のありさまは前の通り直立になつてゐて、せまくて真暗でした。そして井戸の口みたいな上り口に首を出しましたら、そこにも十五六畳と思はれる座敷がひろがつて見えました。
それから続いて父も伯父も私たちを促してさつさと、ネヂみたいに方面のちがつた階段を二つまでも上へ上へとのぼつて行きました。そのたびに座敷の広さは狭くなりました。三度目の階段のときには八畳ぐらゐ、四度目のときには四畳半ぐらゐになつてゐました。それが天主閣のてつぺんでありました。

（鷹野つぎ『四季と子供』古今書院、一九四〇）

天守台は明治五年に払い下げられた。大正時代まで、ここに展望小屋と物見やぐらがあり、ラムネなどを売りながらの観光施設になったこともある。当時、天守閣前広場南すみに、十、六、四・五畳の書斎を借りて住んだ山田千之さん（七五）（浜松市鴨江四丁目）は「高須虎男さんという人が管理していた。東の石段に天守門があり、番人がいて、たしか二、三銭の入場料を取っていた」という。

（前掲『浜松城物語』）

このお城を、私はひそかに「ラムネ城」と名付けた（図41）。

11 さかさまの世界

シャチホコが屋根の下に入ってどうする‼

こんな光景を目にすれば、叱り飛ばしたくもなる。見づらいかもしれないが、記念写真を撮る男たちの背後で、金鯱はその体形に合わせて作られたガラスケースの中に納まっている。雨を避けるためか、ケースには屋根が掛けられている（図42）。

時は明治五年（一八七二）三月、所は東京湯島聖堂の中庭。金鯱は名古屋城の天守閣の屋根から下ろされ、海路はるばる東京へと運ばれてきた。

さて明治の日本に、なにゆえにこのような「さかさまの世界」が出現してしまったのか。それが今回の話題であるが、そのためにはまず、私が副会長を務める「下々の会」を紹介しなければならない。いや、ならないことはないのだけれど。

会長は下さんといい、おそらくこの世にこれ以下の名前はない。何を隠そう私は木下、お互いに「下」の文字を共有していることに意気投合、ふたり合わせて「下々の会」を結成したのが昨年のこと。会員には、川上さんよりは川口さん、高山さんよりは下田さん、金城さんよりは土屋さんの方が望ましいには決まっているが、だからといって、上・高・雲の上方面を名乗る方々の入会を拒むわけではない。むしろ、世の中をついつい下から眺めてしまう人なら誰でも歓迎というところがある。

城下町の住人であれば、むろん審査なし、入会金なし、そのまま会員になれる。下々の会の組織図は、逆さクラゲならぬ逆さピラミッドといったらよいだろうか。下にいくほど偉い。そして、逆さピラミッドの頂点に、下会長がぶら下がっている。

❖

下会長の対極は鯱である。それはピラミッドならぬ天守閣の頂点に君臨する。そして少しでも高くと、尾を思いきり跳ね上げている。

図 42　湯島聖堂博覧会と金鯱（1872 年、東京国立博物館）

この姿になぞらえた芸者のお座敷芸が名古屋にあるという。ふたりの芸者が向き合って腹這いになり、海老反りに足を持ち上げる。乱れそうで乱れない着物の裾が客をハラハラドキドキさせるのだから、足は、というか尾は、高いほど芸になる。

名古屋城の鯱は、いわば芸者が金の着物、金の帯、金の足袋を身にまとっているようなものだった。金鯱であるがゆえに天下に知れわたり、お城は金城の異名を持つ。天守閣は「高数十丈、碧銅の瓦を以て葺きかさね、黄金にて造れる丈余の鯱を上層の両端に置きけるが、今に至るまで空に聳《そび》え日に映じて、衆人の目を驚かす。実に無双の壮観にして海内第一の名城なり」と、『尾張名所図会』はその冒頭に誇らし気に記している。

金城の姿を、隅から隅まで克明に記録した本がある。題して『金城温古録』。『鸚鵡籠中記』の朝日定右衛門重章、『尾張名陽図会』や『新卑姑射文庫』の猿猴庵こと高力種信など、尾張藩士に記録魔は数多いが、『金城温古録』の著者奥村得義も、疑いなくそのひとりである。寛政五年(一七九三)に、御城御掃除中間頭を代々務めた家に生まれた。お城務めの傍ら、金城に関する古記録の編纂と現状の記録を志し、晩年に至って『金城温古録』(序は万延元年)を完成させた。金鯱にも、むろん多くの頁を割いている。

金鯱は中身まで詰まった金塊ではないが、金メッキのような安物でもない。椹《さわら》の寄せ木で骨組みを作り、鉛で覆い、さらにその上から銅で覆って、金の鱗を取り付けていた。南鯱の鱗およそ二百三十枚、蛇腹十六枚、北鯱の鱗およそ百九十枚、蛇腹十四枚と記録され、高さがそれぞれ八尺三寸と八尺五寸、およそ二メートル五〇センチとなるから、鱗も大きいもので二五センチ四方、蛇腹は長さ一メートルほどになる。「小判にして一万七千九百七十五両」という数字も、奥村得義は伝える。

それほど金目のものだから、財政が逼迫すると、尾張藩は金鯱を地上に下ろしては鋳潰《いつぶ》してきた。それを幕末までに三度行い、そのつど金の純度を下げてきた。

現代の名古屋城を訪れて、天守閣内の売店でギラギラと輝いている金鯱の貯金箱や灰皿やペン立てを目にすると、今度は、「金のシャチホコが貯金箱になってどうする‼」と怒鳴りつけたくなるが、すでに江戸時代の昔から、金鯱それ自体が尾張藩の「貯金箱」だったのである。

貯金箱とは、われわれ下々の者にこそふさわしい道具だという気がする。われわれは貯金箱を外に出したまま寝ることなどできない。

尾張の殿様はそれが平気だった。金鯱に手を出そうにも、天守閣の大屋根に登らねばならず、いざ盗もうにも、鱗を数枚剝がすのが精一杯だろう。剝がしたら剝がしたで、今度はそれを抱えて断崖絶壁を降りるようなものだ。

最後になって「貯金箱」を壊そうと考えたのは、殿様自身だった。一八六九年の版籍奉還で版（土地）と籍（人民）を朝廷に還し、尾張藩主は改めて新政府から名古屋藩知事に任命された。かろうじて藩はまだ存在していたが、藩士を帰農させるための一時金の支給、軍費の調達など、金のかかることばかりが待っていた。

明治三年（一八七〇）の暮れ、名古屋藩知事徳川慶勝は、新政府の太政官に対し、こんなふうに申し出た。金鯱を屋根から下ろして鋳潰した上で献上したい。

そしてそのあとは、城内の建物を逐次取壊し、もう修理に金をかけたくないと願い出た。

江戸時代には、武家諸法度に基づき、城郭の修理や増築には幕府の許可を必要とした。今度はそれを新政府に求めたのだった。事情はどの藩も同じで、全国各地の城郭の荒廃は一挙に進んだ。

息の根を止めたのは、翌年の廃藩置県である。藩はまぼろしの如く消え去り、旧藩主たちは東京に住むことを義務付けられた。代わって、府知事・県知事が中央より派遣された。こうしてお城は主を失い、文字どおりに「無用の長物」と化した。上を下へ下を上へのてんやわんやが始まった。

❖

空家となったお城には、軍事上の価値が認められたところにだけ、新政府の軍隊が駐屯した。名古屋城に入ったのは東京鎮台第三分営（のちに名古屋鎮台、さらにのちに第三師団）であった。明治五年（一八七二）正月の『名古屋新聞』第三号に載った、「名古屋城二ノ丸東京分営トナリ元能舞台ハ浴室橋懸ハ厠トナリタリ近日一大隊繰込アルベキ由」という短い記事は、名古屋城の惨憺たる有様を伝えて余すところがない。

ちょうどそのころ、名古屋城を訪れた駐日ドイツ公使アレキサンダー・フォン・ブラントは、御殿の障壁画の素晴らしさを讃えたあとで、それらが新政府の命令により建物ごと取壊されることを知り、「一般に、権力が朝廷以外の者の手にあつた時代を回顧せしめる様な一切の事物に対して殊更用捨無く破壊が行なはれた。今の場合も亦《また》その一例である」という冷徹な感想を記している（フォン・ブラント『黎明日本』刀江書院、一九四二年）。文久二年（一八六二）から日本に駐在していた外交官として、数多くの「さかさまの世界」を目にしてきたに違いない。

同じそのころ、金鯱はすでに天守から地上に下ろされ、東京に運ばれ、宮内省の倉庫に納まっていた。暗闇の中で鋳潰される運命をじっと待っていたといってもよいだろう。それに目を付け、春から湯島聖堂での開催を予定していた博覧会に引っぱり出そうと企んだのは、記念写真に顔を揃えた文部省の関係者たちであった。伊藤圭介、町田久成、内田正雄、蜷川式胤、田中芳男らの顔が見える。

彼らの読みは当り、大人気を博した金鯱の一尾は翌年のウィーン万国博覧会にまで運ばれ、帰国後は山下門内博物館で展示され、もう一尾は全国各地の博覧会を巡回して、二度と鋳潰されることはなかった。

もっとも、金鯱はそれを幸せと感じていたかといえば、それはわからない。金鯱は金属だから何も感じない、と考えたら、話は先に進まない。もし感じたら、こう感じただろうと代弁したのが『東京新繁昌記』（一八七四年）を著した服部撫松である。すなわち「金鯱尾を低《た》れ首掻いて曰く、吾れ日に吾が身の将来を熟思するに一も楽事無し。憂心悄々と津《わた》りに舟を失ふが如く、又た何れの処に帰せん。一栄一古、浮雲月を遮る。吾が心の愁雲結ぶが如く凝つて散ぜず。一歎一悲、暴風花を妬む。吾が身の金花掃《はら》ふが如く、衰へて将《まさ》に落んとす。嗚呼〱世事は夢の如し」云々。

金鯱は名古屋の空を思い出し、泣き暮らしていたようである。ところが明治十二年（一八七九）になって、思いがけず、古巣へと戻る夢がかなった。わずか八年の間に、名古屋城をめぐる環境が劇的に変化したからだ。金鯱返還運動が地元名古屋で起こる一方で、政府は名古屋城と姫路城の永久保存を決めた。

その直前、明治十一年（一八七八）十月二十七日、明治天皇がはじめて名古屋城を訪れ、はじめて天守閣に登った。京都御所から引越した先の旧江戸城には天守閣がない。将軍から天皇に主が代わっても、「お上」は「お上」。やっぱり天守閣が欲しいと駄々を捏ねたわけではあるまいが、その後明治二十六年（一八九三）から昭和五年（一九三〇）まで、名古屋城は離宮となる。「恩賜元離宮名古屋城」と深く刻んだ石柱が、正門近くに今もなお立っているのは、そのためである。

地上に降りた金鯱の嘆きに関しては、拙稿「甲冑哀泣」（『美術という見世物』平凡社、一九九三／ちくま学芸文庫、一九九九／講談社学術文庫、二〇一〇）を、金鯱の復帰に関しては、「明治維新と名古屋城」（『講座日本美術史』東京大学出版会、二〇〇五）をご覧いただきたい。

補遺⑲ 金シャチ降臨

平成十七年（二〇〇五）三月三日の昼を少し回ったあたり、大太鼓の合図とともに、「金シャチ降臨」という声が城内に響き渡った。発声は、尾張の殿様ならぬ、名古屋城管理事務所長、金の扇子を手に、丸に八の字（これは尾張徳川家の家紋に由来する名古屋市の章）を染め抜いた陣羽織を身にまとってはいたものの、その下は背広にネクタイのごく普通の現代人。

雄雌ひとつがいの金シャチは、天守閣の大屋根をはるかに越える巨大なクレーンに吊るされて、いとも簡単に地上へと降りてきた（図43）。その上空を、八機のヘリコプターがぐるぐると旋回し、やかましいのなんの。

あんぐり口を開いて上ばかり眺めていた私は、一瞬のめまいとともに、昭和二十年（一九四五）五月十四日の名古屋城へと連れ去られた。そこでは、五百機近い米軍のB29が空を覆い、これでもかこれでもかと焼夷弾を落としてくる。トンボみたいなへリコプターが、迎撃のためによたよたと飛び立った日本軍の戦闘機に見えたのである。

　二時間ほど続いた空襲による火災がおさまると、天守閣は忽然と姿を消していた。実は、その時にも、金シャチは降ろされようとしていた。作業の足場を組むために開けた窓から、焼夷弾が飛び込んだのだという。天守閣は燃えるのにおよそ三時間かかり、焼け跡に「鯱の金はカレー粉のようなものとして残っていた」という名古屋城副監視長の回想が伝わる（『新修名古屋市史』第六巻、名古屋市、二〇〇〇所収）。

　ふと我に返ると、目の前には

図43　金シャチ降臨（2005年撮影＊）

「金シャチ降臨」のなんとも平和な光景が繰り広げられていた。群衆の中に降り立った金シャチは、一尾ずつ頑丈な台車に積み込まれると、祭礼の山車のように本丸から二の丸へと曳かれていった。行き先には金色のドームが用意されており、まずはその前での水洗い、歯磨きがとりわけ効果的で、金シャチはみるみるうちに白い歯を取り戻した。それから、ドームに納まると、今度は「市民金シャチ磨き隊」(一般公募)による全身エステが待っていた。

六十年前には「カレー粉のようなもの」に成り果てたのだから、いうまでもなく、今ある金シャチはニセモノである。そもそも天守閣が昭和三十四年(一九五九)に復元された鉄筋コンクリート造のニセモノであり、金シャチもまたその時につくられた。しかし、それが名古屋人からホンモノ同然に遇され、愛されてきた経緯は、愛知万博=愛・地球博の「便乗出版」(と本人が言っている)井上章一さんの近著『名古屋と金シャチ』(NTT出版、二〇〇五)に詳しい。ちなみに、「金シャチ降臨」を演出した「新世紀・名古屋城博――よみがえる金シャチ伝説」もまた愛知万博の便乗企画であって、金シャチは愛知万博の開会式に「市民代表」として招かれただけである。愛知万博の会場を訪れると、金シャチではなくマンモスが待っているので、お間違いなく。

明治五年(一八七二)に湯島聖堂で開かれた博覧会の目玉が、この名古屋城の金シャチだった。当時は紛れもなくホンモノだが、尾張の殿様から無用の長物と見なされ天守閣から降ろされた。降臨ならぬ廃棄処分。ところが、海路東京に運ばれ、博覧会に引っぱりだされるやたいへんな人気を博したことは、何種類も出回った錦絵からうかがわれる。翌年には、海を渡って、ウィーン万国博覧会にまで出かけたほどだ。博覧会と金シャチ、この絶妙の組み合わせを追体験できる恰好の機会だろう。せっかくならば、今回もまた湯島聖堂までお出ましいただきたかった。

〔『芸術新潮』二〇〇五年五月号〕

12　火の用心

明治維新によって「無用の長物」と化した全国のお城の中から、明治十二年（一八七九）になって、陸軍省がわざわざ名古屋城と姫路城を選んで「永久保存」を決めたその理由とは、両城が「全国屈指ノモノ」であり、「名古屋城ハ規模宏壮」、「姫路城ハ経営精巧」、したがって「永久保存」すれば「本邦往昔築城ノ模範ヲ実見」することができるというものであった（同年一月二十八日付の太政官に対する陸軍省伺）。

しかし、その修理と維持には莫大な経費が必要で、西南戦争をようやく乗り切ったばかりの政府が容易に捻出できる金額ではなかった。太政官から修理金を見積もるようにとの指示を受けて、陸軍省は、名古屋城の場合、一時金一万千九百九十六円六十五銭、年額千円、姫路城の場合、一時金五千百四十六円三十銭六厘、年額千六百二十円と算出したが、とうてい受け入れられるものではなかったようで、太政官はそれをほぼ半額に値切ってしまう。

それでは一時的な修理は可能でも、「永久保存」にはほど遠い。それに、お城の中に軍隊が駐屯しているかぎり、常に火災の危険を伴った。明治十六年（一八八三）二月になって、名古屋鎮台司令長官滋野清彦は陸軍卿大山巌に宛て、「若《も》シ夫《そ》レ一朝火ヲ失スルアラハ堂宇層楼ノ距離僅ニ数歩ヲ隔ツルノミナルヲ以テ宏壮美麗ノ楼宇悉《ことごと》ク灰燼ニ属スルハ多言ヲ費ヤサスシテ瞭《あきらか》ナリ」と訴え、火災の危険を回避するためには、鎮台本営を他所に建設し、本丸への立ち入りを厳しく制限し、火気を断つほかないという意見書を上申した。そこには、保存費用の負担を「名古屋ノ区民」も厭わないという愛知県令の意見が添えられている。

この直前、明治十五年十二月に、姫路城は、分営の失火から「リの櫓」と備前丸のいくつかの建物を失ったばかりだった。当然、名古屋でも危機感が高まったようで、翌年一月に名古屋区長吉田禄在が愛知県令国貞廉平に宛てた「皇国古来ノ武器ヲ蒐集シ名古屋城ヲ以テ之カ蓄蔵保存ノ場所ニ充ツヘキノ建議」にも、鎮台がどんなに火気を厳禁したところで火災の恐れは残り、「一朝其災ニ罹リ此壮観ヲシテ烏有ニ帰セシムルガ如キコトアラバ噬臍《ぜいせい》ノ悔啻《ただ》ナラズ」と、こちらには、名古屋市民の想像する恐怖＝喪失感が語られている。

ところが、その後の名古屋城を襲ったものは、火災ではなく震災だった。明治二十四年（一八九一）十月二十八日に起こった濃尾大地震によって本丸の西南隅櫓が濠に向かって倒壊した。軍の施設であったがゆえに、被害状況は詳しく公表されなかったが、後日、いくつかの建物が取り壊されており、相当の被害を受けたことは間違いない。

それでも、名古屋城はすでに話題にしたとおり離宮となり、その後名古屋市に下賜され、一方の姫路城は本丸周辺に軍事施設がつぎつぎと建設されたものの（そのうちの一棟が姫路市立美術館として現存）、大正元年（一九一二）になって姫路市に無償貸し下げとなり、いずれも大切に保存された。さらに、それまでの古社寺保存法に代わって昭和四年（一九二九）に制定された国宝保存法が、「古社寺」という制限を外し、城郭をも法の保護下に入れたことで、まず名古屋城が、ついで姫路城が国宝に指定された。姫路城は、離宮でなかったぶん荒廃が進んでおり、昭和十年から本格的な解体修理工事が始まった。

こうして、ふたつのお城は、一九三〇年代にいたって、ようやく安泰の日々を迎えることができた。それぞれの天守閣の最上階から殿様が（この際は市長でもいいから）顔を出し、扇片手に「めでたしめでたし」と言ってもらいたいところだが、皮肉なことに、そのころから新たな危機が忍び寄ってきた。それは築城関係者にとっては予想もしない方角、空からであった。

❖

昭和二十年（一九四五）は姫路城と名古屋城とが明暗を分けた運命の年である。姫路は、六月二十二日と七月三日に、アメリカ軍の空襲を激しく受けたものの、天守閣は奇跡的に焼け残った。現在の姫路の町に立つたびに、お城だけがなぜ焼けなかったのかと不思議な思いにとらわれる。

一方の名古屋城は、五月十四日の朝から空襲に見舞われ、天守閣は午前十時ごろに火に包まれた。およそ三時間で燃え落ちたという。激しく燃え盛る天守閣の姿が、東海軍管区司令部報道部に所属していた岩田一郎によって撮影されている（拙稿「名古屋城」『アサヒグラフ』平成十二年九月一日号参照）。真昼のはずなのに、黒煙が立ちこめ、まるで闇夜の中に巨大な炎が立ち上っているように見える。

この時の様子は、こんなふうに語られている。

本丸の御殿は既に全焼し、天守閣はまさにその上層がもえて、金の鯱と紅蓮の一団となって俄然大音響と共に内濠の中に崩れ落ち、下層部の崩れた灰燼をかぶって天もこげよと燃え狂っている。

（史蹟国宝担当伊奈主事の報告、名古屋市編『名古屋城史』名古屋市役所、一九五九所収）

燃えるときは、屋根は銅だから紫色の炎を出した。鯱の金はカレー粉のようなものとして残っていた。天守閣は西北の方へ崩れた。燃えるのに三時間かかった。その炭は二百俵あまりとれた。

（副監視長原田尊信の証言、前掲『新修名古屋市史』第六巻）

アメリカ軍の城攻めは卑怯にも空から行われ（それをいえば我が軍も空から真珠湾に攻め

込んだ)、焼夷弾という飛び道具を用いたから、お城はひとたまりもなかった。二重三重に巡らせた濠も石垣も城門も、何の役にも立たなかった。なぜなら、お城は地上戦をしか想定してこなかったからだ。それよりも何よりも、金鯱は火防《ひぶせ》、魔除けの役目を果さなかった。巨大な目玉をもってしても、B29を睨み落すことはできなかった。

実は、この時、金鯱を屋根から下ろし、疎開させる作業が行われていた。一尾はすでに天守閣の二階にまで下ろしており、もう一尾を下ろすための足場が屋根の上に組まれたままだった。焼夷弾は、その足場に引っ掛かったとか、足場を組むために開いたままの窓から飛び込んだとか、まことしやかに語られるが、それならいっそ、城中から現れ出たる荒武者が(この際は作業員でもいいから)、焼夷弾をむんずと手づかむや、B29目がけて投げ返してほしかった。天守閣だけは焼かれずにすんだかもしれない。残念ながら、誰ひとりとして籠城していなかった。人が城と運命を共にしようなどと考える時代は疾うに終わっていたからだ。

それにしても、昭和二十年五月では、金鯱の疎開は遅すぎたのではないだろうか。なにしろ、名古屋への空襲は、昭和十七年(一九四二)四月十八日に始まっていた。空襲史をひもとけば、この日、名古屋ばかりでなく、東京、横浜、横須賀、川崎、神戸がアメリカ軍のB29によって爆撃されたことがわかる。緒戦で日本軍にやられ続けたアメリカ軍の反撃の始まりだった。

空からの攻撃に備えなければいけないということは、すでに十年も前から言われていた。東京で最初の関東防空大演習が開かれ、帝都上空にまで敵の侵入を許したらもはやおしまいだと、桐生悠々によって「嗤」われたのが昭和八年のことであったが、名古屋城に待避濠が設置されたのが昭和十八年五月、防空用簡易水槽の設置が翌年四月ごろ、本丸御殿障壁画の疎開はさらに翌年三月を過ぎてからとあまりにも対応が遅い。一方の姫路城は、昭和十五年から擬装の研究に着手、実験を重ねて十七年五月には天守閣一帯に擬装網の装着を終えている。明暗を分けたのがそのせいかどうかはわからない。

❖

焼野原と化した名古屋に、名古屋城天守閣が、二度と焼かれないようにコンクリート造で、再び姿を現すのは昭和三十四年（一九五九）の秋であるが、ここでもまた、小田原や浜松や広島同様に、それを待ち切れない城下町住民によって、すでに「城のようなもの」が建設されている。より高く、ということであれば、これほどふさわしい場所はなかっただろう。空襲にも耐えて焼け残った松坂屋（もちろん内部は焼けた）の屋上に、名古屋城天守閣は出現した（図44）。

本物がまだ存在していたころから、「名古屋城のようなもの」は繰り返し建設されてきた。この点が、ほかの城下町と違っている。要するに「尾張名古屋は城でもつ」というプ

図 44　松坂屋屋上の名古屋城（1949 年、名古屋タイムズ社）

ライドが、名古屋を象徴させる機会に、しばしば名古屋城を持ち出してきた。つぎのような博覧会、大阪での第五回内国勧業博覧会（明治三十六年）、東京勧業博覧会（明治四十年）、名古屋での第十回関西府県連合共進会（明治四十三年）、東京大正博覧会（大正三年）などが開催されるたびに、パビリオンとして天守閣が建てられたからだ。

それらに比べれば、松坂屋の天守閣はいささか小振りだった。昭和二十四年（一九四九）十月、疎開が効を奏して焼失を免れた本丸御殿の障壁画の展覧会が、市制六十周年記念事業として松坂屋で開かれたことに併せて建設された。写真は、いかにも手慣れた作業風景を写し出している。

ところで、松坂屋といえば、今でこそ経営からは離れたものの、江戸時代初期の呉服店創業以来ずっと、伊藤次郎左衛門家が経営に当たってきた。歴代当主はかならずこの名前を名乗り、現在の当主は第十七代になる。明治十二年（一八七九）に、名古屋城金鯱の復旧運動の先頭に立ったのは、第十四代伊藤次郎左衛門にほかならず、おそらく彼は、翌年に、名古屋城の「永久保存」のためには応分の負担も厭わないと言明した「名古屋ノ区民」の代表でもあっただろう。

商売を広げる中で、伊藤次郎左衛門家の正月行事に当主自ら筆を執って「火の用心」と書くことが定着した。それを家や店の各所に貼り、また一門にも配った。この習慣、今なお続いているという（『名古屋の商人伊藤次郎左衛門』展図録、名古屋市博物館、二〇〇三参照）。

せめてその一枚でも、名古屋城天守閣に貼ってあったなら、と思わずにはいられない。「火の用心」むなしく「カレー粉のようなもの」に変わってしまった金鯱のその後も、気になるところだ。それは、昭和二十一年八月になって、占領軍に接収されてしまう。その量およそ「三百グラム」（前掲『名古屋城史』）というから大した量ではない。それどころか、まさしく「カレー粉」ほどの量でしかない。ところが昭和四十二年になって、どこで増えたのか金鯱の残骸六・六キロが返還され（『金鯱やっぱりシャチだわ』INAXブックレット、一九九二参照）、金の茶釜に姿を変えた。最後は、まるで文福茶釜のような話である。

補遺⑳ 大名庭園に遊ぶ

縁あって、昨年は浜離宮に三度も「御成」をした。誰が？ ほかならぬ私が。いや、自ら「御成」と称したら正真正銘のバカ殿である。

そこは都立公園であり、私は三百円の料金を払って入った一介の入園者にすぎない。金さえ払えば、誰もがいつでも自由に散策できる。そんなふうに、敗戦直後の昭和二十一年（一九四六）四月一日から公開されてきた。

むろん、戦前はそうではなかった。「浜離宮」と呼ばれた時代は天皇の、そのまた昔は将軍の庭であり、「浜御殿」、あるいは「浜屋敷」と呼ばれた。庶民とはおよそ無縁な場所である。

歴代将軍の中では、とりわけ十一代家斉がこの庭を好み、通算二四八回も御成になったという。そもそも「園癖将軍」の異名を持つ家斉は、庭遊びが好きだった。江戸城の奥深く閉じ込められ、半世紀も将軍職にあれば、さぞかし気晴らしが必要であっただろう。

その家斉がどうしても訪れたかった場所が、尾張徳川家が江戸に設けた戸山御屋敷の庭である。庭は「戸山荘」と呼ばれた。広さ十三万六千坪、江戸で最大規模の大名屋敷である。池に沿って町家三十七軒を建て、宿場町に見立て、庶民の自由を持たない殿様たちが、まるでテーマパークを訪れるようにして遊んだという。

噂は将軍の耳にも届き、寛政五年（一七九三）三月二十三日に家斉の御成が実現した。あくまでも庭遊びが目的だから、「御通抜」という気楽な形式が採られた。それに応じて、町屋や茶室は軽めの名物道具で飾られた。これは後の話だが、町家の一軒は刀鍛冶で、実際に刀を鍛造し、店先には鍛冶道具を並べて見せたという。

本展（「江戸のワンダーランド大名庭園」徳川美術館・名古屋市蓬左文庫、二〇〇四）は、絵図や庭園図ばかりでなく、こうした道具類・出土品も併せて展示することで、当時の大名庭園がどのように機能したのかを明らかにしてくれた。窯を設けて焼き物を焼き、薬草を栽培するなど、そこは物産開発の実験場でもあった。

それから七十年ほど後、尾張徳川家十四代徳川慶勝によって撮影された「宿場町」の写真が伝わっている。軒先に、大きな提灯のようなものがぶら下がっているのが見える。おそらく慶勝は写真術を習得した最初の殿様で、ほかにも、名古屋城内の御殿や庭、あるいは自らの居室をせっせと撮影した。それら閉ざされた庭園や御殿を撮影することなど、殿様にしか許されるはずがない。

何枚かの写真は、名古屋城二の丸庭園の幕末の様子を伝えるが、驚いたのは、それが築かれた初代徳川義直の時代には、まったく異なる風景を見せていたことである。こちらは大きな絵図が残されている。金声玉振閣（聖堂）、祠堂、四達堂、迎涼閣、逐涼閣など名前もスタイルも中国風の建物が建てられ、これはこれで大石と樹木によって演出された深山幽谷のテーマパークである。

それからおよそ二百年をかけて、庭は中国風から日本風へとその姿を大きく変えたことになる。祠堂があったあたりには、代わって、秋葉社、稲荷社が建てられた。

それからさらに同じぐらいの時が流れた今日では、名古屋城も二の丸庭園も公開されている。本展会場となった徳川美術館もまた、徳川家の大曾根御屋敷跡に建てられた。このたびその庭の一部が整備され、「徳川園」の名で公開されたから、誰もが自由に遊ぶことができる。

〔『芸術新潮』二〇〇五年二月号〕

13 地中の城

名古屋城の金鯱に続いて、またしても話題は「無用の長物」である。それを『アサヒグラフ』昭和二十年（一九四五）十二月十九日号が「日本一」と評して、写真入りで大きく取り上げた。槍玉に挙がったのは、長野県松代町（現在は長野市）に、ちょうど一年前から突貫工事で建設が進められてきた大本営の引っ越し予定地である。

「総工費六千万円」、「近隣の町村民を大動員延人員三百万人」、「延長は二里半、一とほり見るだけで足が棒になる」。

「数字だけ並べても呆れかへる大洞窟は、床の間、違ひ棚に凝つた日本間、格天井の洋間の豪華、七分の出来とはいひながらあの戦争の最中によくもこれだけの資材を集めたものだ。なる程、軍といふものは、神変不可思議の魔術を心得てゐたものらしい」。

ついこの間まで、国民の戦意を煽り続けた『アサヒグラフ』が、手のひらを返したように、あたかも勝ち馬の尻に乗ったかのように、その愚かさを叩くのは、あまり気持ちのよい話ではない。もっとも、日本軍を貶める記事を書かせたのは、少なくとも掲載を容認したのは、まさしく「勝ち馬」たる占領軍である。ＧＨＱは、十月二十四日に、日本のメディアに対し大本営跡の取材を解禁したばかりだった（日垣隆『「松代大本営」の真実』講談社現代新書、一九九四）。

松代は真田十万石の城下町である。佐久間象山を生んだ。いざ訪れてみると、三方を山に囲まれ、前方を千曲川に守られ、まさしくここしかないという要所に城の築かれたことがわかる。今は天守閣も櫓もなく、濠も埋め立てられ、あるものは幕末に建設された御殿と文武学校という名の藩校といくつかの屋敷門ばかりだが、この町でもご多分にもれず復元の話は起こっており、本丸のふたつの門の復元が予定されている。

平成十六年（二〇〇四）の松代は「エコール・ド・まつしろ二〇〇四」と銘打ち、春から秋にかけて、「松代城復元まつり」のさまざまな行事が目白押しだ。和服姿の女性が武家屋敷の玄関と思われる場所に端座し、にこやかに「信州松代へ、いつものお仲間と、〝大人の修学旅行〟にお出かけください」と呼びかけるそのポスターは、「遊学城下町松代」とか「遊んで学ぶ大人の学校」とか、しきりにわれわれを「遊び」に誘おうとする。それにしても、なぜフランス語を用いるのかが理解できない。

町角で見かけた大きなポスターには、片隅に小さく、「松代大本営跡」の文字が、いかにも居心地の悪そうな感じで入っていたが、長野駅の観光案内所でもらった同じデザインの小さなリーフレットからは、その文字は姿を消していた。

近世の城下町情緒を売り物にして観光客を誘致しようとすれば、その観光戦略にとって、近代の負の遺産ともいうべき大本営跡は一見折り合いが悪い。戦争末期に、がけっぷちに立たされた日本陸軍が慌てふためき、城下を囲む三方の山に、たくさんの朝鮮人労働者に命じて掘らせた地下壕で、まさか「遊んで学ぶ」というわけにはいかないからだ。

しかし、逆に城下町でなら、なぜ「遊んで学ぶ」ことが許されるのかを考えたらどうだろう。時が経ったからだといえばそれまでだが、もともと城とは軍事施設以外の何ものでもなかった。それが泰平の世の中で、現代でいう県庁舎、市庁舎のような存在に変わったに過ぎない。いうまでもなく城下町は城を基点にデザインされている。その本質までを「遊んで学ぶ」のならば、大本営もまた同類であることに気が付くだろう。

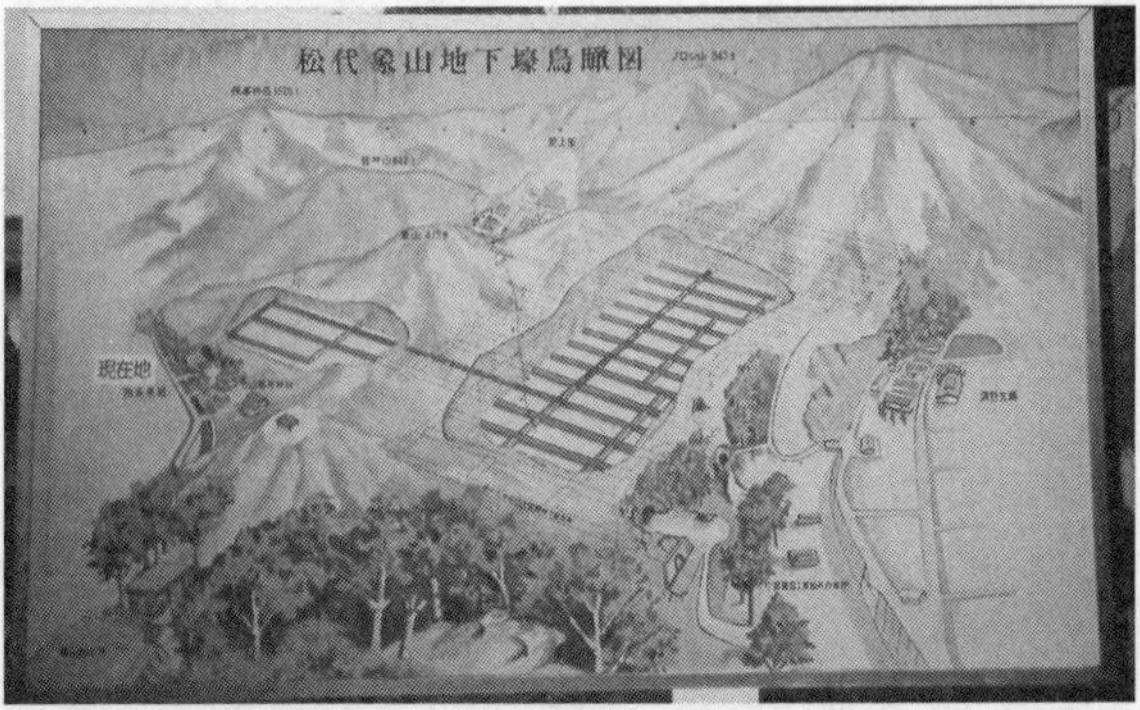

図 45　松代大本営跡看板（2003 年撮影＊）

松代には、大本営ばかりでなく、天皇と政府機関、日本放送協会（NHK）、中央電信局などが、東京から引っ越して来るはずだった。いいかえれば、そこを「大本営跡」と呼ぶだけでは認識不足なのである。それは明治・大正・昭和三代の天皇が明治維新以来七十七年にわたって拠点とした宮城＝旧江戸城を捨てて移転する企てであり、地下に築かれた第二の松代城にほかならない（図45）。

✣

ではなぜ地下なのか。その理由は、空襲という二十世紀の戦法が、地上戦にばかり備えていた城や要塞、さらには都市の防備をいっさい無効にし、いわば丸裸にしてしまったからである。敵から身を隠す場所はもはや地下にしか残されていなかった。

松代での大本営の建設は昭和十九年（一九四四）十一月十一日（縁起をかついで午前十一時）に始まったというが、それはアメリカ軍による空襲が本格化した時期にあたっている。サイパン島、テニアン島、グアム島などマリアナ諸島をつぎつぎと攻略したアメリカ軍は飛行場を建設し、日本本土をようやく戦略爆撃機B29の射程距離に捉えたからだ。

東京へのB29による空襲は十一月二十四日に始まった。十一月が三回、十二月が十二回、年が明けて一月が七回、二月が十二回と、のべつまくなしにB29は東京を襲い続け、三月九日から十日にかけてのいわゆる東京大空襲を迎えた。この晩だけで十万人の住民が殺されたと推定されている(「東京空襲日報」、東京空襲を記録する会『東京大空襲の記録』三省堂、一九八二所収)。途中で、アメリカ軍は、当初の軍事施設、軍需工場をねらった空襲から、明らかに無差別大量殺人へと戦略を転換した。

東京の中心、宮城も安閑とはしていられなかった。侍従長藤田尚徳は、元旦の最初の行事、四方拝を天皇が始めようとした矢先に空襲警報が発令された話から回想を始めている(『侍従長の回想』講談社、一九六〇)。

このころ、天皇は明治宮殿を離れ、吹上御苑の中の「御文庫」と呼ばれる防空舎に住んでいた。御文庫は厚さ三メートルのコンクリートの屋根で覆われてはいたが、地上の建物であり、空襲時には地下二階に建設された「御避難所」に逃げ込む手はずになっていた。

御文庫は、中央の六十畳ほどのホールを挟んで、西半分は天皇と皇后の居住区から成る。寝室や居間のほかに、女官の控室や詰所があり、一方の東半分は謁見所や食堂や政務室から成る。規模の小さな建物ではあっても、御殿は御殿、「奥」と「表」の関係が明確にかたちを与えられていた。御避難所はさらに狭く、寝室と居間があるばかりだった。また、皇太后のためには、別に地下二階の防空壕が建設されていた(加瀬英明『天皇家の戦い』新潮社、一九七五)。

御文庫の屋根には土を被せ、芝生を植えていたが、三月十日の空襲でそこに火がついた。東御苑にあった主馬寮《しゅめりょう》や内閣文庫のいくつかの建物が焼失した。そして五月二十五日には、明治宮殿をとうとう失うことになる。もはや天皇の居場所は地下壕にしかなかった。

空襲下の住民もまた、はるかに貧弱な防空壕を掘って隠れ、地上戦が行われていた沖縄では、兵隊や住民の多くがガマと呼ばれる洞窟に逃げ込んでいた。地下へ地下へと追いつめられ、もはや日本の断末魔と呼んでよい時期が来ていた。

陸軍の計画とは、戦争を指揮する大本営が、陸海軍の最高司令官である天皇を擁して、より「安全な」地下壕へと逃げ込もうとするものである。陸軍の独断専行で建設が進められた。藤田尚徳によれば、陸軍の計画を知った天皇は、それに耳をまったく傾けなかったという。「断じて皇居は動かぬ、陛下も私たちも大内山に立て籠る意気込みであったのだ。松代大本営案は宮中では問題にされなかった」(前掲『侍従長の回想』)。しかし、実際には、移転が宮中で検討され、天皇も受け入れた様子を『木戸幸一日記』下巻(東京大学出版会、一九六六)が伝えている(六月十三日条、同月三十日条、七月十一日条、同月三十一日条)。

❖

誰が欠けると戦争は遂行できないものなのか、消去法で考えてみたい。兵隊や住民が千、万の単位で死んだって、指導者は戦争をやめようとはしなかった。将軍が少々欠けたところで、やっぱり戦争は継続されてきた。しかし、天皇だけは欠いてはいけないと考えられた。少なくとも、そうした人物の第一位である。天皇を失うとは、日本が消滅することであり、そして、天皇を失わないとは、当面は天皇の肉体を守ることであった。

だから、頭の上に爆弾が落ちてきては大変だ。毎年正月に行われる陸軍始観兵式も、昭和二十年は空襲を恐れて代々木練兵場から宮城前広場に変更され、万一に備えて、二重橋近くには、天皇だけが逃げ込む鉄の箱が用意された。内側に白い絹の幕が張られ、天井からは電池式の電灯が下がり、菊の紋章付きの椅子が一脚置かれた。周囲には土嚢が積まれた。

また、松代へ移る時の戦車も二月には完成した。「なかには灰色の絨毯が敷かれた上に、背の低い紺色のソファ一つと、侍従長用の小さな座席があり、マットだけのベッドが一つ置かれていた。車体には、黄色と緑色で迷彩が施されていた。内装は高島屋が行なった」（前掲『天皇家の戦い』）。

さて、そうして引っ越しを余儀なくされた場合の天皇と皇后の新居も、松代にほぼ完成していた。『アサヒグラフ』のいう「床の間、違ひ棚に凝つた日本間、格天井の洋間の豪華」とは、この「御座所」を描写したものである。

山裾に沿った平屋の細長い外観は当時のまま、内部も天皇の居間などは面影をよく残している。ただし、床の間はそのままであるが、違い棚は敗戦後のこの施設に入った気象庁精密地震観測室の職員によって、押入れに改造されている。彼らがそこに寝泊まりしたからだ。

そして、いざ空襲に備えて、ここでも深い地下壕へと逃げ込む通路が用意されていた。天皇と皇后の住居は別棟で、地下へと潜るそれぞれの坑道は途中で出会うようになっていた。天皇はこの家に住むことはついぞなかった。しかし、今この座敷を訪れ、窓越しに信州の山々を眺めていると、ある日突然にいわれなく生きることを断たれてしまう無数の国民とは対照的に、死ぬことを許されない、というか、生存だけが優先される人間の孤独がわかったような気がした。本人の意志とは無関係に、ただ生かされるために、地下へ地下へと引っ越しを余儀なくされてゆく人生の寂しさを、大勢での見学の最中だったけれど、不遜にも感じてしまった。

実は、窓から見える向こうの山には賢所仮殿が建てられ、三種の神器が移って来るはずだった。東京帝国大学助教授関野克がその設計を任されていた。

『木戸幸一日記』七月三十一日条は、「伊勢と熱田の神器は結局自分の身近に御移して御守りするのが一番よいと思ふ」、「信州の方へ御移することの心組で考へてはどうかと思ふ」、「万一の場合には自分が御守りして運命を共にする外ないと思ふ」などと、天皇の決意を伝える。

三種の神器こそ、たとえ天皇が欠けたとしても、つぎにそれを手にした人物を天皇とすることのできる宝物にほかならない。

補遺㉑　関野克の賢所設計秘話

宮内省の指示を受けて、工事主任であった吉田栄一建技大尉は、陸軍省建築課伊藤節三少佐と相談し、賢所用地下壕をⅢ号舎から五〇〇メートル西の弘法山山腹に建設することを決めた。そして、耐弾耐爆風に関しては東京帝国大学の武藤清教授と梅村魁教授に指導を仰ぎ、助教授だった関野克を松代に呼んで、設計に当らせることになった。伊藤と関野は東大建築学科で同期だったが、陸軍での身分は工兵一等兵となり、工事長加藤幸夫建技少佐および吉田大尉の指揮下に入った。

関野克「賢所の設計秘話」（『歴史への招待』昭和編、第二四巻、日本放送協会、一九八二）によれば、関野に賢所についての調査が命じられたのは昭和二十年（一九四五）六月下旬であった。先の『木戸幸一日記』（前掲）の記述と照らし合わせると、日増しに戦局が緊迫し、三種の神器の松代動座が具体的に検討されていたことがわかる。

木造の伝統的な神社本殿形式で賢所を建てたところで、爆弾にはひとたまりもない。そこで、坑道の途中を何度も分岐させて爆風を減圧するという武藤教授の案が採用され、七月初めに起工式が執り行われた。ささやかながらも厳粛な式で、盃一杯の神酒を頂戴した際の新鮮な気持を忘れることができないと関野は書いている。その時、ふと彼の頭をかすめたものは、「松代を天孫上昇の地にしてはならないということ」であった。

工事は、運輸通信省地下建設部隊所属のトンネル学校の少年隊に委ねられた。吉田栄一の回顧では、それは「熱海トンネル学校の日本人生徒一三〇人を動員し、実習を兼ねて掘削することとし、終戦半月前に地鎮祭を行って着工した」(「松代大本営工事回顧」『軍事史学』第二〇巻第二号)という。着工の時期について、ふたりの記憶は少し違っている。よく知られるとおり、松代大本営工事に数多くの朝鮮人が動員されたことと、これは好対照である。「その掘削には純粋の日本人の手によること」(同上)という宮内省の指示に従ったからにほかならない。

間もなく戦争が終わり、工事は中止となった。関野は命令に従って記録類を焼いたが、手許にあった襖下地の紙を裁断して、スケッチブックを作り、そこに水彩絵具と鉛筆で現場の風景を描きとどめた。国破れて山河ありという思いだった。「その中に一葉の工事が着手されたばかりの賢所の絵がある。これは賢所が松代に設けられようとして坑道の掘鑿が実施された確実な証拠」だと述べて、「賢所の設計秘話」を結んでいる。

ついでにいえば、吉田栄一も「松代大本営工事回顧」の末尾に、こんな感想を記している。

「終戦直後のアサヒグラフが「日本一無用の長物」と報道しました。確かに無用の長物でありましょうが、戦争自体が無用の最大のものであります。吾々は松代を戦場と心得、第一線の将兵と同じ気持で工事の完成に心血を注いだ積りです」。

14 海上の城

沖縄が落とされ、本土決戦が目前に迫ってきた時に、昭和天皇が三種の神器、すなわち八咫鏡《やたのかがみ》、草薙剣《くさなぎのつるぎ》、八尺瓊勾玉《やさかにのまがたま》（玉璽ともいう）だけは、何としても守らねばならないと考えたことは不思議でも何でもない。それを義務とする家に生まれ、そのような教育を受けてきたわけだし、逆にまた、三種の神器を奪われでもしたら、自らの天皇としての存在を証明できなくなってしまう。

八咫鏡は伊勢神宮に、草薙剣は熱田神宮に置かれ、八尺瓊勾玉のみが天皇の側に置かれてきた。さらに前二者はそれぞれに写しがつくられ、鏡は宮中の賢所に、剣は玉璽とともに天皇の側にあって、剣と玉璽は天皇の行くところ常に行動を共にしてきた。

三種の神器の争奪戦でもあった南北朝の内乱は、決して遠い過去の苦い教訓ではなかった。二十世紀を迎えても、明治四十四年（一九一一）に起こった南北朝正閏《せいじゅん》論争では、神器の所在と真偽がとくに問題とされ、大正十四年（一九二五）には、井上哲次郎が『我が国体と国民道徳』（広文堂書店）を発表するやいなや、集中砲火のごとく激しい非難を浴びたのは、井上が三種の神器の意義を論じて、たとえば「元との鏡と剣とは、疾くに失はれて、今は只模造のそれが存して居るやうである」とか、皇室典範第十条を引き合いに出して、「今日は神器がなければ践祚が出来ないと云ふ程に、それが必要条件とはなつて居らぬけれども」と書いたことを、「不敬」と批判されたからであった。

当時の皇室典範をひもといてみようか。なるほど第十条は、「天皇崩スルトキハ皇嗣即チ践祚シ祖宗ノ神器ヲ承ク」となっていたが(したがって井上によれば神器継承は必要条件ではなく付帯条件となる)、敗戦後のわれわれの皇室典範は三種の神器への言及を避け、代わって皇室経済法第七条で、「皇位とともに伝わるべき由緒ある物は、皇位とともに、皇嗣が、これを受ける」とかろうじてその継承を保証している。

昭和天皇が伊勢神宮と熱田神宮から八咫鏡と草薙剣を取り寄せ、いっしょに松代へ移り、「万一の場合には自分が御守りして運命を共にする外ないと思ふ」などと、まるで壇ノ浦の合戦で神器もろとも海に飛び込んだ安徳天皇のような心境になったらしいことは、『木戸幸一日記』下巻(前掲)、昭和二十年七月三十一日条が伝えるとおりである。

天皇が恐れたことは、アメリカ軍の伊勢湾への侵攻である。それを許せば、伊勢神宮と熱田神宮の二種の神器はいとも簡単に奪われる。敗戦後に、天皇自身がポツダム宣言受諾を決心したふたつの理由をつぎのように語っている。

当時私の決心は第一に、このまゝでは日本民族は亡びて終ふ、私は赤子を保護する事が出来ない。

第二には国体護持の事で木戸も仝意見であつたが、敵が伊勢湾附近に上陸すれば、伊勢熱田両神宮は直ちに敵の制圧下に入り、神器の移動の余裕はなく、その確保の見込が立たない、これでは国体護持は難しい、故にこの際、私の一身は犠牲にしても講和をせねばならぬと思つた。

（『昭和天皇独白録』文春文庫、一九九五）

その考えは、木戸に向かって、昭和二十年（一九四五）七月二十五日には表明されていたし（前掲『木戸幸一日記』）、木戸は木戸で、六月十八日に行われた阿南惟幾陸軍大臣との会談で、陸軍の本土決戦計画を批判し、こんな発言をしていた。

君若し敵に上陸されて了つて三種の神器を分取られたり、伊勢大廟が荒らされたり、歴代朝廷の御物がボストン博物館に陳列されたりしたらどうするつもりか。

（「終戦時の回想若干」『木戸幸一日記　東京裁判期』）

阿南は答えに窮したという。この時点で、もはや敵の上陸を阻止するだけの防衛力を、陸軍も海軍も持ち合わせていなかったからだ。

ところで、木戸のいう「歴代朝廷の御物がボストン博物館に陳列」される恐れに対して、東京帝室博物館は早くも昭和十六年（一九四一）春の時点で、「有事ノ際ニ於ケル御物竝保管美術品等処置方針」を定め、何段階にもわたって疎開を実施してきた。東京大空襲のあとには、京都府、福島県、岩手県内四カ所に向けてすべての美術品の疎開を始めたが、作業の完了を待たずに敗戦を迎えている（『東京国立博物館百年史』東京国立博物館、一九七三）。

❖

伊勢神宮の防衛は、決して新しい発想ではなかった。嘉永七年（一八五四）に日米和親条約を結んだ際に、京都所司代の脇坂淡路守安宅は老中に対して、「京都表幷伊勢太神宮警衛」の伺いを立てている。「御宗廟此上なく御太切之御事ニ候処、海国之儀ニ候得は、万一夷賊寄り来候ては、甚以叡慮御不安心ニ可被思召候」が、伊勢神宮の警衛を必要とする理由だった（『大日本古文書　幕末外国関係文書之七』東京帝国大学、一九一五）。

その四年後に、いわゆる安政五カ国条約が結ばれ、神奈川、箱館、長崎、兵庫、新潟の開港が約束された。とりわけ江戸湾と、京都に近い大坂湾の警衛は緊急の軍事的課題となった。軍事施設として、台場の建設が急がれた。正しくは砲台場という。

嘉永六年（一八五三）夏、ペリー艦隊来航直後から始まった品川沖の台場建設は、これまでの日本の城郭概念を変えてしまった。台場は海軍の侵攻、さらにいえば軍艦からの砲撃に備えるものであり、従来の天守閣や櫓のような背の高い建物は、砲撃の標的となるばかりである。山の上から平地に移り、その周囲に町を築いてきた城が、今度は海岸へ、あるいは海上へと出てゆくことを余儀なくされた。

伊勢湾に面した諸藩も、開港地を持たなかったとはいえ、決して安閑としていられる状況ではなかった。尾張藩、津藩、鳥羽藩、大垣新田藩などが伊勢神宮の警衛を幕府より命じられ、それぞれの領地に台場、砲台を建設している。

しかし、軍艦対台場では、どう考えても台場が不利である。軍艦は自由に動き回るが、台場は動けないからだ。それに、攻撃は最大の防御ともいう。敵の軍艦を封じるためには、こちらも軍艦で打って出なければならない。こうして、海軍建設の必要性が高まった。

❖

とはいえ、外洋に出る船の建造を長く禁じてきたツケが回っており、明治元年（一八六八）春、明治天皇を迎えて、大坂天保山沖で行われた最初の観艦式に参加した艦船は、電流丸、万里丸、千歳丸、華陽丸、万年丸、三邦丸のわずかに六隻、合計排水量二四五〇トンに過ぎなかった。そこで、明治三年になって、兵部省は、軍艦二百隻、運送船二十隻を二十年間に建造するという大計画を打ち立てた。

それが計画どおりに実現しなかったことは歴史が教えるとおりだが、明治二十三年（一八九〇）に天皇統監の下に行われた最初の陸海軍連合の大演習では、敵国の伊勢湾への侵入を想定し、西軍（侵入部隊）と東軍（防御部隊）は、それぞれ旗艦高千穂以下九隻の巡洋艦、三隻の運送艦、旗艦金剛以下二隻の巡洋艦、五隻の砲艦、四隻の水雷艇を擁して、鳥羽沖で遭遇戦を演じるまでに至った。それから、神戸沖に艦隊を移して、第二回目の観艦式が行われた。参加軍艦十九隻、総排水量は三万二三三一八トンに達した（池田清『日本の海軍　誕生篇』朝日ソノラマ、一九九三）。

その後の日清戦争、日露戦争を経ることで、海軍はいっそうの成長を遂げる。艦種も複雑化し、艦船数も増加したため、その命名法が定められたのも、まさに日露戦争のころであった。明治三十八年（一九〇五）四月の艦名命名則は、軍艦中の大型種である戦艦には、律令で定められた旧国名を用いることとした。こうして日露戦争を戦った六隻の戦艦の名前は、三笠、朝日、初瀬、敷島、富士、八島とバラバラであったが、戦後に建造された戦艦にはいずれも、薩摩、安芸、河内、摂津というぐあいに旧国名が与えられた。

その後の改正を経て、命名法はつぎのように定まった。

戦艦…………旧国名（たとえば大和、武蔵）

巡洋戦艦……山の名（金剛、霧島）

一等巡洋艦…山の名（古鷹、羽黒）
二等巡洋艦…川の名（多摩、天竜）
練習巡洋艦…武神の名（香取、鹿島）
航空母艦……飛行する瑞兆動物の名（翔鶴、飛竜）、ただし戦艦等からの改装は原名の
まま（赤城、加賀）
水上機母艦…瑞名（千歳、瑞穂）
潜水母艦……鯨の名（大鯨、迅鯨）
敷設艦………島の名（厳島、八重山）
砲艦…………名所旧跡の名（二見、熱海）
一等駆逐艦…天候・気象・海象の名（雪風、吹雪）
二等駆逐艦…植物の名（松、若竹）
水雷艇………鳥の名（千鳥、鴻《おおとり》）
特殊艦………岬または海峡の名（足摺、間宮）
潜水艦………等級により伊・呂・波を冠し番号（伊一、呂五九）
海防艦………島の名または番号（占守、第一号）
（秦郁彦編『日本陸海軍総合事典』東京大学出版会、一九九一）

図46　昭和天皇と戦艦長門乗組員との記念撮影（1929年、朝日新聞社）

これを書き写しながら、わたしの目に浮かんでいたものは、プラモデルの箱絵（ボックスアートという）である。そして耳に流れていたものは、行進曲「軍艦」（いわゆる軍艦マーチ）である。欠損をまるで想定しない、よく出来た命名法といえるのではないか。

戦艦を中心にがっちりと固めた壮大な連合艦隊の姿が浮かび上がってくる。海上に浮かんだ国土には、山あり川あり、岬あり島あり、名所旧跡まであり、そこに瑞兆動物が飛来する。ひとり潜水艦だけが名前を持たないことは、匿名の忍者のようでもある。

メロディーしか浮かばない読者のために、行進曲「軍艦」の歌詞を書いておこう。

「守るも攻むるも黒鉄《くろがね》の、浮かべる城ぞ頼みなる、浮かべるその城日の本の、皇国《みくに》の四方《よも》を守るべし、真鉄《まがね》のその艦《ふね》日の本に、仇なす国を攻めよかし」。

軍艦はまさしく「海上の城」であり、ひときわ大きい戦艦の前檣《ぜんしょう》は天守閣に、巡洋艦のそれは櫓に見える。前檣が巨大化するのは、砲弾の飛距離が延びたからで、水平線上に敵艦を少しでも早く発見するためにほかならない。技術革新は日進月歩で、一九二〇年に竣工した長門は、何度も改装を重ね、その都度姿を変えていった。

ただし、こうした壮大な命名の体系は、強いていえば観艦式にこそふさわしいものである。現実の海戦では、いったん火蓋が切られれば隊形は乱れに乱れた。

ちょうどお城がそうであったように、戦艦もまた、はじめは空襲に備えていなかった。そして、海軍を最後に待ち受けていたものは惨澹たる敗戦を重ねる三年間であった。戦艦は武蔵も大和もことごとく海の藻屑と消え、ひとり長門だけが生き残った。

しかし、長門を接収した米海軍は横須賀港からビキニ環礁へと曳航、昭和二十一年（一九四六）七月、原爆実験の標的に用いる。実験後の数日間、長門は海上に浮かんでいたが、七月三十日の夜が明けた時、その姿は海中に没していた。誰にも見られることのない落城だった。

補遺㉒ 三種の神器の戦後

昭和天皇が三種の神器の安全を最優先にしていたことは、すでに見てきたとおりである。剣と璽は、常に天皇とともになければならなかった。同じ建物の同じ床の上にあらねばならず、それを「同床共殿」と呼んだ。天皇が動けば、剣と璽も動いた。これは「剣璽動座」という。

いよいよポツダム宣言を受諾するほか残された道はないとなった時、「終戦の詔書」に三種の神器をどう盛り込むかが問題となった。「終戦の詔書」（読売新聞社編『天皇の終戦』読売新聞社、一九八八）を手掛かりに、その経緯を記す。

原案を書いたのは、迫水久常内閣書記官長であった。長崎に二発目の原爆が落された八月九日の深夜から十日未明にかけて開かれた終戦に関する一回目の御前会議のあと、首相官邸に戻った迫水は草稿づくりに取りかかる。迫水自身の説明によれば、「草案第一稿は、御前会議で、陛下がお述べになったおことばを口語体で再現したものだった」。そして、そこに「朕ハ神器ヲ奉シテ爾臣民ト共ニ在リ」と書いた。十三日に、ふたりの漢学者、川田瑞穂と安岡正篤が官邸に呼ばれ、校訂を行っている。

翌十四日の午前に二回目の御前会議が開かれたあと、場所を御文庫地下の防空壕から首相官邸に移し、閣議が開かれ、正式にポツダム宣言受諾による終戦が決まった。

「神器ヲ奉シテ」に対する異議が石黒忠篤農商大臣から出された。わざわざアメリカを刺激することはないという理由で、他の閣僚もそれに賛同、あっさりと削られてしまった。代わりに、阿南惟幾陸軍大臣が主張した「国体ノ護持」がそこに入り、最終的には「朕ハ茲ニ国体ヲ護持シ得テ忠良ナル爾臣民ノ赤誠ニ信倚シ常ニ爾臣民ト共ニ在リ」となった。この言葉が、十五日の正午に、国民に向かってラジオから流れた。

この時点で、三種の神器はどこにあっただろうか。

むろん、剣璽は天皇とともにあった。本来は賢所にあるべき八咫鏡（伊勢神宮にあるものの写し）は、仮賢所の裏庭の地下防空壕の中に設けられた「斎庫《さいこ》」に安置されていた。「大型爆弾の直撃にも耐えられるように、コンクリートで造られていた。十五坪ほどの内部には、白木が張られ、壁は白絹のたれぎぬで覆われ、なかは御鏡が入ったツヅラが安置された内陣と、外陣に分れていた。二つの間は、やはり白絹の帷で仕切られていた。外陣では、つねに常明灯が二つ燃えていた。そして空襲中は、浄衣を着た、神官である掌典が一人、外陣でずっと正座していた」（前掲『天皇家の戦い』）という。

熱田神宮の草薙剣は、八月二十一日になってから、占領軍から守るために、岐阜県大野郡の飛騨一宮水無神社におよそひと月ほど疎開させられた。

つぎに三種の神器が問題になったのは、十一月十二日から十五日まで、終戦の報告のため、天皇が伊勢神宮、神武天皇の畝傍山東北陵、明治天皇の伏見桃山陵を訪れる時であった。これに先立ち、剣璽動座に関してつぎのように提案し、天皇の許可を得たことを、木下道雄が『側近日誌』十月三十一日条に書き残している。

「三、行幸の御列に関し、剣璽奉持方法を改むること。

米進駐軍滞在期間中、剣璽奉持の姿に対して、或は嘲笑を受くることなきを保せず。かかる者ありても如何ともするあたわざる状況にあるをもって、従来の方法を改め、御列中聖上の直後に剣璽を一括おふろしきにて包み侍従奉持のこと。しこうして第一供奉車に奉持のこと。

右御許を得たり。御仰せには、英国にてはKingの直前に棒を持ちて行く者あり。英国の様子を知るものには奇異には感ぜざるも、かかる智識あるものも少かるべければ、右改良方法をとるもよかるべし。ただし式部職、掌典職、及び大宮御所には諒解を得て置くべし」。

木下は笑われることを恐れ、天皇は王室を持たないアメリカ人ははじめから話にならないと考えたのである。翌年から始まった地方巡幸では、はじめて一泊で訪れた千葉に、剣璽を動座させなかった。やはり、占領軍を警戒したからだった。

占領軍による日本改造の柱のひとつが、やがて憲法八八条につながる皇室財産処分だった。どう考えても、三種の神器は皇室財産の最たるものである。それを、新憲法下でどう扱うかが、つぎの大きな課題となった。憲法公布にふた月ほど遅れて、昭和二十二年（一九四七）一月十六日に、新しい皇室典範と皇室経済法が公布された。旧皇室典範は第十条で「天皇崩スルトキハ皇嗣即チ践祚シ祖宗ノ神器ヲ承ク」とうたったが、新皇室典範は第四条に「天皇が崩じたときは、皇嗣が、直ちに即位する」とするのみで、「祖宗ノ神器」は皇室経済法の第七条「皇位とともに伝わるべき由緒ある物は、皇位とともに、皇嗣が、これを受ける」に移された。

三種の神器をめぐるてんやわんやは、真面目に論ずれば論ずるほどに「神聖喜劇」となる。その後、剣璽動座は三十年近く途絶えたが、昭和四十九年（一九七四）の伊勢神宮第六十回遷宮を機に復活した。すでに見た小田原の小便小僧登場にも、一理あったといえそうではないか。

補遺㉓　二隻の戦艦大和

国家が戦艦を保有するということを、今なら何にたとえたらよいだろうか。まるで思いつかない。疾うに戦艦は軍艦の王座を空母に譲り渡しており、戦艦と空母のいずれも持たない現代の日本人には、戦艦の大きさが実感できない。単なる物理的な大きさではなく（それならタンカーがいくらでもある）、存在感の大きさということであれば、アメリカ人にとってのわずか三隻しか残っていない宇宙船スペース・シャトルのようなものだったかもしれない。

第一次世界大戦後の軍縮が、日本海軍の戦艦保有数を抑えにかかった。日露戦争が日本海海戦の勝利で終った時の旗艦だった戦艦三笠が、大正十一年（一九二二）のワシントン軍縮会議のあおりで廃艦に指定され、横須賀に保存されることになったことと、敗戦後の運命の変転については、拙稿「「戦艦三笠」および「ヴェルニー公園にて」」（前掲『世の途中から隠されていること』）をご覧いただきたい。

この拙著を上梓した時点で、三笠の船尾近くに建つ「行進曲「軍艦」」の記念碑からは、その歌詞だけが塗りつぶされていたが、近年復活、末尾に「平成十五年三月横須賀水交社修復」と刻まれている。「黒鉄の、浮かべる城」の文字もここにある。

戦艦武蔵に乗り組み、レイテ沖海戦での沈没から奇跡的に生還した渡辺清は、武蔵をモデルに戦艦「播磨」と名を変えて、『海の城』（朝日新聞社、一九八二）を公刊した。その冒頭に、「艦船服務規程」の一節が掲げられており、それは軍艦をつぎのように定義する。

「軍艦ハ名誉アル歴史ヲ保有シ崇高ナル国家的精神ノ下ニ結合シテ終始分離スヘカラサル海上軍隊ノ基本単位ニシテ乗員ノ為ニハ存亡ヲ同フスル干城タルト同時ニ喜戚ヲ偕ニスル家庭タリ」（傍点引用者）。

「干」は楯の意であり、ここでも軍艦が城にたとえられている。渡辺は、それが同時に「家庭」などではなかった現実を語っている。

さて、軍縮の時代を耐えて、日本海軍は来るべき日米戦に向けて着々と準備を重ねた。昭和十一年（一九三六）に日本が軍縮会議から脱退し、ワシントン条約およびロンドン条約がいずれも無効となると、ただちに第三次補充計画、いわゆる㊂計画が第七十帝国議会で承認された。戦艦大和以下七十隻の艦艇を五年間に建造しようとする大計画であった。

日米戦に間に合わせるように、極秘のうちに、戦艦大和は昭和十六年（一九四一）十二月十六日に、戦艦武蔵は翌十七年八月五日にそれぞれ竣工した。

開戦の火蓋を切った真珠湾攻撃の時点で、聯合艦隊にはつぎの十隻の戦艦が所属している。主力部隊に長門、陸奥、伊勢、日向、扶桑、山城、機動部隊に比叡、霧島、南方部隊に金剛、榛名。司令長官山本五十六が乗り組んだのが、旗艦長門である。もっとも、主力部隊は全作戦支援を任務としており、瀬戸内海柱島沖に陣取ったままだった。

年が明けて二月十二日に、大和が旗艦となるが、それまでは大正九年（一九二〇）竣工の長門と翌十年竣工の陸奥が聯合艦隊を引っ張って来た。大和と武蔵の寿命は短く、多くの国民の目にふれたわけではなかった。むしろ、二十年を越えて活躍した姉妹艦長門と陸奥が、行進曲「軍艦」がうたう「黒鉄の、浮かべる城」の姿を国民に植え付けてきたはずである。

日本海軍の快進撃は初めの半年で、昭和十七年（一九四二）六月五日のミッドウェー海戦からは、坂道をころげ落ちていくようになる。翌十八年六月八日に、陸奥が柱島泊地で突然大爆発を起して沈没するという悲劇は、まるで地獄図であった。開戦時の戦艦は、比叡、霧島、武蔵、扶桑、山城、金剛、大和の順に、つぎつぎと沈められ、最後に長門だけが残った。榛名、日向、伊勢は、それぞれ呉近辺で米軍の空襲を受けて大破し着底、戦艦としての生命を失っていた。戦後、米軍が撮影した写真が残っているが、それらはまさしく落城した天守閣に見える。

皮肉なことに、平成十七年（二〇〇五）封切りの映画『男たちの大和／YAMATO』のオープンセットは、瀬戸内海で着底した榛名か日向か伊勢を思わせた。尾道から渡し船で渡った小さな島の造船所に、原寸大の大和が建造され、撮影終了後に一般に公開されたと聞き、さっそく訪れたのだが、渡し船からは瀬戸内海に浮かんでいるように見える大和の甲板に上がると、肝腎の前檣の上部と第二砲塔の砲身がなく、それはまるで破壊されたかのようだった（図47）。実際、映画の中では、激しく攻撃を受けるシーンが、この虎の子のセットを用いて繰り返し登場する。

同じ平成十七年に、呉に大和ミュージアムが開館した。呉市海事歴史科学館という

図47 『男たちの大和／YAMATO』オープンセット（2006年撮影＊）

正式名称は、おそらく納税者を煙に巻くための便法で、実は戦艦大和に捧げられた公立文化施設である。その目玉が最新の研究成果を反映した十分の一の大和の精巧な模型であり、三階まで吹き抜けの中央ホールに、それは堂々と置かれている。なにしろ大和の全長は二六三メートルもあったから、東京駅とほぼ同じ大きさであり、たとえ十分の一の模型でも二五メートルプールに入り切らない。そして、総重量が三〇トン。

模型とはいえ、れっきとした造船所で建造された船であり、進水式は本物の時よりも華やかに執り行われた。そりゃそうだ。本物は極秘のうちに建造されたのだから。

直径が五〇センチの「四個のスクリュ

ーだけで、東京でも小さなマンションなら買えそうな値段だった」という（戸高一成『戦艦大和復元プロジェクト』角川書店、二〇〇五）。

開館直前に、映画『男たちの大和／YAMATO』のロケが行われた。入念に撮影された十分の一の大和は、尾道の一分の一の大和とひとつになって、スクリーンの海を疾走した。

しかし、模型よりも、映画よりも、原作となった辺見じゅん『男たちの大和』（ちくま文庫、一九九五／ハルキ文庫、二〇〇四）巻末の「戦艦大和乗組員戦没者名簿」が、無言のうちにもっとも多くのことを語っているように感じる。

15 ふるさと創世

亡くなった私の父は名前を満直といった。「みつなお」と読ませたが、親戚からは親しみを込めて「マンチョクさん」と呼ばれた。ただし、俳句を詠む時だけは、「統一郎」を名乗った。もう少しましな俳号はなかったものかと思うが、うっかりその由来を聞き逃した。「木下統一郎」と口にすると、どうしても「木下藤吉郎」を連想する。それに私の生まれは遠州浜松、曾祖父かそのまた前のご先祖様の話なのか、今ではもう確かめる術がなくなってしまったが、なんでも三河の方から流れてきて商売を始めたという。藤吉郎もまだ日吉丸を名乗っていたころ、尾張から三河、遠江と木綿針を売り歩きながら浜松にたどり着き、そこで松下加兵衛（カヒョウエ）という人物に見出された。まったく関係はないけれど、私の曾祖父は木下治兵衛（ジヒョウエ）といい、少し響き合うところがある。だから、豊臣秀吉とか太閤秀吉と言われてもどうということはないのに、木下藤吉郎と耳にしたとたん、他人のような気がしなくなる。

その藤吉郎のトントン拍子の出世の、三つ目か四つ目ぐらいの「トン」に、清洲と墨俣の城造りの話がある。清洲では地震で崩れたお城を三日で建て直し、墨俣ではわずか一晩で長良川の岸辺にお城を築いた。どちらも猿と呼ばれた藤吉郎がいかに利口で、人を使うことに長けていたかを讃えた話になっている。

あまたある「太閤記」の大元に、小瀬甫庵『太閤記』全二十二巻がある。豊臣秀次に仕えた医者で、豊臣家滅亡後、加賀藩前田利常に迎えられて金沢で死んだ。この本に続いて、竹中重門『豊鑑』、大原武清『新撰豊臣実録』、土屋知貞『太閤素生記』などが出版され、さらに、よりわかりやすい『絵入太閤軍記』や『絵本太閤記』が、あるいは講釈や芝居などが民衆の間に太閤人気を浸透させた。むろん、徳川政権は秀吉の英雄化を嫌い、厳しく取り締まったが、禁じられるほどに人気が上がるのは人の世の常、身分にがんじがらめに縛られた人々が、それを痛快に打ち破る出世譚を求めたということでもある。

清洲城に関しては、『太閤記』巻一の二番目の話題として、「秀吉初て普請奉行之事」が出てくる。百間にわたって崩れたお城の修理が二十日経ってもまだ終わらなかったのに、藤吉郎は信長から普請奉行に命じられるや「割普請」を採用、百間を十組に割って見事に工事を終わらせた。甫庵は三日かかったとは書いていない。むしろ「翌日」には早くも竣工したかのような書きぶりである。

一方の墨俣城は、同じく『太閤記』巻一の七番目の話題につながる。「秀吉卿軽《ンジ》㆓一命《ヲ》㆒於《テ》㆓敵国《ニ》㆒成《ル》㆓要害之主《ト》㆒事」という題の「敵国」とは、清洲城に陣取る信長にとって長良川の西、美濃国にほかならない。

永禄九年（一五六六）九月五日、藤吉郎は長良川を越えて美濃に入った。あらかじめ建設資材を上流で用意し、それを筏に組んで下った。「先城所に柵を付廻し、ひた〳〵と城を拵んとし給ふ」。敵が押し寄せたが、信長は柵から出ることを禁じ、弓鉄砲で防いで、「要害之普請」を最優先せよと命じていた。「普請之人々は夜を日に続で急ぎ、七日八日には大形城も出来、塀櫓をもをし立、其夜にぬり立、長屋に至るまで残る所もなく、いよやかに見えしかば、敵も興をさましけるとぞ聞えし」（引用は檜谷昭彦・江本裕校注『太閤記』新日本古典文学大系六十巻、岩波書店、一九九六より）。

清洲城とは逆に、三、四日かかっている。それに甫庵は墨俣の地名を出さないが、この要害は、やがて「墨俣一夜城」の名で、広く世に知られることになる。

信長が本能寺で殺されたあと、清洲城には次男の織田信雄が入り、天守閣や濠を造営した。その後、秀吉、家康の天下となり、最後は家康の九男義直が入ったが、慶長十五年（一六一〇）に名古屋に移り、清洲城は廃城となる。建物は解体され、その一部は名古屋城に移築された。町もまた姿を消した。これを「清洲越し」という。一方の墨俣城はそもそも砦のようなものに過ぎず、城郭に発展した形跡はない。

❖

そうした記憶しか残らなかった土地に、今は想像を絶する天守閣がそびえ立っている。いや、想像だけが頼りの築城であれば、むしろ想像と寸分違わぬお城、想像どおりのお城と呼ぶべきかもしれない。

新幹線の乗客がお城を目にするたびに、ひとり当たり五十円の宣伝費が浮くという掛川市の皮算用を話題にしたことがある（一七〇頁）。それならば、清洲町はひとり五百円を算定してもよいはず。目立ち方が違っているからだ。

東海道・山陽新幹線に乗って西へと向かった時、沿線に見えるお城は、小田原城、熱海城、掛川城、清洲城、姫路城、福山城、小倉城ぐらいではないかと思う（近年、小倉城は巨大商業施設の向こうに姿を消した）。天守閣の壮大さにおいて姫路城の右に出るものはないが、車窓への近さで福山城、どぎつさで清洲城に軍配となるだろうか。とにかく真っ赤に塗られた大手橋が目を射る。

普段は車窓から目にする風景の中に実際に足を踏み入れることは、それだけでも刺激的である。何年か前の夏、炎天下を歩いて清洲城攻略を果たした。天守閣ばかりか、御殿あり庭園もあるのだが、なんとなくちぐはぐな印象を抱いたのは、向かって右隣が印刷工場、裏が駐車場と公園、左隣が民家と畑で、要するに城下町がないからだろう。

清洲町が町制百周年を記念して、平成元年（一九八九）に築城した。直前に制定された清洲文化広場条例によると、「歴史と文化の振興、町民の健康の増進及び福祉の向上をめざし、地域住民ふれあいの場とするため、文化広場を設置する」（第一条）ことを目的とし、施設はふれあい郷土館、芸能文化館、蔵、はなのき広場、遊歩道から成り（第三条）、これらの総称が「清洲城」である（清洲城整備事業基金の設置及び管理に関する条例第二条）。このうち、ふれあい郷土館が天守閣、芸能文化館が御殿に当たる。後者は芸能の間と黒木書院から成り、それぞれ規定の料金を払うと借りることが出来る。

これまでに訪ね歩いてきたように、戦後間もなく再建されたお城は郷土資料館として使われることが多かったが、清洲城にはいわば公民館という新たな役割が与えられた。これが昭和と平成のそれぞれの築城ブームの違いである。

わずかに遅れて、墨俣町は平成三年（一九九一）にお城を築いた。その動機を、墨俣城で渡されるパンフレットも墨俣町のホームページも明らかにはしないが、前者には「この城あとに当時の砦的な城ではなく、町民の永年の夢でありました一般的な「城郭天守」の体裁を整えた城を建設いたしました」という町長の挨拶が寄せられている。

どうして「砦的な城」ではいけないのかがよくわからない。ただし、砦の一面も再現が試みられ、いかにも筏をばらして組んだかのような柵が周囲を取り囲んでいる。

墨俣城は歴史資料館を名乗っているが、清洲城同様にレクチャーホールや町民ギャラリーが内部に設けられ、公民館としての役割も有している。天守閣の背後には石垣を切り開いたステージもある。

私が攻略した時、お城にはふたりの御女中しかいなかった。それも玄関にすわって切符を売っているだけで、あとはもぬけの殻、殿様も城代も侍たちも誰ひとりいない。再び玄関に戻って、「そこの御女中、この一夜城はいったい何夜で建ったのか?」と尋ねた。返ってきた答えは「私たちアルバイトのおばさんだからなーんにも知らない」とのこと。おばさん（自称です）だけど、可愛かったねえ。

ふたりによれば、工事期間は知らないけれど、工事費は七億円ぐらいかかったという。そのうちの一億円は、竹下登さんからもらい、金鯱をつくったそうだ。なんとも気前のよい話である。そういえば、あの人、どことなく猿に似ていた。親分の田中角栄もまた、「今太閤」ともてはやされたことがあった。

❖

清洲城と墨俣城のそれぞれの築城の間に、竹下首相の大盤振る舞い、全国の三千二百四十五市町村に一億円ずつ配った「ふるさと創生資金」がはさまっている。

正確には、清洲城竣工直前、昭和六十三年（一九八八）十一月三十日の全国町村長大会で公約、大蔵省が難色を示したものの、年が明けてから強引に閣議決定した。竹下首相は大会で「これまでは中央官庁が地域開発のメニューを選択していたが、発想の転換をしなければならない。ふるさとの青写真を作成するために努力、協力してほしい」とあいさつした（『朝日新聞』同年十二月一日）。一律配分のために、規模の小さな市町村ほど手厚くなるのがねらいだった。その後の新聞は、使い道がわからずに困惑する地方自治体の様子をさまざまに伝えている。それは昭和が終わり平成が始まった正月でもあった。

それにからめて、平成元年（一九八九）一月九日の『朝日新聞』夕刊は、「お城で「町おこし」」、三十一自治体が再建・復元計画」という記事を載せている。三十一の構想の「半数が天守閣や御殿など、城のシンボル的な建物の復元や再建をめざし、いずれも地方の活性化と竹下首相が提唱する「ふるさと創生」を強調する」とあるから、さぞかし多くの「一億円」が築城に回されたに違いない。

根掘り葉掘り尋ねて御女中たちを困らせる趣味が私にはなかったので、そのままお城を出た。「秀吉出世橋」の袂に建っている立派な石碑に、また別の手掛かりが刻まれていた。曰く、「墨俣町民長年の願望であったお城が平成の年に一夜城趾に築城できたのは当時の名古屋中部地方建設省関係者と木曾川上流工事事務所長町田脩氏のご尽力により此の地に認可されたものでありその功績に深甚なる敬意を表しその事実を後世に残すためここに記す、平成六年三月、墨俣町長」。

尋常では考えられないほど手厚い顕彰になっている。秀吉や家康でもないかぎり、私的な「認可」などありえないから、それは公務であったに違いない。それにもかかわらず、町長をして石碑を建てさせるだけの「尽力」とはどのようなものであったのだろうか。

図48　墨俣城（2003年撮影＊）

長良川と揖斐川にはさまれた墨俣の住民は、昔から水害に悩まされてきた。水利は古くて新しい課題である。墨俣城がある場所は犀川と長良川の合流点であり、そこには巨大な水門が建設されている。建設省による公共事業と墨俣町による築城とがどのような関係にあるのか興味深いところだ。

さて、全国にばらまかれた一億円は功を奏して、ふるさとは創生されただろうか。清洲町でも墨俣町でも、お城を手に入れたことでこんな祭りが始まった。「清洲城ふるさとまつり」に対しては「秀吉出世まつり」。前者には武者行列が出るが、数年前から、甲冑をアルミ缶でつくることを始めたらしい。「空き缶であなたも武将に変身」と呼び掛ける。ひとり分の甲冑をつくるには、およそ三百個のアルミ缶が必要という。これは平成十七年（二〇〇五）に愛知県で開催が予定されている愛・地球博の地域連携プロジェクトの一環にもなっており、その統一テーマが「地球へ、恩返し、尾張東部から未来へ」であるから、空き缶のリサイクルは趣旨に適っている。そして、織田信長とは何の関係もない。

後者の祭りも秀吉と深く関係があるわけではないが、それを「出世まつり」と呼んでいることに、これほど自由な社会になってなお太閤人気の根強いことがよく表れている。墨俣城に入る橋の袂に、猿が晴着を着たかのような木下藤吉郎が坐って出迎えてくれる（図48）。

補遺㉔　清洲城というわかりにくいもの

私がこれまでに攻め落としたお城の中で、清洲城はわかりにくいもののひとつである（図49）。先の『朝日新聞』記事によれば、その築城が、竹下首相の推奨する「ふるさと創生」の流れに乗っていたことは明らかだ。「外観が人目を引く」効果は抜群で、浜松ベニヤ城との出会いをきっかけに始まった私の城攻めは、清洲城で拍車がかかった。

清洲城の正式名称は「文化広場」である。天主閣（織田信長は「天主」を用いたからという理由で「天守」を使わない）、御殿、大手門、蔵、土塀、日本庭園、はなのき広場（多目的広場）、駐車場から成っている。清洲城は、傍らを流れる五条川に向かって建てられているが、川越しの景観よりも、ここがお城である前に「文化広場」なのだということを考えれば、むしろ、広場越しに、あるいは駐車場越しに眺める天主閣の方が、このお城の本質をはるかに際立たせる。

入場料と引き換えに渡されるリーフレットとは別に、ここでは、珍しく立派なパンフレット『清洲文化広場清洲城』（清洲町役場、一九八九）を販売している。それは、つぎのような巻頭の辞に始まる。

図 49　清洲城（2000 年撮影＊）

「一六世紀、戦国の時代に「天下の名城」と称えられ栄えた「清洲城」が、平成元年四月甦りました。天主閣の金鯱、信長塀、格調ある日本庭園、自然石で構成された石垣、さらに、本瓦葺三層四階の天主閣などが、日本古来の城郭様式、最新の工法で見事に再建されたのです。この「清洲城」が、歴史の町・清洲の新しいシンボルとして、さらには新しい文化を創造していくための拠点として、広くみなさまに愛され親しまれるよう願っています」。

パンフレットには美しい写真が満載で、加えて工法の説明が丁寧で、文和二年（一三五三）に始まり平成元年（一九八九）で終る「清洲城の年表」までついているのだが、いくら読んでも、このお城がどのように出来上がったのかがよくわからない。

どうやら、竹下内閣からぽんともらった一億円で建てたわけではないようだ。一億円でお城は建たない。そもそも、竹下首相による一億円のばらまきが具体化したのは平成元年からであり、一方の清洲城は、この年の三月にはすでに竣工している。少なくともその三年前から、町制百周年記念事業としての文化広場建設の動きが始まっており、愛知県が広場をつくってくれるなら、町はお城を建てることが決まっていた。

天主閣の施主は清洲町であり、御殿の施主は愛知県である。それなら設計施工は誰かが気になるところだが、パンフレットにそうした説明はない。たまたま、大手門の前の石碑の裏に、小さく「竹中工務店」という文字を見つけてしまった。竹中工務店であれば、パンフレットの力点が、最新工法の説明に置かれていることも合点がゆく。なにしろ、竹中工務店の歴史は、初代竹中藤兵衛正高が慶長十五年(一六一〇)に名古屋で創業したことに始まるのだから(それはまさしく「清洲越し」の年であった)、同社が四百年近くのちの清洲城築城に携わることは、いかにもふさわしいのである。問題は、竹中工務店が生み出した数々の建築作品の中で、清洲城はどう位置づけられているかということだ。

清洲城がわかりにくいのは、その位置づけなのである。多くの復元されたお城は、もともとあった天守台の上に、天守閣の喪失を埋めるように建てられている。清洲城にはそれがなく、広場に天守閣が、いや天主閣が、ぽんと置かれているだけにしか見えない。

16 Come on, Kamon no Kami！

本物のお城は小さいという印象がある。たとえ姫路城の中に足を踏み入れたところで、あんな大きな建物はまぼろしではないかと考え、お城はもっと小さいはずだとなかなか納得できない。

姫路城をはじめ、大阪城、名古屋城、松本城、熊本城といった壮大なお城ばかりがメディアに露出するせいだろう。つい天守閣は見上げるように大きいと思い込んでしまうが、諸国に建てられた大方のお城は小さなものだった。ああここに本物のお城があったと、松江城の前に立った時、私の顔は思わずほころんでいたに違いない。

本当に、天守閣の下に立ったのではなく、前に立ったという感じなのだ。天守閣は建っているというよりは、そこに置いてあるという感じなのだ。矛盾を承知でいえば、それは木造の大きな小屋だった。

松江城は全国にたった十二棟しか残っていない江戸時代の天守閣のひとつである。慶長十二年（一六〇七）に着工、同十六年（一六一一）に竣工した。宍道湖のすぐ北側、亀田山に建っている。堀尾氏、ついで京極氏が入ったが、いずれも長く続かず、寛永十五年（一六三八）に松平氏が入ってようやく安定、幕末まで十代続いた。

しかし、明治維新によって無用の長物と化すことは、むろん松江城も避けられない。ただし、松江城が例外であったのは、明治八年（一八七五）に陸軍省が天守閣を取り壊し、百八十円で売り飛ばすことを決めた時、出雲の豪商勝部本右衛門と旧藩士高城権八がぽんと同額を用意して、取り壊しに待ったをかけたことにある。全国でいち早く保存が決まった天守閣であった。それが可能だったのは、まさに天守閣が小さかったお蔭だろう。

そして、そのつぎに保存の決まったお城が、これから訪ねる彦根城にほかならない。前回までのわれわれは濃尾平野のあたりをうろついていたのだということをお忘れなく。

彦根城もまた「十二棟」のうちのひとつである。ちなみに、残る十棟の天守閣とは、北から弘前城、松本城、犬山城、丸岡城、姫路城、丸亀城、備中松山城、松山城、宇和島城、高知城となる。彦根城の竣工は元和八年（一六二二）ごろ、天守閣は大津城より移築したと伝わる。松江城と同じように小さくて、かわいい。はじめから終わりまで井伊氏が城主だった。万延元年（一八六〇）に、江戸城桜田門外でテロに遭う井伊掃部頭《かもんのかみ》直弼はその十三代に当たる。

彦根城も松江城同様、明治十一年（一八七八）に払い下げ取り壊しが決まった。天守閣には八百円の値がついたという。ところが、その直後、北陸東海巡幸の途中、立ち寄った明治天皇のひと声で劇的に保存されることになる。一時修繕資金として天皇より千六百二十四円がぽんと下賜された。松江城の百八十円とは比較にならない。

❖

ここで問題は、なぜ天皇が彦根城に目をかけたかである。もともと井伊家は、関ヶ原の戦いで軍功を挙げた譜代大名の筆頭で、それゆえに彦根に置かれて西国ににらみをきかせ、京都守護を任務としてきた。直弼の時代にもそれは変わらず、むしろ強く自負していたようで、ペリー艦隊来航前後六年にわたって幕府より命じられた相州警備には不満を高めた。嘉永七年（一八五四）、日米和親条約締結直後に江戸湾警備の任が解かれ、直弼が本来の任務と考える京都守護が彦根藩に命じられたのは、いよいよ京都が危なくなったからである。朝廷もまた、頼りになるのは尾張藩か彦根藩と考えた。そして秋には、プチャーチンの率いるロシア軍艦ディアナ号が大坂湾に入り、天保山沖に停泊して、脅威は現実のものとなった。この時、孝明天皇が彦根に移るという風説が立っている（吉田常吉『井伊直弼』吉川弘文館、一九六三）。

同じ年に、京都御所が炎上すると、直弼はすぐに天皇が望んだとおりに書物を献上している。直弼に見られるこうした尊王の姿勢は、若いころから修めた国学の素養に裏付けられていた。そうであるがゆえに、安政五年（一八五八）の勅許を得ない日米修好通商条約調印という政治的行動は、孝明天皇の逆鱗に触れ、直弼と朝廷との関係を劇的に悪化させ、それはあとあとまで、後に述べるように明治末になってもなお尾を引くことになる。

ただし、彦根藩の立場は違う。直弼の後を継いだまだ十二歳だった十四代直憲とその家臣たちは、「天下の大罪人」(桜田門外の変における「斬奸主意書」)の汚名を返上し、幕末を生き延びねばならなかったからだ。藩内では尊王攘夷派が台頭し、故直弼の腹心たちがつぎつぎと処断された。禁門の変で、直憲自ら兵を率いて上京、御所を守り、つづいて長州藩の討伐に参戦した。そして最後の鳥羽伏見の戦いでは初めから官軍側に立ち、北陸・関東・東北と転戦奮闘した。井伊家が譜代大名の筆頭であったことを考えれば、直弼亡きあとは、朝廷の顔色を終始伺いつづけたということになるだろう。維新のあと、直憲は有栖川宮熾仁親王の第二王女糦宮宜子と結婚している。

『明治天皇紀』は、明治天皇が彦根城の保存を命じた日のことをこんなふうに伝える。明治十一年(一八七八)十月十四日は、八月末に始まり十一月上旬に終わった北陸東海巡幸(いわゆる六大巡幸の三回目)の半ばを少し過ぎたあたりである。この日、天皇は滋賀県庁(大津円満院)、歩兵第九聯隊第二大隊営所、弘文天皇長等山陵、京都裁判所大津支庁と見学参拝したあと、午後は琵琶湖上で汽船十数隻が競走するのを楽しんだ。

彦根を訪れたわけではなかった。彦根城に登り、陸軍省によって取り壊しの進む現状を目撃し、城郭保存を天皇に進言したのは参議の大隈重信である。天皇は宮内卿より右大臣に彦根城保存を伝えよと命じ、その結果、保存措置を滋賀県が取るようになった。

大隈には、六年前に、文部大丞町田久成と宮内少丞世古延世から名古屋城の保存を具申された経験があった。当時、博物館建設の中心人物であった町田は薩摩藩がイギリスに送った留学生のひとりで、名古屋城をロンドン塔のように武器博物館として保存すべきというアイデアを持っていた(前掲「明治維新と名古屋城」参照)。彦根城保存に大隈が一役買ったのであれば、彼の城郭観を追いかける必要がありそうだ。大隈には、後でもう一度登場してもらう。

同じこの日、天皇は「戊辰の役戦死せる彦根・水口・西大路旧藩士三十一人に弔祭料を賜ふ」ている。「旧彦根城郭保存ノ儀特旨ヲ以被仰出候旨」は、十月十七日に徳大寺実則宮内卿から岩倉具視右大臣へ、二十八日に岩倉から三条実美太政大臣へ伝わり、翌二十九日に陸軍省と滋賀県へと達せられた。

話が早すぎるという気がしないでもない。実は、若き日の井伊直弼の友人だった僧侶と明治天皇の従妹に当たる彼の後妻とが、旧彦根藩士の意向を受けて背後で画策したという「有り得べき話」を、『彦根市史』(下冊、彦根市役所、一九六四)が収めている。

それから十月二十七日になって、名古屋に滞在した天皇は、今度は自ら名古屋城天守閣に登る。名古屋城を保存せよという「特旨」はなかったが、この直後から陸軍で姫路城とセットにした猛烈な保存運動が展開、その論理は、「両城郭之如キハ其構造無論彦根城之右ニ出ル者」（陸軍大佐中村重遠が陸軍卿山県有朋に宛てた十二月二十六日付上申書）、すなわち彦根城を保存するぐらいならば、はるかに壮麗な名古屋城と姫路城をこそ保存せよというものであった。この願いは、年が明けて叶うことになる。

❖

明治二十四年（一八九一）に彦根城の所管は陸軍省から宮内省に移り、同二十七年になって井伊家に払い下げられた。この少し前から、井伊直弼の顕彰が始まっている。

明治十四年（一八八一）六月二十一日付の『江越日報』は、彦根で井伊直弼記念碑建設の動きが起こるやいなや時期尚早という声がそれを抑えたことを伝える。しかし、同十九年の春には直弼の墓のある東京豪徳寺で二十七回忌の法要が、秋には彦根で直弼の誕生日を祝う誕辰祭が営まれて、顕彰への道が晴れて開かれた。こうした集まりがもとになって、同二十六年には旧藩士の団体「旧談会」が結成されている。

井伊直弼の銅像を建てようという声も、驚くほど早く上がる。明治十五年（一八八二）に旧藩士ら十名が連名で、上野公園の東照宮境内に記念碑を建てる許可を政府に願い出た。驚くほど早いというのは、それが「該碑装置ノ模様ハ尋常石碑ト異リ銅像式銅標ヲ建テ」るという構想だからで、単なる石碑であれば古来いくらでもあるが、実在の人物に似せた銅像を屋外に建立することは、この時点で、まだ日本のどこにも実現していない。その嚆矢とされる大村益次郎の銅像が靖国神社境内に落成するには、同二十六年を待たねばならない。

残念ながら、旧藩士らの願いは叶わなかった。ひとつ許せば際限がなくなり、公園があたかも墓地のようになってしまうという判断が下されたからだ。しかし、彼らはあきらめなかった。上野公園がだめなら同じ東照宮のある芝公園、もしくは靖国神社と選択したようだが、一方で、直弼ゆかりの地、日米修好通商条約に調印したがゆえに開港した横浜でも候補地を探した。

白羽の矢が立ったのは、横浜港を見下ろす戸部不動山鉄道局所有地で、明治十七年(一八八四)に払い下げを受け、整地を始めたところ、再び政府内で待ったがかかる。なにしろ、直弼によって殺害された者も、直弼を殺害して死刑に処せられた者も、いずれも国事に殉死した者として、国家によって靖国神社に祀られているのである。直弼の顕彰そのものへの反対が根強くあった。その後、直弼遭難の地、桜田門外近くの日比谷公園でも銅像建立の可能性が探られたがうまくいかなかった。ついでにいえば、直弼の血を吸った桜田門外の土は四斗樽四杯に詰めて彦根に運ばれ、父直中が開いた天寧寺に埋められた。そこには供養塔が建てられている。

もはや、明治四十二年(一九〇九)に迎える横浜開港五十年が最後のチャンスだった。初志貫徹を誓った旧藩士らは、万難を排して、当初の予定地戸部不動山に銅像を建立する

図50　井伊直弼像（2004年撮影＊）

に至る。彫刻は藤田文蔵の手になり、鋳造は岡崎雪声の手になった。等身の二倍と大きい。除幕式は開港五十年紀念祝典の中で挙行され、戸部不動山は掃部山と名を変え、横浜市に寄贈される手はずだった。

ところが、なお反対、妨害の手はゆるまない。「伊藤（博文）、井上（馨）、松方（正義）の三老の憤激は一方ならず、当日除幕式を行はむとならば、吾等松陰、南州の提撕を受けたるものは一人も出席せざるべしといふに至り」（『東京日日新聞』明治四十二年六月二十七日付）という混乱の中で、除幕式は祝典から切り離され、一週間後に私的に挙行せざるをえなかった。横浜市が寄贈を受け入れるのには、さらに五年もかかっている。

この除幕式で、真っ先に祝辞を述べたのが大隈重信である。祝辞で愚痴を述べる失礼を承知と断った上で、大隈は、井伊直弼のほかに誰が開国家であったか、天皇以下ことごとく攘夷家であり、水戸の徳川斉昭こそ無責任とかなり過激にまくしたて、「此銅像は千古の下に愈々光りを放つと私は信ずる」と結んだ（大

島居正編『故井伊直弼朝臣銅像除幕式之記』非売品、一九〇九）。

それから三十年ほど後に、「鬼畜米英」をスローガンに再び起こった「攘夷運動」のさなかに、いったん銅像は金属供出の憂き目にあうが、昭和二十九年（一九五四）になって復活、すっかりさまがわりした横浜市西区みなとみらい21を眺めながら、ひっそりと佇んでいる（図50）。

補遺㉕　草が繁る場所

行く先々で、ヤブ蚊に襲われるのはどうもおかしいと、うすうす気づいてはいたんだ。

大学構内に散在する博士たちの銅像を調べて歩いた時に、散々な目に遭った。それらが誰で、どんな功績を讃えて建立されたのかを知りたくて、台座に刻まれた文字を読み取ろうとしゃがみ込むと、すかさず連中は襲いかかってくる。

銅像が最も注目を浴びるのは除幕式の当日である。幕がはらりと引かれて銅像が姿を現すと、拍手が鳴り響き、像主を讃える演説が続く。しかし、翌日からは、長い退屈な日々が始まる。そして、ついには、それが誰なのかが分からなくなる。忘れられるにつれ、銅像の周囲に草が繁る。草取りを怠る。気が回らなくなる。こうして、何体もの銅像が草むらに姿を消した。

大津三井寺に西南戦争の、名古屋の覚王山に日清戦争の戦死者慰霊碑を見に行った時もそうだった。慰霊碑・記念碑の類もしばしば草むらに消える。名古屋のそれは、もともと市内の目抜き通りにあったが、交通の邪魔になるという理由で現在地に移された。どちらも大きな慰霊碑なのに、よほど近づかないと姿が見えない。慰霊碑に向かう石段はゆるみ、石と石の間から生えた草は伸び放題、慰霊碑の周囲をぐるぐると歩き回るころには、連中の総攻撃にたじたじとなった。

図 51　井伊神社（2004 年撮影＊）

彦根の井伊神社では、久しぶりの獲物だといわんばかりに、大軍が半袖姿の私目がけて襲いかかってきた。鳥居と拝殿を結ぶ参道を除いて、見渡す限りの境内が草に覆われており、そこかしこから連中は飛び立ってくるのだった。

これほど草に覆われた神社をほかに知らない（図51）。井伊神社は彦根藩井伊家の始祖を祀る八幡宮として、天保十三年（一八四二）に創建された。その三年後に現在の社殿が建てられた。日光東照宮を連想させる権現造りで、「彦根日光」とまで呼ばれたという。明治二年（一八六九）に井伊神社を名乗り、昭和十三年（一九三八）には、井伊家の菩提寺清凉寺の裏山にあった佐和山神社とひとつになり、歴代藩主も合わせて祀ることになった。

それがどうしたことか、戦後は無住となり、草取りもままならぬ様子だ。おそらく、神仏分離と政教分離という近代日本を縛るふたつの分離政策の中に、この神社はすっぽりと収まっている。

結局、私が引き付けられてゆく場所とは、人が関心を寄せなくなった場所である。草が繁るのもやむなしと判断される場所であり、ゆえに、草に覆われる場所である。これらをつなぐと、壮大な「日本草むら地図」が出来るだろう。

社前に立って、手足バタバタ奮戦しつつ、私の体質がヤブ蚊に襲われやすいのではなく、私の行動がヤブ蚊の王国を侵犯するのだと合点した。自業自得というほかない。

〔『読売新聞』二〇〇四年九月十七日夕刊〕

17 建てて壊してまた建てて

正真正銘わたしの城下町浜松で開かれた中学校の同窓会に出席、元忍者や元くノ一たちと三十五年ぶりの再会を果たした折に、足を伸ばして、浜名湖北岸の井伊谷《いいのや》を訪れた。

ここしばらく、「直」の一文字を共有するよしみで井伊直弼を追いかけているようなものだが（ほかには縁もゆかりもない）、井伊谷はその名が示すとおり、井伊家発祥の地である。始祖井伊共保がここで生まれ、寛治七年（一〇九三）に没している。その後、彦根に移るまでの五百年の長きにわたって、井伊家はこの地を治めた。

菩提寺は龍潭寺《りようたんじ》という。臨済宗妙心寺派の禅寺で、小堀遠州の手になる庭で知られる。浜松では、京都龍安寺の庭よりも龍潭寺の庭の方が有名だったかもしれない。

庭の片隅に井伊家霊屋があり、そこには歴代当主の位牌と始祖共保、二十二代直盛、二十四代直政（彦根藩主としては初代）の木像を安置する。庭を訪れる観光客が、ついでに霊屋の内部をつぎつぎと覗き込んで行く。とはいえ、同じ彫像でも、相手が仏像でなければ手を合わせる気にはなれないようだ。

正徳元年（一七一一）になって、もともとあった直盛像に加えて共保像と直政像の制作、霊屋の建設を龍潭寺住持に命じたのは、四代藩主直興《なおおき》であった。直興はまた、七百年も前の共保出生の井戸の修復を行い、碑も建てている。彦根に移ってすでに百年が過ぎ、家意識の高まりが、その永続を願う一方で、過去へ、祖先崇拝へと向かったのだろう（「井伊家歴代の肖像展」図録、彦根城博物館、二〇〇三参照）。

さて、観光客で賑わう龍潭寺とは対照的に、隣の井伊谷宮は人影もなく静まりかえっていた。祭神は後醍醐天皇の第四皇子宗良親王で、南北朝の動乱期にやはりこの井伊谷を本拠とし、元中二年（一三八五）にこの地で没したという。別の説もある。しかし、神社の背後には確かに墓地があり、こちらは宮内庁の管理下にあって参拝できない。

明治二年（一八六九）に明治天皇が神社建立を命じ、同五年に鎮座祭が執り行われた。当然のことながら、宗良親王を井伊家が支えており、そのよしみから最後の藩主直憲（直弼の子）が造営の中心となった。本殿に付き従うようにして井伊社が建てられ、親王を補佐した井伊道政と井伊高顕のふたりが祭られている。

井伊谷宮で思い出したのは鎌倉宮のことだった。鎌倉宮の祭神は同じく後醍醐天皇の第一皇子護良《もりよし》親王（大塔宮ともいう）であり、宗良親王の兄にあたる。護良親王は鎌倉二階堂千ヶ谷東光寺に幽閉され、建武二年（一三三五）に土牢から引き出されて殺された。鎌倉宮から少し離れた場所に墓があり、やはり宮内庁によって守られている。

明治天皇は、鎌倉宮の建立を、井伊谷宮と同時につぎのように命じた。

会計官ヲシテ大塔宮並宗良親王御社ヲ造営セシム、鎌倉大塔宮御社遠江国龍潭寺宗良親王御社御創営掛リ其官営繕司へ被仰付候事、但シ宗良親王御社御創営井伊中将へ御手伝被仰付候間打合可申事。（明治二年二月十三日付「御沙汰　会計官」、『法令全書』所収）

わずか十七歳の少年の、気配りと行動力に驚かされる。むろん、天皇の名で実行に移されるさまざまな宗教政策を、背後で周到にデザインしている人間がいた。ただ、そうであったとしても、手の打ちようの早さに驚かされるばかりだ。

実は、護良親王と宗良親王に先立って、神社建立を実現された人たちがいる。順に、楠木正成、豊臣秀吉、菊池武時、加藤清正らを祭る神社の建立がつぎつぎと天皇によって命じられた。

とりわけ、楠木正成と豊臣秀吉に対する顕彰は、「楠贈正三位中将正成ニ神号ヲ追謚シ社壇造営金千両ヲ下賜ス」（慶応四年四月二十一日）、「豊太閤ノ勲烈ヲ表顕シ祠宇ヲ建造セシム」（同年閏四月六日）と動きが早く、それはまだ明治と年号が変わる前、江戸開城直後、上野戦争直前のことである。

後醍醐天皇のいわゆる「建武の中興」が明治政府の目指す「天皇親政」と通じる以上、

そこに力を尽くした護良・宗良両親王および楠木正成や菊池武時の顕彰が速やかに為されたことは理解できるが、一方の豊臣秀吉や加藤清正の顕彰は、徳川政権によって徹底的に否定されたものの復権、いわば「敵の敵は味方」といった趣でいささか事情が異なる。

❖

もちろん、豊臣秀吉は関白太政大臣という名の天皇の臣下であった。のみならず、その功績を讃えて、後陽成天皇は、慶長三年（一五九八）に秀吉が没すると間もなく「豊国大明神」という神号を与え、京都阿弥陀ヶ峰に豊国社が建立された。

先の慶応四年（一八六八）閏四月六日の「御沙汰」は、その後、徳川家康とその子孫たちが豊国社をないがしろにしてきたことを深く憂い、「新ニ祠宇ヲ造為シ其大勲偉烈ヲ表顕シ万世不朽ニ被為垂度」という趣旨である。秀吉の「大勲偉烈」はつぎのように説明されている。「豊臣太閤側微ニ起リ一臂ヲ攘テ天下之難ヲ定メ上古列聖之御偉業ヲ継述シ奉リ皇威ヲ海外ニ宣ヘ数百年之後猶彼ヲシテ寒心セシム」。

このうち、二度に及んだ朝鮮への出兵を意味する「皇威ヲ海外ニ宣ヘ」は、このあとの日本が日清戦争、日露戦争、日中戦争という具合に、朝鮮と中国への軍事的侵略を展開する中で、ますます大きな意味を持つようになる。

慶長四年（一五九九）に行われた豊国社の正遷宮には、幼い豊臣秀頼の名代として参列した徳川家康だったが、関ヶ原の戦で勝利をおさめたあとは、手のひらを返したように、豊国社の解体へと手を染める。手始めは、同七年に唐門を取り壊し竹生島へと寄進したことである(『梵舜日記』慶長七年六月十一日条)。

同じ年の暮れには、阿弥陀ヶ峰のふもとにある方広寺大仏殿が火災で灰燼に帰し、一方で、家康による二条城の建設が進行していた。京都の風景が大きく変わろうとしていた。京都に二条城が屹立し、家康のプレゼンスが次第に高まる様子は、このころ盛んに描かれた洛中洛外図の中に如実に示されることになる。

豊国社の本格的な破壊は、慶長十九年(一六一四)から翌年にかけての大坂冬の陣、夏の陣で(二条城が本営だった)、豊臣家を滅亡させたあとに始まる。ちなみに、大坂城山里曲輪(そこには慶長十八年から豊国社の分社が置かれていた)に追いつめられた秀頼と淀殿に鉄砲隊を指し向け、火をかけ、近臣ともども皆殺しにした武将のひとりが彦根藩主井伊直孝である。

夏の陣が終わったわずかふた月後に、家康は豊国社の破却を命じた。本殿をはじめとするすべての堂宇を破壊し、秀吉の墓は方広寺大仏殿回廊の裏手に移し、「豊国大明神」の神号を剝奪するという冷酷非情な処置であった。

これに対し、京都高台寺に隠棲していた秀吉の正室北政所が二条城に家康を訪ねて、せめて霊屋と本殿の破壊は思いとどまってほしいと嘆願した。家康はこの願いをいったんは聞き入れるものの、そこからも宝物や什物が続々と運び出され、ほとんど廃屋同然の姿で残されることになる。朽ち果てるのを待つという扱いであった。そして、家康の命で方広寺大仏殿の住持となった妙法院によって、その後徹底的に破壊されてしまう（このあたりの事情は津田三郎『秀吉英雄伝説の謎』中公文庫に詳しい）。

豊臣家を滅ぼして一年もしないうちに、家康は世を去った。たちまち「東照大権現」という名の神になり、東照社（のちに東照宮）が久能山、続いて日光に建立されたことはすでにふれたとおりである。いうまでもなく、これは豊国社の破却、神号「豊国大明神」の剝奪の裏返しであり、それからおよそ二百五十年後の明治政府による豊国社の再建は、そのまた反転ということになる。

そして、江戸城内の東照宮もたちどころに撤去される。明治元年（一八六八）十二月十九日、徳川家当主家達に対して撤去が命じられた。ただし、久能山東照宮と日光東照宮に対しては神仏分離を求めるにとどまったことは、そもそも明治政府の宗教政策が神道による祭政一致を標榜したからで、徳川家のように、豊臣家を根絶やしにして、その痕跡の一切合切をこの世から消し去ろうとすることが（それは戦国時代の遺風だっただろう）、もはや許される時代ではなかった。

図52　伏見城とキャッスルランド（2000年撮影＊）

ところで、明治元年に明治天皇の名で下された豊国社再建の指示は、「大坂城近傍ニ於テ相応之地ヲ撰社壇造営」せよという条件を付していた。阿弥陀ヶ峰に豊国社のあったことがすっかり忘れられていた。その誤りに気付いた政府は、すぐに京都にも豊国社の再建を命じる。こうして、京都と大阪の間で、豊国社の激しい誘致合戦が始まった。決着がついたのは明治八年（一八七五）、京都に本社殿を造営し、大阪には京都本社の摂社として別社を建立することになった（その事情もまた前掲『秀吉英雄伝説の謎』に詳しい）。

京都方広寺大仏殿跡地に建立さ

れた豊国神社の正遷宮は明治十三年（一八八〇）九月十五日、一方、大阪中之島熊本藩邸跡地に建立された別社の正遷宮は、わずかに遅れて九月二十八日に行われた。その後、大正元年（一九一二）になって、大阪の豊国神社は同じ中之島内で移転（現在の中央公会堂の場所）、さらに昭和三十六年（一九六一）に大阪城内へと移転した。

一般に、豊国神社といえば、これら京都と大阪の二社を指すが、それ以外の思わぬところで、私は豊国神社を訪れてしまった。それは本当に予期せぬ出会いだった。伏見桃山城三階の柱の角を曲がったら、いきなり社前に立っていたのである。

杉林を背景に小さな祠が安置されていた。杉林は絵だったが、両壁の一番手前の杉だけは壁から飛び出し、本物の杉皮が貼ってあった。鳥居と石灯籠は発泡スチロール製で、だからすべてはインチキかというと、そうでもないらしい。「豊国神社御分霊奉斎」とあるからだ。

実は、分霊の行われた昭和三十九年（一九六四）に開園した伏見桃山キャッスルランドの呼び物が、伏見桃山城の再建だった（図52）。それは、むしろキャッスルランドという一風変わった城下町を持つ城と見なすべきかもしれない。ところが、肝心のキャッスルランドが経営難から平成十五年（二〇〇三）に閉園し、「せめて伏見桃山城だけは残して」という（北政所のそれに似た）嘆願の声が上がったことは記憶に新しい。

伏見城は秀吉終焉の地である。まだ朝鮮での戦争が続行中で、その死は伏せられ、遺体は密かに京都阿弥陀ヶ峰に運ばれたという。伏見城の中に豊国神社の分社があってもおかしくはないのである。

伏見城もまた、今回のテーマ「建てて壊してまた建てて」にふさわしい。天正二十年(一五九二)に秀吉は指月山に築城、四年後に地震で崩壊、少し離れた桃山に再建するが、慶長五年(一六〇〇)の関ヶ原の戦で焼失、翌年に今度は家康が再建するものの、元和九年(一六二三)の一国一城令により破却された。

したがって、伏見桃山キャッスルランドによる再建は三百四十年ぶりということになるが、本来の場所に建っているわけではない。本丸跡には、今回のもうひとりの主人公明治天皇が、鬼ならぬ猿や狸のいなくなったあとにやってきて、永遠の眠りについているからだ。

補遺㉖ 東照宮の退城

江戸城の明渡しは、つぎのようなプロセスを経た。

慶応四年(一八六八)二月十二日 徳川慶喜が江戸城を出て上野寛永寺に移動、閉居

三月　六日　大総督府が三月十五日の江戸城攻撃を命令
三月十三日　西郷隆盛と勝海舟が薩摩藩邸で江戸開城を交渉
四月十一日　江戸無血開城、徳川慶喜は水戸に移動
紅葉山から徳川歴代の位牌と宝物を寛永寺に移動
五月十五日　上野戦争
明治元年（一八六八）十月十三日　天皇の江戸入城、東京城と改称
十二月十九日　朝廷が紅葉山の徳川歴代霊屋の撤去を徳川家達に命令
明治二年（一八六九）四月二十四日　徳川家達が、霊屋の鳥居・灯籠などを一時的に保管するため、北の丸元田安邸の借用を政府に申請
十一月二十二日　政府が霊屋の撤去を確認

どんな引っ越しでもそうであるが、前の住人が立ち退くばかりでなく、その御先祖さまたちもいっしょに出て行ってもらわなければ、新しい住人は安心して住むことができない。江戸城の聖域たる紅葉山からどのようなものが撤去されたかは、その一端が「紅葉山原廟廃撤記」(『東京市史稿 皇城篇 第四』東京市役所、一九一六)に図入りで

示されている。

とはいえ、東照宮に対する明治政府の姿勢は、豊国社に対する徳川政権ほど冷酷なものではなかった。戊辰戦争で、官軍は日光東照宮にも迫り、一触即発の危機に到ったが、東照宮を敬仰する土佐藩の主将板垣退助が霊廟を戦火から守ったとされ、のちに昭和四年（一九二九）になって、神橋の手前に板垣の銅像が建立されている。

明治九年（一八七六）に東北巡幸に出た天皇は、日光で三日間を過ごし、境内の建物と宝物を巡覧したし、同十二年（一八七九）には前米国大統領グラントが日光を訪れ、その美観を讃え、堂宇の保護を訴えた。これが翌十三年（一八八〇）の保晃会の設立につながる。

その初代会長が旧会津藩主松平容保であった。幕末には天皇を守るべき京都守護職であったにもかかわらず、戊辰戦争では一転して朝敵となり、会津落城のあとは、東京に呼び出され謹慎を命じられた。その後死罪を免れ、東照宮宮司となっていた。

規則第一条に、「日光山祠堂ノ壮観及ビ名勝ヲ永世ニ保存」することをうたう保晃会の活動は、やがて日光が外国人の保養地となり、国立公園となり、さらにはユネスコの世界遺産に登録されることの種を蒔いたといえる。

ひとり日光東照宮がたくさんの観光客を集め、最盛期は五〇八社を数え、今なお三二四社が現存する（『国史大辞典』吉川弘文館）という全国各地の東照宮の大半がひっそりとたたずんでいる事情は、前者が、霊廟でありつつ文化財でもあることを積極的に受け入れたのに、後者は、あくまでも徳川家康への信仰の場であろうとし続けてきたことに由来する。

さて、旧彦根藩士たちが、主君井伊直弼の銅像を建てる場所として、真っ先に選んだのが上野東照宮の境内だった。主君を少しでも家康のそばに置いてあげたいという気持ちは、井伊家が譜代大名の筆頭であったことから来ている。井伊家の「赤備え」の甲冑は名高く、戦ではつねに徳川軍の先陣に立った。

上野東照宮は、上野戦争と東京大空襲の二度の戦火に焼け残った。創建のころに寄進された大きな石灯籠が並んだ参道を抜け、拝殿の前に到ると、ずらり並んだ青銅製の灯籠の間に立つというかたちになる。まるで、甲冑に身を固めた大名が、家康の前に勢揃いしたかのような光景だ。

しかし、灯籠ならぬ銅像をそこに建てたいという彦根藩士の願いは叶わなかった。東照宮宮司としてひっそりと生きた松平容保に、独断で、銅像建立を許す力はなかった。明治十五年(一八八二)十月十六日付で、容保が「旧臣ノ衷情」もわからないではないとひと言添えて、上野公園を管轄する農商務省博物局に伺いを立てたものの、政府はそれをまるで相手にしなかった。

いつ訪れても、上野東照宮はひっそりと静かだが、ふと、そのしぶとさを感じることもある。

ひとつは、上野動物園の案内図からうかがわれる。よくよく眺めると、この動物園の敷地は、実に奇妙なかたちで中央部がくびれている。明治十五年（一八八二）の開園時には博物館に隣接して設置された動物園は、次第に規模を大きくして、不忍池へと向かって展開した。その際、先住者たる東照宮を排除するわけにはいかなかったのである。

同様の力学は、もともとこの地に屋敷を構えていた津藩藤堂家の墓所にも働いている。そもそも東照宮の上野への勧請は藤堂高虎によって行われたものだ。墓所だけは、動物園が出来ても動かなかった。明治・大正・昭和・平成と世の中が変わっても、まったく動じない。

嘘だと思うなら、動物慰霊碑の背後の、隠されたように建っている塀の中を覗いてほしい。一瞬にして、江戸時代へと引き戻されるから。

東照宮のしぶとさを感じるもうひとつの場所が、ここである。立て札を読むかぎり、藤堂家と上野動物園の仲はうまくいってないらしい。

18　白い城

白い城といっても、白鷺城や白河城・白石城の話ではない。昭和六年（一九三一）に建設され、平成五年（一九九三）に登録有形文化財となった大阪城が今回の話題である。その長い長い前史について話そうと思う。

秀吉は家康よりも五歳年長だった。家康の方が長く生き、没したのは秀吉が世を去って十八年も後である。したがって、それぞれの三百年祭は相応の時間を隔てて営まれることになる。

明治三十一年（一八九八）に京都で繰り広げられた豊太閤三百年祭は、慶長九年（一六〇四）の七回忌に営まれた豊国社臨時祭以来の盛大な祭礼となった。長い断絶は、徳川政権がそれを許さなかったからであり、明治政府が秀吉を復権させたことは前回話題にしたばかりだ。

対照的に、大正四年（一九一五）に日光と上野で行われた東照宮三百年祭は、江戸時代を通じて連綿と続けられてきた祭典の延長線上にあるかに見える。しかし、慶応元年（一八六五）に営まれた二百五十年祭との間には、明らかな断絶がある。すなわち、徳川幕府の瓦解が挟まっている。

家康が豊国社を容赦なく破却したようには、明治政府は東照宮を破却しなかったが、いったんは失権した徳川家の始祖である家康の顕彰をおおっぴらに行うには、少しばかり時間が必要だった。

明治二十二年（一八八九）の大日本帝国憲法発布が、復権への大きなきっかけになった。これを機に、最後の朝敵となった西郷隆盛でさえ許され、銅像となる道が開かれたほどだ。

この年に、旧幕臣たちが企てたのは、家康が江戸に入って三百年になることを記念する催しだった。八月二十六日（旧暦の八朔《はっさく》）、上野東照宮の直下、不忍池畔の馬見所を会場に、わざわざ「江戸城旧殿中ノ体裁ニ摸シ東中西ノ三室総テ長押釘隠《なげしくぎかくし》ヲ取付ケ壁紙ハ松ノ摸様ヲ画キテ之ヲ貼リ高麗縁ノ蓙《ござ》ヲ敷キ詰メ」るという涙ぐましい努力をして、東京開市三百年祭が挙行された。併せて、上野公園内の日本美術協会列品館では、「徳川家由緒の品々」を陳列した（大槻修二編『東京開市三百年祭記事』一八九〇）。

ついで大正四年に、日光と上野のそれぞれの東照宮で三百年祭が営まれた。江戸時代にはほとんど代参で済ませた徳川家一門の子孫たちが今度は一堂に会し、そろって官位に即した衣冠に身を包んで祭典を執り行った。

慶長年間の豊国祭の扮装をした京都市民が豊国踊りにうかれて、一週間の予定が十日間を過ぎてなお収まらなかった豊太閤三百年祭と、おごそかな東照宮三百年祭との違いは、秀吉と家康の違いに、いやもう少し正確にいうなら、期待される秀吉像と家康像の違いに帰せられるかもしれない。さらにそこには、将軍の御膝下であった江戸と、城代はいても殿様のいなかった上方の祭礼のスタイルの違いが影を落としているだろう(臨時増刊『風俗画報 豊公三百年祭図会』第一六四号参照)。

この熱狂を、現在の京都は再び忘れたかに見える。京都が訴えるものは、もっと漠然とした「古きよき日本」であり、「秀吉の京都」をあまり表には出さない。

むしろ、「太閤さんの町」を自認するのは大阪である。しかし、皮肉なことに、豊太閤三百年祭が京都で盛大に開かれた時、大阪では、豊国会関係者に大阪城の見学を許すぐらいの動きしかなかった。それは、肝心の大阪城が陸軍第四師団の管轄下にあり、「太閤さんの町」がまだ十分に演出されていなかったからである。

✣

「大大阪」という表現がある。これは、大正十四年(一九二五)の町村合併による市域拡大で、東京を超えて日本一の都市となった大阪市の自称である。人口は二百万人を突破した。これに加えて、二年前の関東大震災による東京・横浜の壊滅が、大阪にいっそうの追い風となった。

この年の三月十五日から四月三十日まで、大阪毎日新聞社の主催、大阪市の後援で大大阪記念博覧会が開かれた。天王寺公園と大阪城が会場となったが、大阪城の使用には第四師団の許可を取り付ける必要があった。主催者が師団長と交わした使用条件の中で、使用目的はつぎのようにうたわれている。「大大阪発達史ヲ知ルヘキ遺墨絵画等ヲ陳列スル為メ旧大阪城天守閣ヲ模シタル建物建設」(『大大阪記念博覧会誌』大阪毎日新聞社、一九二五)。

しかしながら、出来上がった建物は、「旧大阪城天守閣」とは似ても似つかぬ代物であった。写真を見るといかにも寸詰まりの印象を受けるが、そもそも天守台が大き過ぎるのであり、会期中のみの仮設建築に天守閣らしさを期待するのには無理がある。「豊公館」と名付けられた。それでも、「屋根は軒先の金瓦に代ふるに全部に黄金色に近い黄色を塗つた屋根は板の上を鉄板葺とし、壁は鉄板に黒色ペイントを塗り遠望よく当時の大阪城を偲ばしむるに足るものがあるべく努めた」というのだから、苦心の作であることは間違いない(前掲『大大阪記念博覧会誌』)。

館内には秀吉ゆかりの品々が集められ展示され、その上の壁を大阪の画家赤松麟作の手になる長さ百二十尺(約三六・四メートル)の大壁画「大阪築城図」と「大阪落城図」が飾った。それは横に横に展開する巨大な絵巻物のような絵だった。

むしろ豊公館の見どころは、そこから「大大阪」が展望できることにあった。上階に回廊が設けられ、たくさんの観客を迎えた。天守閣を展望台とする最初の試みといってよい

図53　豊公館と鶴見駿太郎歩兵中佐（1925年、『大大阪記念博覧会誌』）

だろう。やがてそれは常識と化し、今では全国ほぼすべての天守閣の最上階に望遠鏡が設置されている。

ところで、ここに紹介した写真（図53）には、豊公館といっしょに軍人がひとりむさくるしい顔を出している。それが秀吉ならばともかく、奇妙奇天烈な光景というほかない。軍人は、第四師団高級副官陸軍歩兵中佐鶴見駿太郎といい、豊公館委員長を務めた。第四師団に対する博覧会主催者の気配りが伝わってくるようなレイアウトである。

陸軍は陸軍で、博覧会を軍事知識普及の好機ととらえた。城内に、装甲車、大砲、機関銃、砲弾などがずらりと並び、観客はそれを見学しながら豊公館を目指した。しかし、一カ月半の会期中に実に六十九万八千三百八十六人が登城したにもかかわらず、第四師団との契約どおり、豊公館は閉会後たちまちのうちに姿を消した。

鶴見駿太郎中佐の感想がふるっている。この花見の時期には、いつもなら酔っぱらったり、帰営時間に遅れる兵士が続出するが、本年に限ってそれが少なかった。その理由は、博覧会入場券の寄贈を受けて、兵士の多くが家族や同僚とともに休日を博覧会で過ごし、悪い方面に足を踏み入れなかったからだという（「反則兵が少なかった、博覧会の間接的影響……」、前掲『大大阪記念博覧会誌』）。

こんな感想を目にすると、翌年からはまた元の木阿弥となったのではないかと心配になる。「またも負けたり第四師団」、全国最弱の軍隊という評判もやむなしと見放したくなるような高級副官のコメントである。

❖

仮設ではなく、本格的な天守閣を求める声は、間もなく上がった。昭和三年（一九二八）に、昭和天皇の即位の礼が京都で開かれたことを記念して、全国でさまざまな記念事業が行われた。関一《せきはじめ》大阪市長は市民による天守閣復興を議会に提案、全会一致で可決されると、直ちに、寄付申込書を兼ねた趣意書を全戸に配布した。目標額は百五十万円、各区役所に推進委員会を設け、募金活動を展開した。わずか半年のうちに七万八千件を超える寄付が集まり、目標を軽々と達成した。一件での最高額は、住友家の二十五万円だった。

しかし、そこから先に、どのようなスタイルの天守閣を建てればよいのかという大きな難問が待ち構えていた。なにしろ、大阪城の天守閣は寛文五年（一六六五）の落雷で焼失したまま、二百六十年余りも不在だったからだ。しかも、徳川政権によって石垣が徹底的に改造されている。

そこで参考にされたものが、黒田家伝来「大坂夏の陣図屏風」（大阪城天守閣蔵）に描かれた天守閣である。とはいえ、絵から現実の建物をつくることは出来ない。岡山城、大垣城、広島城、松本城、丸岡城の天守閣、移築された伏見城の遺構などが併せて参考にされたという（『大阪城』大阪市役所、一九三一）。

天守閣は昭和五年（一九三〇）五月に着工、翌年十一月に竣工した。内部は郷土歴史館として使われ、開館直後から精力的に特別展を開くことになる。明らかに、豊公館が下敷きとなっていた。

設計は大阪市土木部建築課、そこに招かれて中心となって図面を引いたのは城郭研究者として知られる古川重春であった。今から十三年ほど前に、設計図をはじめとする再建関連資料の存在が明らかとなり、遺族から大阪城天守閣に寄贈された。

興味深いのは、大阪城竣工の六年後に、松下幸之助の自邸を古川が設計していることである。玄関には城郭の枡形《ますがた》を採用、大名屋敷並みの、大阪の「今太閤」にふさわしい豪邸だったという（渡辺武『大阪城秘ストーリー』東方出版、一九九六）。

施工は大林組であった。鉄筋コンクリート造の採用が関係者の英断である。規模が大き過ぎて、木造では困難という事情もあったが、鉄筋コンクリート造でやるなら、最先端のビルディングにしようという意欲が伝わってくるようなデザインである。

それは、とりわけ内部によく表れている。

『大阪城天守閣復興三十年史』（大阪城天守閣復興三十周年記念事業実行委員会、一九六一）に、こんな記述がある。「内装＝建設当初は各階側壁・天井・柱・梁《はり》ともプラスター仕上げの白一色であったが、城郭建築らしい雰囲気を出すために昭和三五・三六年の両年度にかけて、ビニール塗料の木目仕上げに改装した」。

建設当初の内部写真を見ると、エレベーターの採用と併せ、関係者が「城郭らしい雰囲気」よりも、むしろ現代の城、当時の流行語でいえばモダンな城を築こうとしたことが明らかだ。その証は「白一色」にあった。ところが、わずか三十年後には、その理念はすっかり理解されなくなった。

理由はおそらくつぎのふたつにある。第一に戦後に天守閣の再建が相次ぎ、それらが煽った復古ブームは、トップランナーたる大阪城を色褪せて見せる結果をもたらしたこと。第二に、「ビニール塗料の木目仕上げ」に象徴されるような、高度経済成長期の新建材による見せかけ重視の建築理念が簡素なモダニズムを席巻しつつあったことである。

大切なことをいい忘れていた。大阪市民から寄せられた百五十万円のうち、天守閣建設にはおよそ四十七万円、公園整備に二十三万円が使われ、それらをはるかに上回る八十万円が、第四師団司令部庁舎の新築に使われたという(渡辺武『図説再見大阪城』大阪都市協会、一九八三)。

陸軍は天守閣の建設を許す代わりに、新庁舎を建ててもらったのである。前回、よほどうまい味をしめたのだろう。

天守閣のすぐ前に建設された新庁舎には、ヨーロッパの城郭を模したデザインが採用された。本丸に出現したその風景は、前回話題にした伏見桃山キャッスルランドに似ていなくもない。陸軍のこうした西洋趣味は、さかのぼれば、明治十五年(一八八二)に靖国神社境内に開館させた遊就館へとたどり着く。イタリア人建築家カッペレッティがイタリアの古城風にデザインしたからだ。こちらは関東大震災で倒壊したが、旧第四師団司令部庁舎は、戦後も長く大阪市立博物館として使われ、数年前にその役割を終えた。

補遺㉗　城とバリアフリー

大阪城がいち早くエレベーターを採用したことで、あとに続くお城は、その導入を

図54　大阪城エレベーター
（2006年撮影＊）

躊躇しないで済むことになった。とはいえ、戦後間もなく建てられたお城は、大半が三層だったから、わざわざエレベーターを設置するには及ばなかった。天守閣とは、えっちらおっちら階段を上って、最上階から城下を見下ろし、風に吹かれながら歓声を上げる場所であった。ただし、名古屋城は規模が大きかったから、はじめからエレベーターが導入されている。

それから近年まで、問題は何も起こらなかった。ところが、バリアフリーという考え方が世の中に広まるにつれ、お城はこの難問に直面した。なぜなら、お城とは、バリアの最たるものであったからだ。すべての空間が、人を寄せつけないようにとデザインされている。お城とバリアフリーの理念とは、水と油、本質的に相容れないのである。

しかし、段階的に、お城はバリアを排除してきたともいえる。明治初年に博覧会の会場に使われることで、一時的に身分上の「バリアフリー」が実現している。このことについては、あとで、熊本城を訪れた時にふれよう。

つぎが大阪城や名古屋城など昭和のお城で、エレベーターを使うことで登城がずいぶんと楽になった。そして、近年のバリアフリーは、いうまでもなく高齢者や身体障害者のためにある。

彼らの登城を阻んできたものは、石垣や石段であった。その外観を崩してまでも、エレベーター・タワーが天守閣の脇に設置されたのは、現代のお城が何であるのかをよく物語っている（図54）。それは、万人に開かれた公共施設にほかならない。どれほど姿が似ているとはいえ、かつてのお城の対極に位置しているのである。

もっとも、最近になって、木造による復元が流行ることで、エレベーターを導入しないお城が出てきた。

掛川城もそのひとつだった。お陰で、元ヴィーナス（二二九頁参照）と化した母の手を引いて、はらはらしながら天守閣に登らねばならなかった。それはそれで、親孝行が出来る新たなお城の出現ということになる。

補遺㉘　分岐点の画家、桜井忠剛

阪神電車を尼崎駅で降りて庄下川に出ると、尼崎城の石垣と白い土壁が目に飛び込んでくる。城壁に守られているものは、天守閣でもなければ御殿でもなく尼崎市立中央図書館。誰もが城内に立ち入ることのできるそれは、近代がつくりだしたいかにも平和な風景である。

明治維新を迎えた時、全国にはおよそ百八十のお城があったという。新政府はそれらの存廃を明治六年（一八七三）に決定し、尼崎城は廃止とされた。まず城内の建物が取り壊され、ついで城地も払い下げられた。明治十二年（一八七九）には天守台や櫓の石垣が取り壊され、尼崎港の防波堤の修築に転用されたというから、尼崎城はたちまちのうちに姿を消したことになる。先の城壁は、むろん近年の復元である（図55）。

この喪失を惜しむかのように、明治十五年になって、藩祖松平信定を祀る桜井神社が西二の丸跡地に創建された。桜井神社を称したのは、戊辰戦争のただ中で、松平家が朝廷に対する恭順を示す

図55　尼崎城（2005年撮影＊）

ために、三河国桜井の本貫にちなんで桜井に改姓していたからだ。最後の藩主は忠興といい、藩祖から数えると十六代、遠江国掛川から尼崎に入って七代にあたる。西南戦争時に博愛社（のちの日本赤十字社）の創立に貢献したことで知られる。明治二十八年（一八九五）に没し、やはり桜井神社に歴代藩主とともに祀られている。

現在の桜井神社は場所を西三の丸跡地に移し、市立中央図書館の道を隔てたすぐ隣に位置する。庄下川に沿った小さな境内の南端に三基の顕彰碑があり、そのうちのひとつが桜井忠剛を讃えたものだ。

忠剛は慶応三年（一八六七）四月七日に尼崎に生まれ、昭和九年（一九三四）十月十五日に尼崎で死んだ。父の忠顕は藩主忠興のいとこにあたる。したがって、天下泰平が続けば、尼崎藩主一族のまま人生を過ごしたであろうが、物心のつくかつかないかの明治四年（一八七一）にはすでに、新政府の命じる廃藩置県によって藩が消滅していた。前年には父との死別もあり、その人生は過酷な始まり方をしている。

学問を修めることが、まず身を立てる道であった。明治九年（一八七六）に東京に出ると、さっそく中村正直の同人社に、さらには近藤真琴の攻玉社に学んだ。明治十三年（一八八〇）に姉の栄子が勝海舟の長男小鹿と結婚したことから、忠剛も海舟の世話になり、海舟がとくに目をかけた画家川村清雄とのつながりが生まれた。明治十八年（一八八五）に川村が画塾を開くと、間もなく入門している。

それからのおよそ二十年間は、途中で拠点を東京から京都へと移すものの、作品発表の機会をつぎつぎと重ね、画家としての人生を順調に送ったかに見える。明治二十七年（一八九四）に創立した関西美術会の中心メンバーであり、京都美術協会にも参加し、松原三五郎、山内愚仙、田村宗立、伊藤快彦、浅井忠らとの交流が生まれている。

一方で、明治三十八年（一九〇五）にはじめて尼崎町長に就任すると、町長を二度にわたって足掛け五年、さらに大正五年（一九一六）に尼崎市が成立すると、市長をやはり二度にわたって通算十二年も務めた。昭和四十年（一九六五）に建立された桜井神社の顕彰碑は、その三十一年前に市長在任のまま亡くなった忠剛の行政家としての業績を讃えることに終始し、画家としての経歴にはひとこともふれていない。

なるほど、「初代尼崎市長に就任し多年市長の要職にありて力を経世に尽すその治績誠に偉大にして永劫不滅なり終生郷土の発展に身を捧ぐ」云々と顕彰する以上は、画家としての一面は脇へと斥けておくべきものだろう。あるいはもっと単純に、昭和四十年当時、それはすっかり忘れられた一面であったのかもしれない。

同じ人生を、画家の目から見るとどうなるか。石井柏亭のつぎの発言は、ひとりの人生において市長と画家とは相容れないという認識を示しているようだ。柏亭は、桜井忠剛が明治二十年（一八八七）の東京府工芸品共進会に「小猿の図」を、明治二十三年（一八九〇）の第三回内国勧業博覧会に「鷲」を出品し、それぞれ二等賞銀牌、褒状を受賞したことに関して、こんなふうに評している。「川村加筆の事実を証するには、之等の授賞者達が其後のあまり評判になる様な作品を出さず、塚原が女学校の教師となり、桜井の尼ケ崎市長となつたことが知られて居ると云ふ丈でも充分である」（『日本絵画三代志』創元社）。「川村」は川村清雄、「塚原」は川村の画塾での同門塚原リツ（律子）である。ちなみに、川村の伝記をまとめた木村駿吉も加筆説を採る（『川村清雄作品と其の人物』私家版、一九二六）。

柏亭にいわせれば、門下生の作品の出来がよいのは師の川村清雄が加筆したからであり、その証拠に桜井忠剛は尼崎市長になったではないかというのだが、むろん、この論理は成り立たない。画家になれなかったではないか、と主張するのであれば話はいくらか通じるが、そこに市長という職を持ち出すことには、むしろ、画家は反社会的な存在であって、「経世」とはおよそ対極の世界に生きるものだと決めつけて疑わないニュアンスがある。こうした通俗的な芸術家像は、忠剛の師である川村清雄がやはり近代日本美術史から忘れられていったことにもつながると思われるが、まずは忠剛がどのような画家であったのかを振り返ることにしよう。

明治二十四年（一八九一）に旧尼崎藩士らが集まって親睦会を結成、琴陽会と名付けると、機関誌『琴陽之珠』(のちに『琴陽雑誌』)を創刊させた。取り壊される前に撮影された尼崎城の写真を創刊号(同年五月二十五日発兌)の付録にするなど、懐旧的な色彩もないわけではないが、「吾々白面の書生黄口の青年」を自称する巻頭の論説(山口生「口びらき」)は、「壮者の軽進と老年の保守と相和して社会の機関運転す」という見通しを示したうえで、「本誌を以て老年壮者間の導線となり全会員諸君の一致懇睦永く相渝らざるを祈る」と新しい社会の建設に対して前向きである。『琴陽之珠』とは、何よりも会員同士が自説を述べ合い、知識を伝授する投稿雑誌であった。

そこに、「画工」を自称する桜井忠剛は、弱冠二十四歳の「壮者」として、東京から郷里の「老年壮者」に向けて、「洋画起源並ニ沿革」を寄稿連載した。それはヨーロッパにおける絵画の歴史を古代エジプトから説き起こし、建築と彫刻に従属した「奴隷」の状態から絵画がいかに独立を果たしえたかを語ろうとする壮大な構想であったが(創刊号)、「川村先生松岡先生ノ口話等ヲ聞知セシ迄ヲ記載シ」(第八号)と認めるとおり、川村清雄とおそらくは松岡寿からの受け売りの域を脱することはできず、断片的な知識の開陳にとどまった。とはいえ、その冒頭に記した「建築、彫刻、絵画ノ此三ツハ畢竟線画即チ「デツサン」ニ帰スル」という認識は、ともにイタリアでアカデミックな美術教育を受けて帰国した両画家(川村は明治十四年、松岡は明治二十二年にそれぞれ帰国)の教えに忠剛が忠実であったことをうかがわせる。

川村清雄が勝海舟の支援を受けて画塾を開くのは明治十八年（一八八五）のことである。桜井忠剛は間もなくその門を叩いたという。当時の川村は、徳川家歴代の肖像画に取り組んでおり、また、「勝海舟江戸開城図」（江戸東京博物館蔵）も、このころの制作と推定される。徳川家歴代は束帯姿で、海舟は羽織袴姿で描かれている。束帯は越前家から借り、モデルに着せて写真を撮り、それに忠実に仕上げた。

「有職の事となると色合なんてものが西洋の通常の濃い色合で無くて一種特別の彩がありますから尚更日本の色の高尚な所も感じて来ますし愈よ日本趣味が好になツて来ました」と川村自身が回想するとおり（「洋画上の閲歴」、伊原青々園・後藤宙外編『唾玉集』春陽堂、一九〇六所収）、これらの仕事をきっかけに、日本趣味に適う油絵の探求に傾斜していったようだ。

それは、明治三十二年（一八九九）の最初の個展（会場は日本美術院）に出品された油絵の多くが、横に長い掛額絵、黒漆板や絹本に描いたものなど、日本的な油絵追求の産物であったことにつながってゆく。

同展に対する世間の評判は、「日本画的」（『ほととぎす』）、「洋より出てて和に入りしもの」（『国民新聞』）、「一見して圓山派軽妙の作とも見紛ふべし」（『時事新報』）、「是真的油絵、似而非光琳的装飾画、俳画的作品なるが俳味的消息を認むることが出来ぬ」（『毎日新聞』）、「写実を旨とする洋画中、更に光琳的日本趣味を融和」（『太陽』）

などと、川村の方向性をかならずしも否定するものではなかったが、川村自身は「失望落胆し」、「自暴自棄の有様に陥った」という（木村駿吉前掲書）。

桜井忠剛が東京を離れるのは明治二十八年ごろのことだから、このように、ヨーロッパの正統的な美術教育を受けつつも、日本にふさわしい油絵を積極的に求めていた時期の川村清雄に学んだことになる。

その成果は、制作時期のよくわからない忠剛の残された作品からいくらか窺い知れる。横に長い画面を好み、板や黒漆板に描いたもの、日本的なモチーフを配した静物画が多いことは川村の感化といえるだろう。中には流木に直接描いたものもあるが、同じ試みは、川村の明治三十二年（一八九九）の個展にもあったようだ（川村清雄による同展の会場スケッチにそれらしきものが描かれている）。

さて、こうした試みはどのように可能となるだろうか。何よりも問われるものは、油絵に対する姿勢である。仮に、それを油絵、あるいは油彩画と考えるのか、洋画、あるいは西洋画と考えるのかの違いだといいかえてみたい。両者の呼び名は、現代でさえ区別を曖昧にしたまま口にすることが多いが、油絵と呼べば技術的な側面を、洋画と呼べば様式的、形式的な側面をより重視することである。

前者を追求すれば、それが表現される媒体や形態は二の次となる。川村清雄や桜井忠剛が実践した横長の絵や黒漆画なら畳の座敷に飾れるように、日本家屋の中に浸透する融通性を持ちうる。

逆に、後者を追求すれば、額縁に入ったカンバスという形態をなかなか踏み外せず、むしろ日本家屋の中にそれらを飾るための洋間を設けるか、はじめから西洋館を建てるほかない。それをどこに飾るかによって、画題が変わり、表現が変わることはいうまでもないだろう。

しかし、その後の日本美術の歴史は、いわば「西洋館」の建設を求める方向へと展開した。明治の日本人がいきなり住宅を洋風に変えることは無理だから、まずは美術展会場や美術館を建設し、そこで発表し、鑑賞するというスタイルが次第に定着し、それは今日にまで続いている。

明治維新、廃藩置県、画家への転身、といういくつもの分岐点を通過してきた桜井忠剛が、今日では「忘れられた画家」だとすれば、明治半ばの分岐点で、「油絵」であることを選んだもうひとつの道へと歩みを進めたからだろう。

〔「桜井忠剛展」図録、尼崎市総合文化センター、二〇〇五〕

19 棚橋式十弁擁壁

今も続いている雑誌『博物館研究』(日本博物館協会)の昭和十八年(一九四三)八月号は、表紙をお城の写真で飾っている。三層の天守閣と二層の隅櫓を大きくとらえた写真だが、オヤと思わせるのは、その下に添えられた「伊賀文化産業城」というひと言である。文化と産業なのか、それとも文化産業なのか、いずれにせよ、軍事施設であるべきお城になんだか似合わない言葉だ。

同誌の説明によれば、伊賀上野では、藤堂高虎が慶長十三年(一六〇八)から城郭の拡張に着手、三層の天守閣を建設しつつあったが、同十七年の大風で倒壊、爾来三百余年の間、石垣のみが残されていたところを、川崎克という人物が一念発起、独力造営を企てた。「自己の銅像建設の醵金《きよきん》をこれに充て、私邸建築の用材を転用し、遂には多年苦心蒐集した愛贈品をも売立て、昭和十年十月漸く竣工、更に俳聖芭蕉翁を顕彰する俳聖殿や芭蕉文庫をも建設し、財団法人伊賀文化産業協会を作り、郷土開発のため、その一切を寄贈したのである」。

説明はさらに続く。

「第一層の産業館には郷土の重要物産、各種統計資料、第二層の文化歴史館には郷土の産んだ俳聖芭蕉、剣豪荒木又右衛門等の遺墨、遺品、同地の戦歿者遺影、名宝古伊賀、その他古代武器等を展示し、第三層の展望楼には現代諸名士大家の揮毫に係る格天井の書画が異彩を放つなど、今や郷土博物館としての貴い存在となっている」。

だんだんと様子がわかってきた。やっぱり文化と産業の施設だった。地域の物産を並べた「産業館」と「文化歴史館」の合体は、都道府県と市町村が競い合って建設してきた戦後の郷土資料館、歴史博物館を先駆するものだ。それにまた、明治五年(一八七二)に、ロンドン塔に倣って名古屋城を武器博物館にせよと主張した町田久成と世古延世の建言から六十三年目の実現ということにもなる。

ちなみに、世古は伊勢松阪の大きな造り酒屋の息子で、幕末には、儒学を学び、国学を学んで国事に奔走した。伊賀文化産業城には直接の関係を持たないが、伊賀上野と伊勢松阪は目と鼻の先である。

大阪城の設計を手掛けた古川重春は、竣工後にまとめた『日本城郭考』(巧人社、一九三六)の中で、わざわざ「復興の天守」という一章を巻末に設け、大阪城とともに上野城を取り上げている。そこに、川崎克の「川崎克蔵品惜別之言葉」や「上野城天守建設の動機」といった発言が長々と収録されている。川崎が築城を企てたのは昭和七年(一九三二) 七月とのこと(前掲『博物館研究』)、前年十一月に竣工したばかりの大阪城は大きな刺激を与えたに違いないが、川崎自身はそのことにひと言もふれていない。

むしろ、上野城建設に際して課したつぎの三つの条件は、鉄筋コンクリート造であることを積極的に追求した大阪城の対極を目指したといえそうである。

一、木材は日本材にして檜なること、補助材として杉、松を使用すること
一、壁は古代の城建築に用ひたる儘の壁として、伊賀土を使用する
一、瓦は伊賀土を使用する瓦の上作品たる事

第一層を「産業館」としたことも、明確な構想に基づくものだった。「産業に対する指導精神を、永久に亘つて此城より生み出す計画である。即ち攻防策戦の城は亡ぶる事あるも人類生活の有らん限り、産業の城は不滅なる所以を明にした考である」(前掲『日本城郭考』)。ただし、竣工時には、「戦歿者遺影」の展示は構想されていない。それは昭和十八年夏の『博物館研究』が伝える新たな情報であり、いうまでもなく戦争の激化、戦死者の急増がもたらしたものにほかならない。

残念ながら、私は伊賀上野城を攻略していない。したがって、話が出来るのはここまでだが、天守閣よりも俳聖殿がずっと面白いという噂は耳にした。

こちらは城に遅れること七年、芭蕉生誕三百年を記念して、昭和十七年に建設された。やはり川崎克が私財を投じた。内部に上野焼でつくった芭蕉の等身大の肖像を納める。ユニークなのは外観で、八角形の下層に円形の上層が載っている。ともに檜皮葺《ひわだぶき》の屋根を持つ。上層は芭蕉の笠と顔、下層は蓑と衣、柱は杖と足、つまりは芭蕉の旅姿を建物に表現したものである。伊東忠太が設計した。多彩な忠太の建物の中でもとびきり風変わりである。

❖

さて、「復興の天守」は、戦後日本の専売特許ではなく、戦前にもまだほかにいくつかある。そして、それらは必ずしも大阪城の復興に刺激されたわけではなかった。淡路島の洲本城は三熊山の頂きに立つ単なる展望台のような天守閣だが、昭和四年（一九二九）の建設であり、大阪城よりも二年早い。昭和天皇の即位を記念して築かれた。

一方、岐阜城には子どものころ鵜飼見物のついでに登った記憶がある。よく知った浜松城に似ていると思った。なるほど、昭和三十三年（一九五八）復興の浜松城に対して、三十一年の岐阜城は建設時期がわずか二年しか違わない。

現在の岐阜城は、岐阜が長良川の鵜飼という観光資源を持ちながら、その期間はわずか五カ月に過ぎず、残り七カ月が休眠状態に陥ってしまうことを打破するための金華山観光開発の一環であった。まず山頂に市設天文台が建設され、ついでロープウェーが山麓と山頂を結んだ。築城を企てた岐阜城再建期成同盟は、「本会は郷土愛より発したもので、再建後の模擬天守閣を岐阜市に寄附して郷土の名所とし、文化観光に寄与する事を以て目的とする」(「岐阜城再建目論見書」)と明言している。

その前にもうひとつニセモノの岐阜城があることを知ったのは、ずいぶんあとになってからだ。こちらは、明治四十三年(一九一〇)に、解体された長良橋の古材を再利用して建設された。博覧会などでの一時的な再建を別とすれば、「復興の天守」のもっとも早い例である。企ては岐阜保勝会によってなされ、その名のとおり、戦後の観光開発とはひと味違う、地域に根ざした環境整備の一環であった。写真を見るかぎり、天守閣というよりは質素なお堂という感じだが、昭和十八年(一九四三)に、浮浪者のたき火によって、おそらくあっという間に焼失した。

✣

かくのごとくニセモノに引かれて、いくつもの城下町を訪ね歩いてきた。お城に限らず何であれ、ニセモノたろうとすれば、ホンモノに似せる必要が生じる。すなわち、ニセモノとは「似せ物」にほかならない。ニセモノとは、ホンモノに向かって限りなく接近を図る物体であると定義することができるだろう。これに対して、ホンモノは、断然分が悪い。なぜなら、ホンモノは自らをホンモノであるとしか自己規定できないからだ。攻め込まれると、ホンモノなんだからホンモノだと言い張るしかないのだ。

考えてもみたまえ。「俺はお前だ」と誰かに迫られたら、「俺は俺だからお前は俺であるはずがない」と突っぱねるしかないではないか。

と断ったうえで、いよいよ正真正銘、ホンモノのお城へと乗り込むことにしよう。目指すは播州姫路城である。長く神戸に住んでいたから、姫路城には何度も登った。姫路に降りない時でも、車窓からお城の姿を求める。それが町の中央にそびえ立っている姿を目にするだけで感動した。よくぞ空襲に耐えたものだと。お城だけがなぜ焼けなかったのか不思議なくらい、姫路は米軍の激しい空襲を受けている。

お城に向かうにつれ、天守閣はぐんぐんと大きくなる。やがてそれは信じ難い大きさになって覆いかぶさってくる。この時、泉鏡花の『天守物語』を読んでいるか読んでいないかで、姫路城の印象はふたつに分かれる。

未読者は、さあこれから国宝姫路城に登城と期待をふくらませ、逆に、既読者は登城をたとえ一瞬にせよ躊躇する。昼でも暗い天守閣の中に足を踏み入れて、急な階段を見上げた時にも、前者は自分たちと同じ観光客が上層にもうろうろしていると考えるだけだが、後者は別の生き物の気配を感じるだろう。

できれば嵐か雷鳴の轟く日に、誰もいない時を選んで、巨大な木造建築のぎしぎしときしむ音を感じながら登城したいものだ。最上階に祀られた長壁大明神は、姫路城が本物であることの動かぬ証拠である。こんな話が伝わっている。

天守閣が完成して間もない慶長十四年（一六〇九）、城主池田輝政に呪いをかけた者がおり、鬼門より禍をもたらすであろうから、八天塔を建てて防げとの書状が「はりまあるじの太天神とうせん坊」より届いた。どうやら呪いをかけた者とは、遠江国の「九りん坊」と「四りん坊」らしい。そして予言どおり、二年後に輝政は病に倒れ、家中では、城山の地主神である長壁（刑部）神の祟りとの噂が飛び交った。そこで八天塔を実際に建立して、事なきを得たという（堀田浩之「城郭の空間特性と表現手法に関する一考察」、兵庫県立歴史博物館紀要『塵界』第八号所収）。

現代になっても、まだこんな話がある。天守閣の解体修理が昭和三十一年（一九五六）から行われた。棟梁を務めた宮大工和田通夫は、それに先立って姫路に移り住み準備を始めたところ、ほどなくして、数百もの人魂に取り付かれるという異変を身体に感じた。毎夜、和田は真っ暗な天守閣最上階に登り、長壁大明神の前で読経を続けた。三カ月ほどで人魂の数が減り始め、大修理をやり抜く自信を得たという（神戸新聞姫路支社編『検証姫路城』神戸新聞総合出版センター、一九九五）。

お城が宗教的な要素をその内部に抱え込んでいることは、近年の城郭研究が明らかにしつつある。もともと、お城は日常を超越した聖域としての性格を強く有しており、墳墓や寺社との関係がさまざまに指摘されている。姫路城が立つふたつの山、姫山と鷺山にもかっては古墳のあった可能性が高いという（前掲、堀田論文参照）。

大天守が立つ姫山は硬い岩盤であるが、その上に四メートルほどの土が盛られていた。そのため、礎石は建物の重さを支え切れずに沈下を起こしてきた。天守閣はほぼ東南の方向に傾き、ねじれていた。解体修理は、こうした危機的な状況を明らかにした。

図 56　姫路城天守最上階（2000 年撮影＊）

工事関係者が苦慮の末に選んだ方法が、礎石の代わりに鉄筋コンクリート製の基礎を設けることだった。棚橋諒京都大学教授の発案で、姫山岩盤まで掘りさげ、さらに一メートル掘削して水平面を造り、厚さ一・五メートルの巨大な底盤を設置するというものであった。さらにその上に鉄製の土台を設けて、建物を受けた。主軸から十本の腕壁が出ていることから「棚橋式十弁擁壁」と呼ばれた（前掲『検証姫路城』）。
大天守には、地下一階から立ち上がって最上階（六階）の床下に達する長さ二四メートルを超える心柱が、東西に二本ある。東の心柱は傷みの激しい部分を切り取って新材で継ぎ、西の心柱はすべて取り替えた。木曾の山から切り出された新しい檜は鉄道で運ばれ、昭和三十三年（一九五八）八月十二日に、姫路駅より大手前通りを城に向かって賑やかに祝い引きされた。

そして、この昭和の大修理は、十年の歳月を費やして、昭和三十九年六月一日にめでたく竣工式を迎えた。今なお姫路城がホンモノであり続けるのは、石垣の中に姿を消した「棚橋式十弁擁壁」が二本の心柱をしっかりと受け止めてくれるお蔭である（図56）。

補遺㉙　乙姫の城

今でいうなら、洲本城は紀淡海峡の上空に浮かんだ偵察衛星のようなものである、と書き出して、『朝日新聞』大阪本社版の連載企画「勝手に関西世界遺産」に、洲本城を登録した（二〇〇六年五月十一日夕刊）。

「偵察衛星」云々は、久能山からの絶景を評してすでに用いており（一四六頁）、二番煎じなのだが、標高およそ一三〇メートルの三熊山の頂きから、地上や海上の様子が手に取るようにわかる有様は、久能山を思い出させてくれた。まるで死角がなく、これでは見張りの目を逃れることはできそうにない。山頂に築かれた戦国山城の遺構を、このようによく残す洲本城は、平成十一年（一九九九）に国の史跡に指定された。荒々しい石積みの石垣が素晴らしい。

あるいはまた、洲本城は聯合艦隊旗艦の艦橋のようなものである、ということもできそうだ。なぜなら、洲本城は水軍の城だからだ。大坂城を本拠とした秀吉にとって、洲本城は西国ににらみをきかす重要な出城であった。四国攻めはこの地を拠点とし、熊野水軍の流れを汲んだ水軍が編成されると、九州攻めや小田原攻め、さらには朝鮮へと出陣している。

図57　洲本城（2006年撮影＊）

だからというわけではないだろうが、本丸天守台に建つ天守閣は、一瞬、竜宮城かと目を疑う（図57）。乙姫が階段をとんとんとんと降りてきて、「あら、いらっしゃい」と言いそうである。いつ訪れてもよい。なにしろ二十四時間出入りが自由という、世にも珍しいお城だからだ。

この天守閣は、石垣よりも三百年近くあとにできた。したがって、国指定の史跡にとっては「遺物」ならぬ「異物」にほかならない。しかし、たくさんの昭和のお城・平成のお城を攻略してきたわれわれは、むしろ、洲本城天守閣の古いことにびっくりするはずだ。なんと、昭和三年（一九二八）の築城、大阪城よりも三年早い。規模においては大阪城の比ではないが、築城の動機において匹敵する。

天守閣の入口に嵌め込まれた石板には、「御大礼記念、天守閣、洲本町、昭和参年之建築」という文字が刻まれている。

「天守閣」という表札をわざわざ掲げている天守閣は、実はあまりない。「天守閣」はあくまで俗称であり、城郭研究では「天守」と呼ばれることが多い。当事者にとっては、「御天守」「御天主」など、呼び名はさまざまにあったはずだ。何でもそうだが、需要があってはじめて、表札なり看板が玄関に掲げられる。

洲本町には、それを掲げる必要があったということになる。それは「天守閣」でなければならず、昭和三年における通俗的なお城の姿が具体化された例として、貴重なのである。単に古いことばかりが、洲本城の歴史的価値ではない。もっとも、竜宮城に引っ張られてしまったのはなんとも解せないが。

さて、ここでいう「御大礼」とは天皇の即位式である。今日と異なり、当時の皇室典範は京都での即位を義務付けていたため、昭和三年（一九二八）十一月、京都御所で昭和天皇の即位式が盛大に執り行われた。これを慶賀する記念事業が数多くあったが、とりわけ関西にその遺跡は目立つ。

すでに述べたように、大阪城の建設もまた、これに端を発する。お城の規模が大きい分、完成は洲本城に三年遅れた。

お膝元の京都では、京都市美術館が建設された。「大礼記念京都美術館」が正式名称で、大阪城よりもさらに二年遅れて、昭和八年（一九三三）の開館となった。正面に大屋根を載せたその姿は、どちらかといえば御殿を思わせる。

戦後は占領軍によって接収され、昭和二十七年（一九五二）に、「京都市美術館」として再出発した。「大礼記念」を外し、「市」を挿入した点が、いかにも戦後の措置である。それは、今なお、京都市美術館の前に立つと、目にすることができる。門の脇に取り付けられた表札から、ご丁寧にも、「大礼記念」だけが消してある。

この意味でも、洲本城天守閣は、国や洲本市の基準では新し過ぎるが、われわれの基準では、最古といってもよい史跡なのである。

20　聖地移転

広島平和記念資料館の売店で売っている原爆ドームのプラモデルほど奇妙なプラモデルはない。細かく分かれたパーツを箱から取り出し、いったんばらして組み立てていくその先に姿を現すものは、破壊された瞬間を示す建物にほかならない。ここでのプラモデル作りとはせっせと壊れたものを作る、すなわち、破壊を建設するような作業なのである。

考えてみれば、現実の原爆ドームがそのようなものだ。元安川の川べりに保存されているあの建物は、決して、大正四年（一九一五）に建設された広島県物産陳列館（のちに広島県産業奨励館）ではない。近代建築が保存される場合、そのほとんどの理由が建物のデザインや建築家の能力を評価し、保存すべき望ましい状態とは竣工時のそれである。ところが、ひとり原爆ドームの保存理由は原爆によって破壊されたという出来事にもとづく。したがって、原爆ドームの保存は、破壊された状態をそのまま後世に伝えるということでなければならない。

しかし、それはどだい無理な話だろう。何しろ、建物を倒壊させようとする強烈な圧力を受けた状態を、永遠に持続させようとする試みなのだから。

これはある保存技術者から聞いた話だが、もし原爆ドームを未来永劫にわたって残そうとするならば、さらに大きなドームを直ちに建設して覆い、風雨をしのぐべきだという。それはお隣の広島市民球場の先を越して広島ドームと呼ばれることになるかもしれないが、そうなれば、八月六日の熱い日差しをジリジリと浴びる原爆ドームの姿を目にすることはできなくなる。

ところで、被爆した直後から、あの建物は原爆ドームだったわけではない。はじめは、単に破壊された広島県産業奨励館であった。一面焼け野原と化した広島の町に、かろうじて倒壊を免れて建っていた建物のひとつに過ぎなかった。忌まわしい思い出につながるという理由から、早く撤去せよという声は何度も上がった。

被爆四年目の秋に広島市が行った世論調査では、保存派六二パーセント、撤去派三五パーセントだったというし（『中国新聞』昭和二十五年二月十一日付）、そもそも昭和二十二年（一九四七）八月（おそらく六日）、広島平和祭協会が選定した「原爆十景」には、旧産業奨励館は影も形もなかった（前掲『世の途中から隠されていること』）。

それが、被爆のシンボルとしての地位を次第に与えられてゆく。新たな地位にふさわしい名前は「産業奨励館遺跡」「平和ドーム」などをいくつも口にされたあと、「原爆ドーム」へと落ち着いた。

とはいえ、それですんなりと保存が決まったわけでもない。風化が進み、崩壊の危機が叫ばれ、保存工事が検討されるが、広島市（昭和二十八年に県から市に移管）は保存に前向きな姿勢をなかなか示そうとはしなかった。

市議会が保存を決議したのは昭和四十一年（一九六六）七月十一日である。これを受けた最初の保存工事が翌年に、二回目の保存工事が平成二年（一九九〇）に行われた。そして、被爆五十周年にあたる平成七年（一九九五）には国の史跡となり、翌八年にユネスコの世界遺産に登録された。世界遺産としての正式名称は、「原爆ドーム Hiroshima Peace Memorial (Genbaku Dome)」という（アメリカに配慮してか、肝心の Atomic Bomb が消えている。Genbaku では何のこっちゃわからない）。こうして半世紀をかけて、原爆ドームは少しずつ建設されてきたといえるだろう。

ただし、それをいうならば、広島の町そのものが廃墟の上に新たに建設されたのだった。その名もずばり広島平和記念都市建設法が公布されたのが昭和二十四年（一九四九）八月六日で、同時に、平和記念公園設計コンペの結果が発表された。一等入選は丹下健三グループのプランである。元安川と太田川にはさまれた中島地区を公園とし、平和記念資料館と原爆死没者慰霊碑（正しくは広島平和都市記念碑）を結ぶ軸線の先に原爆ドームを置いたことで、原爆ドームに与えられた特権は決定的なものとなった。二等案も三等案も、原爆ドームを軸線から外していた（『建築雑誌』昭和二十四年十・十一月号参照）。

「平和記念都市」としての広島はこの公園を中心に建設され、もっとも重要な儀式である八月六日の平和記念式典は、昭和二十七年以降、原爆死没者慰霊碑の前で行われるようになる（宇吹暁『平和記念式典の歩み』広島平和文化センター、一九九二）。慰霊碑は、死没者名簿が毎年奉納される場所としてとりわけ聖なるものとなった。慰霊碑の前に立つと、「平和の灯」を通して真正面に見える原爆ドームもまた、それに応じて聖地と化したようだ。折り鶴の奉納があとを絶たない。

しかし、原爆ドームの壁はかつて落書きだらけであったし、立ち入り自由、浮浪者が住み着いてしまったことなどを考えれば、今日の広島は、紆余曲折を経て、さまざまな選択の果てに到達した姿にほかならない。平和記念都市建設の過程で、外された選択肢もあれば、いったんは選択されたにもかかわらず忘れられたものもある。『広島被爆四〇年史 都市の復興』（広島市、一九八五）や『被爆五〇周年 未来への記録 ヒロシマの被爆建造物は語る』（広島平和記念資料館、一九九六）など、節目節目の記念刊行物に収められた詳細な年表に目を凝らしながら、そこから抜け落ちているものを探し出してみよう。

❖

わたしの城下町への関心に従えば、まず足を運ぶべき場所は広島城である。広島は城下町であるという動かし難い現実がある。町はお城を中心に出来上がっており、基本的な構造は近代になってなお変わらなかった。広島藩が消えるとすぐに本丸に軍隊が駐屯、三の丸に県庁が置かれた。軍隊は鎮西鎮台第一分営、第五軍管広島鎮台、第五師団と改組されて、明治二十七年（一八九四）の日清戦争を迎えた。

明治国家にとって最初の本格的な対外戦争である日清戦争は、天皇が自ら軍隊を率いる姿を見せる絶好の機会であった。戦場のより近くへと、天皇は広島に陣取った。すなわち大本営が置かれたのは広島城である。天守閣のすぐ下にあった第五師団司令部の庁舎が大本営に使われた。天皇は九月十五日に広島に入り、翌年四月二十七日まで滞在した。隣接して仮の議事堂が建設され、十月には臨時帝国議会第七議会が召集されたから、この時期、広島城は広島の中心であったばかりでなく、日本の中心でもあった。

大本営における明治天皇の暮らしぶりは、戦場の兵士たちの労苦を忍んで質実なものであったことが長く語り継がれ（たとえば『史蹟明治二十七八年戦役広島大本営』史蹟名勝天然紀念物保存協会広島支部、一九三三）、絵にも描かれた（たとえば神宮外苑の聖徳記念絵画館にその一枚がある）。

同書には、広島生活の中から生まれた「彼の有名なる御製の花瓶」に関する解説がある。御製といえば普通は天皇の詠んだ和歌を指し、天皇自ら形あるものを作ることは珍しい。それゆえに私は注目し、その行方を追求してきたが（拙著『ハリボテの町』朝日新聞社、一九九六参照)、解説にはその答えまでが書いてあった。新たな読者のために引用しよう。

九連城附近の戦闘に於て我軍の獲たる騎兵の鐙、砲弾の信管、歩兵銃の槊杖及び工兵用の電線とを巧に御組合せの上、一の花瓶を御考案あらせられ、日夕玉座の御側に御備へになり、親しく四種の兵を観るの思ひある旨を宣はせしと拝承する。今は振天府に陳列せられて、世に御製の花瓶と称するもの即ちこれである。

文中の「四種の兵」は、歩兵、騎兵、砲兵、工兵を指す。

振天府は日清戦争の分捕品を収めた蔵で、東京の宮城内、吹上御苑の入口あたりに建設された。併せて、戦没将校の遺影写真と戦没兵士の名簿が納められ、限られた人々に見学を許してきた。

敗戦後に分捕品の処分は行われたものの、まさか「御製の花瓶」まで捨てたということはないだろう。宮内庁は明言しないが、振天府の建物は残されており、「御製の花瓶」もまた健在であるに違いない(拙稿「先の戦争の中の先の戦争の記憶 戦利品はどこへ消えた」『現代思想』二〇〇二年七月号所収)。

『ハリボテの町』執筆時には見つけられなかった「御製の花瓶」の図柄も入手できたので、掲載資料名をここにメモしておきたい。

・宮川鉄次郎『振天府拝観記』（保成堂、一九〇二）（図59、三三二頁）
・吉田鉦子「手作りの琵琶を捧げて」（『キング』一九二七年十一月号所収）
・中野潭編『明治百年記念郷土史 広島大本営』（明治百年記念広島郷土史料館建設協賛会、一九六七）

『キング』の挿絵は、広島出身の画家南薫造の筆になるものである。

その後、大本営の建物と御座所備付品は第五師団によって管理されてきたが、大正十五年（一九二六）に史蹟名勝天然紀念物保存法にもとづく史蹟指定を受け、管理が広島県に委ねられた。さらに、明治天皇にまつわる遺蹟調査を進めた文部省によって、大本営跡は「聖蹟」へと祭り上げられた。

『史蹟明治二十七八年戦役広島大本営』（前掲）によれば、「光輝ある歴史を有する国家無二の記念物」であり、「この聖蹟拝観者は年と共に益々増加し、其の数年々十余万人」というから、一発の原爆によって、広島城共々粉々に吹き飛ばされるまでは、現在の原爆ドームに匹敵するような聖地であったといえそうである。

原爆は、広島の中心を広島城から平和記念公園へと移動させた。そして、かつての中心は空虚なままに残されてきた。木造だった旧大本営の建物は一瞬にして倒壊したが、礎石と石の標柱はそのままだ。標柱の正面に「明治二十七八年戦役大本営跡」と刻まれ、冒頭の二文字、おそらくは「史蹟」と、側面の「文部省」の文字が、文字の形どおりに塗り潰されている。

一方の、いっしょに吹き飛ばされ濠の中へと崩れ落ちた国宝の天守閣は、昭和三十三年（一九五八）の広島復興大博覧会に合わせて再建された。いわゆる昭和の築城ブームの産物である。鉄筋コンクリート造であること、その築城時期も、これまでに訪ねてきた小田原城や浜松城とぴたり重なっている。

と、ここまでは広島の復興史においても語られることだが、奇妙なことに、その先代の存在がまるで無視されてきた。読者は先刻ご承知のとおり、昭和の築城ブームに先立ち、掘っ建て小屋でもいいからお城が欲しいと望んだ時期がある。広島市民も、その例外ではなかった。

図58 広島城（1951年、中国新聞社）

昭和二十六年（一九五一）三月二十五日から五月二十七日まで広島城址を会場に開かれた体育文化博覧会（通称スポーツ博）で、「三百万円の経費で戦前そのままに再現した高さ五十八尺の広島城」（『中国新聞』昭和二十六年四月七日付）が姿を現した。新聞写真が伝えるそれは、とてもとても掘っ建て小屋とは呼べない立派な天守閣である（図58）。とはいえ、やっぱり、「骨格は丸太で、壁はよしずにしっくいを塗っただけ」だった（中国新聞社編『広島城四百年』第一法規出版、一九九〇）。天守閣をかすめるようにジェットコースターが走る光景からは、歓声も聞こえてくるようで、そこがわずか六年前までは「聖蹟」であったことを忘れてしまいそうだ。

広島城天守閣は、焼け野原と化した広島の町で、被爆前の建物が復元された最初で、おそらく最後の例だろう。この時点で、広島県産業奨励館を復元せよという声はどこからも上がらなかった。それよりも何よりも、お城が欲しかったのである。のちに保存が決まった原爆ドームが引き戻してくれるのは、あくまでも昭和二十年八月六日の朝までなのだから。

補遺㉚ トレンチアート

私だってトレンチコートを着た時期がある。ソフト帽はかぶらなかったが、煙草なんかは吸ったりしていた。港の桟橋の、船を係留するあの鉄の固まり、何て言ったかの、あれを見るとつい片足を掛けたりもしちゃった。全部が格好いいと思っていたのに、今振り返ると全部が格好悪い。

ここでの話題はトレンチコートではなく、トレンチアートなのだが、語源は同じ。どちらも、第一次世界大戦のトレンチ＝塹壕の中から生まれてきた。

イギリスをはじめて訪れた時、「Great War＝大戦」という言葉をいたるところで目にし、Greatという表現をとらざるをえないほど、この戦争はそれまでの戦争の在り方を変えてしまったのだと納得した。第一次世界大戦、第二次世界大戦という呼び名はあくまでも後世のものであり、当時は、「大戦」としか呼びようがない空前の戦争だった。

戦車と飛行機が登場し、戦線が延び、短期決戦がなくなり、軍隊は持久戦を強いられることになった。戦線に長い塹壕が掘られ、兵隊はその中で長い時間を過ごした。トレンチコートを身にまとって、風雨や寒さをしのいだ。

そんな非日常的な暮らしの中から生まれてきた造形物が、トレンチアートと呼ばれる。必然的に、戦場にころがっているものが材料に使われる。薬莢でつくったパイプ、破壊された武器の部品でつくった置物など、そこには死と向き合う兵士の心理がきっと反映されているはずだと考えたことが、それらをトレンチアートという言葉でひとつにくくることの前提となっている。

トレンチアートを、玄人の芸術家が戦場を表現する戦争美術ではなく、徴兵制によって戦場に駆り出された素人の兵士が戦闘の合間につくり出した造形物だと定義し直せば、トレンチアートは、大戦以前にも大戦以後にもあって然るべきものとなる。そして、ひとりヨーロッパの西部戦線に限ったものでもないことになる。

そんなことを気にしながら、日本の兵士たちの手記を読み直す作業を始めたところだが、つぎのような証言は（兵士の手記ではないけれども）、トレンチアートと見なしてよいものが、中国大陸や南太平洋の島々でも生まれたことを示唆する（蜷川親正『山本五十六の最期』光人社NF文庫、一九九六）。

「墜落機からアルミパイプをおみやげに持ち帰ったのを、煙草のパイプにつくりかえて使用した」。

「海軍機を発見した現場から記念にというわけで、尾翼の機械部品を切りとってもちかえっていたのである。そして夕食後にこれをもちだし、ひとつパイプかナイフを作ってやろうと張り切った。もちろん部下の兵隊たちにもおすそわけをした、という」。先にふれた加東大介『南の島に雪が降る』が語る芝居のための衣裳や大道具・小道具も、立派なトレンチアートである。

そう考えるならば、日清戦争の際に、兵器の部品を材料にして、明治天皇が自らつくった「御製の花瓶」は、トレンチアートにほかならない。大本営の置かれた広島は臨戦地に指定されていたし、天皇の半年に及んだ行在所《あんざいしょ》暮らしは、トレンチに劣らぬほど質素で、おそらくは退屈なものであった、といって悪ければ、非日常的なものであったに違いない。

戦争が終わると、「御製の花瓶」が宮城内の振天府に納められ、戦利品や戦歿将校の遺影・戦歿兵士の名簿などとともに、限られた人々に見学を許されてきたことは本文でふれたとおりである。

宮川鉄次郎『振天府拝観記』（前掲）に、「御製の花瓶」の詳しい説明があるので、少し長いが、句読点を補ってここに引用しよう（図59）。

「「此に在るのは、陛下が広島大本営に御在の砌、日夕御愛玩あらせられたる花瓶であります。諸君も御承知の如く、陛下の広島にあらせらるゝや其御居間はタツタ一間であつて、申すも畏き事ながら、御食事も御寝も御政治向の事も、総て此の一ツの御坐所にて為させられ、戦地よりの情報戦報到着の事を申上ぐれば、如何に御夜中にて

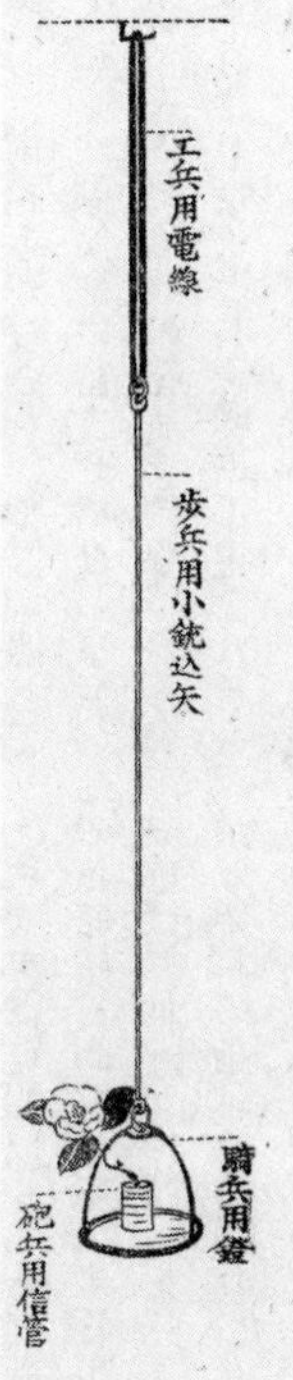

図59
「御製の花瓶」

も直ちに御起き遊ばされ、地図に照して一々報告を御覧相成りたる其御励精は申すまでも無く、御倹徳に富ませ給ひし事も、此の花瓶にて御察し申上ぐる事が出来るのである。陛下には此の花瓶を御手づから御工夫遊ばされ一ツに四兵を見るの思ありと仰せられました」と其説明や丁重なれども、余は中将の指示せる辺りに花瓶らしきものを見ず、只騎兵の鐙と鞭らしきものを見るのみ、不思議に堪へざりしが、軈て中将は其鐙と鞭らしきものを取り上げて、語を継ぎ、「此騎兵の鐙の上に此砲弾の信管を載せ、之に水をたゝへ、此れを、小銃の込矢と工兵の使用する電線にて天井の釘に釣り置かれたのである。斯く歩騎砲工四兵の武器を以て御工夫あらせられたる花瓶であるが故に、一ツに四兵を見るの思ひありと仰せられたのであります」。此に至りて、余は始めて「四兵の花瓶」の由来を明らかにし、偏へに、陛下の兵士を愛し、倹素を事とし、且つ風流に富ませ給ふ聖意の程を感泣せり、今ま余が拝見する所に依りて花瓶の形を模写すれば、左の如し」。

　宮城の吹上御苑には、振天府につづいて、戦争ごとに戦利品を納める蔵がひとつずつ建てられ、それぞれ懐遠府（北清事変）、建安府（日露戦争）、惇明府（シベリア出兵）、顕忠府（満州事変・上海事変）と名付けられた。総称が「御府」である。

　戦前に出版された宮城の写真集（たとえば『宮城写真帖』大日本国民教育会、一九三〇）に、それらの建物の姿を見ることができるし、明治神宮聖徳記念絵画館のために、画家川村清雄が「振天府」という絵を昭和六年（一九三一）に描いている。画面の大半を中国からもたらされた戦利品が占め、上部には、それらを振天府に搬入する様子も見える。

惇明府を除いて、建物は空襲で焼けなかった。しかし、その内部に戦利品を抱えたままでいることはとうてい許されなかった。GHQによる占領政策の重要な柱のひとつが、皇室財産の処分だったからだ。

昭和二十一年（一九四六）の夏までに、御府の戦利品があわただしく処分される様子が、侍従徳川義寛の日記『徳川義寛終戦日記』（朝日新聞社、一九九九）から伝わってくる。それは、こんな風に進められた。

「四月二十日（土）晴

浅野良三日本鋼管社長、小松同社副社長、成田食糧営団総裁の三人とお茶、食糧の話、農業の話、その他種々あり。御府の武器処理の件を小松さんに頼む。その後ゆっくりお話しして六時少し前に退出帰宅す。

四月二十二日（月）快晴

兵器処理に関して、日本鋼管より山川氏及び小田切氏来る。御府を案内す。

六月二十七日（木）曇

朝御府関係視察。

七月一日（月）久し振りの雨、時々止む。

御府関係覚え、

山川・小田切両氏＝四月二十二日

日本鋼管作業始＝六月十二日（一日延びて十三日？）

G2より連絡あり、書類調整の為か。

七月四日（木）曇

御府古兵器搬出を御覧の為御成、侍従長［大金］・徳川。日本鋼管社長御説明あり。作業御覧」。

徳川義寛は、別の機会に、「日清・日露戦争や大戦中の戦利品なども戦後にどんどん返しました」（徳川義寛・岩井克己『侍従長の遺言 昭和天皇との五〇年』朝日新聞社、一九九七）と述べている。とはいえ、日本鋼管の関与は武器を鋳潰したことをうかがわせ、かならずしも「どんどん返した」わけではなかっただろう。

いつの時代も、戦利品の返還は容易ではない。それは、返還先を特定することが困難であるからだし、また、当事者は、しばしば略奪の事実を認めたがらないからだ。

昭和四十年（一九六五）の日韓基本条約締結時に、この問題は顕在化する。基本条約とは別に、「文化財及び文化協力に関する日本国と大韓民国との間の協定」が結ばれ、国有財産であった陶磁器、書籍、通信資料などが日本から韓国に引き渡されたが、日本政府は「返還」という言葉を最後まで使おうとはしなかった。

ところで、宮城が皇居に変わり、開かれた皇室が求められれば求められるほど、吹上御苑の一角は閉ざされてゆく。航空写真には写っているのに、まるでふれてはいけないものであるかのように、御府は皇居の地図から姿を消してしまった。

もちろん、振天府の写真を大きく掲載した『皇居』（産経新聞出版局、一九六二）が、「敗戦後、連合軍から記念品の撤去を命ぜられたので、いま五つの御府は物置きなどに使われている」と説明するように、御府は物置に姿を変えたのかもしれない。しかし、御府があったという記憶までをも消し去ってはいけないだろう。何かの手違いか、『ニューエスト一三東京都区分地図』（昭文社、二〇〇一）は、建安府だけをぽつんと示している。

むろん、「御製の花瓶」や戦没者の遺影・名簿は戦利品などではないのだから、場所を移して、どこかで大切に保存されているに違いない。いつかどこかで開催される「トレンチアート展」の会場で、ぜひとも拝見したいものだ。

21　殿様の銅像

明治二十七年（一八九四）、日清戦争が始まると間もなく、広島城に大本営が置かれた。東京から広島に移った明治天皇がいわば総大将として陣取ったことは、ちょうど三十年前の元治元年（一八六四）に、禁門の変を起こした長州藩に対する征討軍の本営を広島城に置いたことと重ね合わせて受け止められたようだ。昭和九年（一九三四）に広島県がまとめた『明治二十七八年戦役広島大本営誌』は、「征討総督の本営がその濫觴《らんしょう》」としている。

しかし、三十年前の孝明天皇は、明治天皇と異なり、軍隊を親率する強い天皇ではなかった。戦争はあくまでも武家の仕事だった。天皇は京都にいて、御所の奥深くから禁裏守衛総督徳川慶喜に朝敵たる長州藩追討を命じ、征討総督として西国二十一藩を率いた元尾張藩主徳川慶勝が広島城に陣取った。

幕軍の戦意は低く、一方の長州藩は同じ夏に起こった英米仏蘭四国聯合艦隊との戦争と賠償金交渉でそれどころではなくなり、結局、長州藩が禁門の変の責任者三人の首を幕府に差し出して恭順を示すという政治的決着をみた。間に立ったのが岩国藩主吉川経幹《きっかわつねまさ》である。背後には、薩摩藩の西郷隆盛がいた。

長州藩三家老、国司信濃、益田右衛門介、福原越後の首は徳山と岩国から広島に運ばれ、今は平和記念公園となっている国泰寺で実検を受けた。その時の様子を知らせるかわら版がある。国泰寺の間取りを示し、首実検に立ち会った者の名をそれぞれの位置に記しただけのシンプルなものだが、中央に置かれた首三個だけが、三宝の上で妙にリアルに描かれている。

一般に、かわら版は政治的事件を正面から扱わず、禁門の変を「京都大火」、四国聯合艦隊の攻撃を「長門の国大火」などと報じる、いわばオブラートに包んだものであったが、ことこのかわら版に関しては、記事に「実検の節首すこし左り向のよし」とあるほど、まるで見て来たような生々しいレポートとなっている。もはや、幕府が報道を統制し切れなくなった事態を示しており、この傾向は幕末に向かってますます強まる。

✣

さて、その後も幕府は長州藩を攻め立て、岩国藩同様に、長州藩と隣り合った津和野藩が幕府との間で苦境に立たされた。

慶応二年(一八六六)、征長軍の本営が再び広島城に置かれた時に、幕府は津和野に軍目付一行四十五人を送り込んできた。長州藩を刺激したくない津和野藩は城下への立ち入りを拒んだが、軍目付はこれに従わず、藩主亀井家の菩提寺たる永明寺《ようめいじ》に宿営した。すかさず長州藩は軍目付の引渡しを津和野藩に要求し、一方の軍目付は永明寺から藩校養老館に拠点を移して対抗した。山に囲まれた静かな城下町が一触即発、まさに存亡の危機に瀕した。もともと「征長」に大義を認めなかった十一代藩主亀井茲監《これみ》は外交によって巧みにこれを回避し、長州寄り、というよりは尊王の姿勢をいっそう鮮明にした。直後に実施された神仏分離、神道中心の宗教政策はその現れである（松島弘『津和野藩主亀井茲監』津和野歴史シリーズ刊行会、二〇〇〇参照）。

まず養老館より孔子像が撤去され、代わりに楠公と元武公（亀井家の祖茲矩《これのり》）が祭られることになった。さらに藩内の寺社を再編成し、領民に対しては、霊祭式、喪儀式を示し、先祖の祭りも葬式も仏式ではなく神式で行うことを命じた（加部厳夫編『於杼呂我中《おどろがなか》』秀英舎、一九〇五）。

津和野藩のこうした神道中心の政策は、その後の明治政府の祭政一致、王政復古の方針に通じ、というよりも方針を導き出し（王政復古の大号令が養老館教授大国隆正の理論に基づくものであった）、亀井茲監は政府が律令制度に倣って復活させた神祇官の副知事に、養老館教授の福羽《ふくば》美静《よしず》は判事に就任する。茲監は、すでに話題にした楠公や秀吉の復権、湊川神社や豊国神社の造営に関与している。

この結果、自ら範を垂れるべく、亀井家は菩提寺であった永明寺から位牌を引き揚げ、代わりに、元武公を祀った元武社（のちに喜時雨社、現在の津和野神社）が祭祀の中心となった。やがて藩が廃され、津和野を離れる際に、茲監は旧藩士らに元武社と墳墓の管理を託した。

同じことは、皇室の藩屏《はんぺい》として東京に住むことを義務付けられた旧大名家に等しく起こっただろう。彼らこそ、政府の神仏分離政策を率先して実行する立場にあったからだ。こうして、先祖代々守られてきた墳墓の管理が動揺を来たした。

明治十八（一八八五）の春、六十歳で亀井茲監は世を去る。葬儀はむろん神式で盛大に執り行われ、朝廷から派遣された儀仗兵一大隊が柩をかついだ。遺体は東京府南葛飾郡須崎村の弘福寺に埋葬され、神霊は津和野神社に元武公とともに合祀された。

まもなく旧藩士の間から、顕彰碑建立の声が挙がった。津和野神社境内には、元武公の顕彰碑がすでに文化八年（一八一一）に七代矩貞《のりさだ》と八代矩賢《のりかた》によって建立されていたが、茲監の顕彰碑の建立地には、津和野城の直下、かつての藩庁があった場所＝嘉楽園が選ばれた。そこには、茲監の事蹟を讃える文字を刻んだごく普通の石碑が建てられるはずだった。しかし、思いがけないことが起こった。

家督を相続した茲監の養子茲明《これあき》は、当時ベルリンに留学中だった。旧藩士らが顕彰碑建立についての伺いを立てたところ、茲監の肖像彫刻をそこに加えよという指示が返ってきた。茲明は十代末にロンドン留学の経験を持ち、ベルリンでは美学美術史を学んでいたから、西欧における肖像彫刻が記念碑や墓碑に使われる事情を熟知していた。

やがて日本では「銅像」の名で親しまれることになるそのような肖像彫刻が、明治二十四年（一八九一）の津和野にいち早く出現した（図60）。彫刻史では、同二十六

図60　亀井茲監像

年に靖国神社境内に建てられた大村益次郎像をしばしば銅像の嚆矢《こうし》と見なすが（伝説上の人物像であれば金沢兼六園のヤマトタケル像が明治十三年の建立と早い）、亀井茲監像は大村像に二年先んじている。

亀井が胸像、大村が全身像の違いはあるものの、どちらも碑文を主体とした伝統的な顕彰碑の上に、取って付けたように肖像彫刻が載っている。碑文が主で肖像が従、いいかえれば言葉にイメージが依存しているという印象を拭えない。

旧藩士西周の撰になる碑文に、こんな一節がある。「此地は元和三年、藩祖第二世浄頓公移封と為りて、以還二百五十余年間、公の第宅の址なり。今にして之が保存を計らざれば、則ち年を経るの久しきに、土地荒廃し、遺蹟湮滅するに至り、復弁ず可ざらん。是我

徒旧臣民の情寔に忍びざる所なり。乃ち碑を建て之を表す」（書下しは前掲『津和野藩主亀井茲監』より）。

これを読むと、建碑は茲監の顕彰ばかりでなく、遺蹟保存という目的を有していたことがわかる。そこからは、故人を忍ぶというよりは、津和野藩そのものの喪失を惜しむ気持ちが伝わってくる。

甲斐あって嘉楽園は保存され、その中央に、茲監の顕彰碑が今もなお建っている。養老館の流れを汲む島根県立津和野高校がすぐ隣にあり、風に乗った若者たちの歓声が、時折、茲監の耳に届くかのようだ。

❖

ところで、亀井茲監像と大村益次郎像のスタイルや建立時期がいくら似ているからといって、両者の比較はそもそも間違っていやしないか。なにしろ像主の身分が違い過ぎる。肖像を語る時は、いつ誰がどのようにつくったかよりも、それが誰であるのかが決定的に重要だからだ。

津和野藩主亀井茲監に比べる人物は、長州藩士大村益次郎ではなく、長州藩主毛利敬親《たかちか》であるべきだった。しかし、皮肉なことに、敬親像の建立は明治三十三年（一九〇〇）、大村像に七年も遅れをとった。明治維新は、幕府に攻め立てられた長州藩の立場を一挙に逆転したばかりでなく、藩内での人間関係をもひっくり返してしまった。よく似た現象が、薩摩藩士西郷隆盛の銅像（明治三十一年に上野公園に建立）と薩摩藩主島津斉彬《なりあきら》の銅像（大正六年に鹿児島招魂社境内に建立）の建立時期に見られる。

ただし、亀井茲監像から建立が十年近く遅れたことは、それだけ、亀井茲明がベルリンにあって望んだような、いかにも西洋風の銅像らしいスタイルを毛利敬親像に与えることになった。

明治三十三年（一九〇〇）四月十五日、山口の亀山で除幕式が挙行された時、敬親像ばかりでなく、四つの支藩の藩主、長府藩主毛利元周《もとかね》、徳山藩主毛利元蕃《もとみつ》、岩国藩主吉川経幹、清末藩主毛利元純《もとずみ》の銅像が姿を現した（図61）。さらに敬親像の台座には、

図61　亀山園の毛利家銅像群（麻生亮編『防長名蹟』山口県、1908年、山口県立山口図書館所蔵）

四人の家老の肖像が浮彫りになって嵌っていた。四人のうち三人がかつて広島で首を差し出した（差し出させられた）家老であり、残るひとり清水清太郎も同時に萩で自刃している。ひとり敬親像が騎馬像で、それを取り囲んで四人が立つ光景は、当時の日本のどこを探してもない劇的で壮大なものである。しかも、すべての銅像がそれぞれ特定の場面を表現していた。たとえば敬親像は、天保十四年（一八四三）四月一日に羽賀台で閲兵する姿を表している。こんな性格は、正装で正座する従来型の肖像彫刻、いわゆる木像にはない。

明治三十九年（一九〇六）になって、最後の長州藩主毛利元徳《もとのり》の騎馬像が加わった。六体から成る銅像群は、亀山を「防長二州の地形に擬し、方位に拠りて萩、長府、徳山、岩国、清末の各旧藩所在地に当る方面に、それぞれ其の旧藩主を配置したるもの」（作間久吉『亀山園の記』一九二七）となっていた。

と過去形で書かざるをえないのは、今は敬親像だけがひとりぽつねんと残され、あとの五人はまぼろしであったかのように影も形もないからだ。台座すら残っていない。彼らは昭和十九年（一九四四）二月に金属回収のため、「出征」して行った。

実は、敬親像も供出され、今あるものは戦後の復元である。台座は戦前のそれに比べると、あまりにもお粗末な仕上がりで、むろん四家老の姿はない。その代わりに、昭和五十五年（一九八〇）の市制施行五十周年に際して、毛利敬親が藩庁を萩から山口に移したことで山口市の礎が築かれたと讃える山口市長の当たり障りのない言葉が嵌め込まれている。

これを記念して復元されたのだろうか。

公選市長と旧藩士とでは、旧藩主の銅像建立に向けた意気込みが違っていて当たり前だ。同時にまた、銅像を実現させる彫刻家の熱意と技術が違っていた。明治も後半に入って、銅像がいかにも銅像らしくなってきたのは、ようやく技術者が育ったからだ。

毛利家の銅像群は、イタリアで学んだ経験を持つ長沼守敬《もりよし》が手掛けた。東京小石川にあった砲兵工廠内に作業場を設けて製作し、同工廠で鋳造を終えると、山口まで鉄道で運んだ。長沼はその苦労談を残しているが、その最後に、亀山は岡が左右ふたつに分かれており、その両方に銅像を分散させればよかったものを、「ごちゃごちゃとお雛様を並べたやうに建てゝしまったのは遺憾な事」（「現代美術の揺籃時代」『中央公論』一九三八年七月号）と書いている。

うっかり私は「劇的で壮大」と口にしたが、一枚の古い写真に騙されたのかもしれない。実際に現地を訪れると、亀山が猫の額のように狭いことに拍子抜けした。

補遺㉛　異郷にて、はいチーズ

茲明と書いて「これあき」と読ませる。父は茲監、祖父は茲方、それぞれ血はつながっていない。久留米藩有馬家に生まれた頼功は、津和野藩主亀井茲方の養子に入り茲監と名を変えた。その茲監に、今度は京都の公卿堤家に生まれた亀麿が養子に入り、茲明と名を変えた。血よりも家の存続が大事で、その永続性を「茲」の一字に託してきた。茲明の子も孫も曾孫もみんな「茲」の字がついている。

茲明が亀井家の人となったのは明治八年（一八七五）のこと、満十四歳である。すでに四年前に、津和野藩に限らず、日本中から藩というものが姿を消していた。殿様たちはそろって華族となり、東京に集められた。皇室の藩屏、すなわち天皇を助け、新国家の貴族たれというわけである。

そのために、華族の子弟には海外留学が奨励され、茲明もまた弱冠十六歳で海を渡った。行き先はロンドンだった。そこで歴史や数学を学んだ、ということになっているが、茲明が一番好きだったのは、どうやら美術館を回り、自ら絵筆を執ることであったらしい。

ナショナル・ギャラリーで模写したティツィアーノの「教皇ユリウス二世像」とアンドレア・デル・サルトの「聖母子」が伝わっている。明治十三年（一八八〇）に帰国すると、前者はすぐに天皇に献上され、今なお皇居の壁を飾っているという。

この時期のロンドンに渡った画家に、国沢新九郎や百武兼行がおり、それぞれに滞欧作を残しているが、それらと比べると、茲明が画家になってもよかったと思わせる出来映えである。そのまま画家になれば、やっぱり法律を学びに渡仏した黒田清輝の一歩先をゆく人生になったはずだが、亀井家当主という重責はそれを許してくれない。

おそらく、茲明の選んだ道は、画家になることではなく、美術界において、貴族の使命＝ノーブル・オブリッジを果たすことだった。六年後の明治十九年（一八八六）に再び渡欧、今度はベルリンを目指した。ベルリン大学に通って、美学・美術史を学ぶ一方で、写真にものめり込んでいった。

図62　亀井茲明自写像
（1890年頃、亀井温古館）

日本最初のセルフ・ポートレイトと呼びたくなるこの一枚、異郷の宿で、言葉も通じず、友人もおらず、ひとり黙々と写真を撮っている感じが伝わってくる。鏡の前にカメラをセットし、ポーズを決め、手探りでシャッターを切る（図62）。

ベルリンには足かけ五年もいた。明治二十四年（一八九一）の帰国時で、茲明はまだ三十歳である。前途は洋々のはずだった。日本の美術界に欠けているものは、第一に、その水準を上へ上へと引き上げる学校設立（という発想がいかにも貴族的だ）、第二に全国遊説の啓蒙活動、第三にその手段としての出版活動、これが茲明の考えた美術振興三策である。

そのすべてが具体化しないうちに日清戦争が始まり、茲明のノーブル・オブリッジは、国家の一大事を写真で記録することへと向かう。こうして、大量の日清戦争従軍写真が撮影された。しかし、その無理がたたってか、戦争終結の翌年、わずか三十五歳の若さで、あっけなく世を去ってしまった。

実は、臨終の様子を撮った写真が「伯爵カメラマン亀井茲明」展に出品されている。これもまた、日本初の「死に顔写真」といってよいだろう。撮影が茲明自身の指示であったのか、茲明以外にそんな写真を必要とした者がいたのか、謎は残されたままだ。

〔『芸術新潮』二〇〇四年十一月号〕

22　墓のある公園、城門のある寺

墓参りが続いている。

とはいえ、詣でるのは、親の墓ではなく大名の墓ばかり。どう考えても親不孝だが、だからといって忠義者というわけでもない。だって、泉下の殿さまたちとは縁もゆかりもないからだ。

訪れる先々で、大名の墓の墓守りはさぞかし大変だろうなと思う。

第一に、われわれ下々の者とは、墓の大きさが違っている。五輪塔もあれば、方柱の墓石もあるが、どれも見上げるように大きい。敷地が広ければ、草だってたくさん生える。第二に、明治政府の神仏分離政策に旧大名たちが率先して応じ、神葬祭を取り入れ、墓の管理が菩提寺の手を離れたこと。熊本細川家の妙解寺や鹿児島島津家の福昌寺のように、廃寺となった場合も珍しくない。第三に、彼らは華族となって東京に集められ、墳墓の地を離れたこと。第四に、廃藩置県にともない、彼らを支えた家臣団が消滅してしまったことなどは、やがて墓守りを大名家直系の子孫ひとりに押し付ける結果をもたらした。これでは、墓が荒れるのは避けがたい。とりわけ、戦後に華族制度が廃止されると、もはや、墓守りは一ファミリーが負担できるものではなくなった。

長州藩毛利家にとって、山口は幕末の政局をにらんで移った土地であり、墳墓の地は萩である。しかし、山口の旧藩庁（現県庁）のすぐそばに、十三代敬親以後の毛利家当主、十四代元徳、十五代元昭、それにそれぞれの夫人の墓、さらに毛利本家歴代諸霊之墓、計七基がひっそりと建っている。嘉吉二年（一四四二）に大内氏によって建立された五重塔を持つ瑠璃光寺に隣接するが、寺とは無縁の、明治期になって設けられた神式の墓所である。七つの土饅頭がそのことを無言のうちに語っている。瑠璃光寺を訪れた観光客がついでに毛利家墓所にもやって来て、がやがやと鶯張りの参道を話題にする。鶯張りの廊下はよく聞くが、石畳は珍しい。

参道脇には、まだ見るべきものがある。明治二十四年（一八九一）に、敬親の用いた茶室露山堂が移築され、同二十九年には、宮内省によって敬親の「回天の勲業」を讃える堂々たる勅撰銅碑が建立された。作間久吉編『毛利忠正公盛徳記』（同人発行、一九二四）の収める「香山勅碑銘義解」が参考になる。禁門の変でいったんは「朝敵」とされた敬親（忠正公）の過去がどう扱われているのかが気になるところだが、碑文は言及を巧妙に避けている。亀山の銅像群は戦時中に金属回収されてしまったが、さすがに勅撰銅碑は供出を免れた。

墓所を中心に毛利家の記憶を伝えるこの場所を、当初は香山園と呼ぼうとしたものの、遊園地に誤解されることを恐れて香山墓所と称した（作間久吉編『香山墓所の記』同人発行、一九二七）。しかし、戦後になって、毛利家は墓を除く敷地の大半を山口市に譲渡、呼び名は香山公園と変わった。それこそ、墓所ではなく公園と誤解され、奥津城《おくつき》としての本来の聖性が失われるのではないかと思うが、行政上は公園なのだから仕方がないか。のちにふれるように、同じことが熊本の細川家墓所でも起こった。

現在の山口は、都市のアイデンティティを、幕末の毛利家ではなく、むしろ十四世紀の大内氏に求めようとしている。したがって、城下町ではなく（城郭はなくとも幕末の藩庁＝山口屋形が藩外から「山口城」と呼ばれた）、二十四代大内弘世《ひろよ》による京都に模した町づくりを評価し、それゆえに「西の京」であることを積極的に売り込む。畢竟、明治期には大々的に讃えられた毛利家の記憶が、すっかり陰に回ってしまった。たびたび登場する作間久吉は、大正六年（一九一七）に開館した山口県立教育博物館館長を務めた人物のようだが、彼が毛利家顕彰に注いだ情熱も、今となっては夢まぼろしのごとくである。

神道では墓所よりも神霊を祭る場所がより重要だから、毛利元就を祭る豊栄《とよさか》神社（萩城内にあったものを明治二年に移した）、敬親を祭る野田神社（明治六年建立）、元徳を祭る芳宜園神社（はじめは野田神社に合祀され、大正四年に摂社として建立）がつぎつぎと出現した（作間久吉編『三神社の記』同人発行、一九二七）。

ところが、それらは現在の山口にあって、あまり居心地がよさそうではない。手に入れた山口市発行の「中世・戦国の雄、西国一の大大名、大内氏の栄華の余薫漂う西の京やまぐち」と題された観光パンフレットには、何ひとつ案内がなかった。

そこで、地図を頼りに訪れることにした。神門、拝殿、幣殿、本殿からなる古風な造りの神社が、右に豊栄神社、左に野田神社と、まるで双子のように並んでいる姿は壮観だったものの、参詣者を誰ひとり見かけず、草は生え、石段はゆるみ、境内は荒れ寂びた感じである。しかし、NHKが大河ドラマ「毛利元就」（平成九年）を放映した際には、注目を浴びた痕跡が残っていた。今はじっと耐える時かもしれない。観光の主役が、いつまた大内から毛利へと入れ替わるか知れないからだ。

❖

神社の繁盛ぶりは、どれだけたくさんの絵馬が奉納されているかでわかる。受験合格、家内安全、商売繁盛、縁結びなどの現世利益を求めることが現代人のもっぱらの願い、神社もそれに合わせて小絵馬を用意する。

逆に、大絵馬の奉納はすっかり廃れた。今なお大絵馬が奉納されるのは、讃岐のこんぴらさん（金刀比羅宮）ぐらいではないか。大絵馬どころか、本物の船や大型タンカーのスクリュー（正しくはスクリュープロペラ）まで奉納されている。

大絵馬は流行らず、絵馬を掲げる絵馬堂は朽ち果て、つぎつぎと姿を消しつつある。なにしろ現代の美術館と異なり、絵馬堂では、絵馬という名の絵画は雨風にさらされる。奉納者にとっても、たぶん神仏にとっても、絵馬は奉納の瞬間だけが大切であって、それを後世に永く伝えることなど誰も考えないできた。ところが、関係者が文化財であると認知したとたん、態度は豹変、温湿度の管理された宝物館や収蔵庫へとそれらを移すことになる。こうして、捧げられた絵馬を神仏のそばに置くという本来の役割を、絵馬堂は失う。

豊栄神社と野田神社には、珍しく絵馬堂があった。色褪せ、図柄がよくわからなくなってしまった大絵馬が数枚掛かっていた。逆に、小絵馬の奉納がわずかだったのは、この神社が現在の山口から取り残された状況をよく語っている。絵馬堂は風前の灯火に見えた。加賀藩前田家の藩祖利家を祭る金沢の尾山神社にも、擬洋風建築で名高い神門を抜けたすぐ右手に、ちょうど同じような絵馬堂が建っていたが、数年前に突然壊されてしまった。代わりに、その近くには、やはりNHK大河ドラマ「利家とまつ」(平成十四年)の放映に合わせて、ふたりの銅像が姿を現した。絵馬堂の退場と銅像の登場とは、回り舞台のように背中合わせである。

ほかにも、絵馬の在り方を変えたものに医学の進歩があるだろう。こちらは、むしろ小絵馬を変えた。小絵馬奉納に寄せる庶民の願いは現世利益、受験にせよ恋愛にせよ、縁がうまく結ばれることに向けられるが、昔はそうではなかった。むしろ、縁を断ち切ることに願を掛け、とりわけ切りたいものは病との縁であった。神仏に期待された役割のかなりの部分を、今は医者が果たしている。

切りたいのだから、それは悪縁である。病に次いでの悪縁は、しばしば男女の間にあった。縁切りは縁結び隆盛の小絵馬の古層である。それが顔を出している場所に、時折出くわす。私の知るかぎり、もっとも効き目のありそうな縁切り寺は大阪天王寺の円珠庵（通称鎌八幡）、本物の鎌の奉納も可、そこまでしなくてもと考える人は絵で済ませ、鎌を描いた絵馬を奉納する。境内の榎の木には、本物の鎌がグサグサと刺さっている。ちなみに、大阪歴史博物館にはそのレプリカが展示されているが、ガラス越しに見るそれはいかにも効き目がなさそう。博物館の展示物とはすべてそうだが、本来の場所から切り離されたことで、本来の力を大方失っている。

博多の崇福寺で目にした絵馬は、もう少し穏やかで可愛らしい。純情そうな男女がうなだれて背中合わせに立っている。もう一度やり直してみたらどうかと、肩をぽんと叩いてあげたくなるようなふたりだ。門前に三軒の絵馬屋が並んでいる。上品なおばあさんがいつも店先に座っており、にこやかに話し相手になってくれる。縁切りの願を掛ける前に、立ち止まって相談されるといい。

おやおや、こんな無駄話をするうちに、いつの間にか関門海峡を渡ってしまった。

図63　崇福寺山門と３軒の絵馬屋（2004年撮影＊）

✣

崇福寺の山門はちっとも寺らしくない（図63）。それもそのはず、もとは福岡城の本丸表御門であったからだ。建物の左右が断ち切られたようなデザインは、石垣と土塀に挟まれていたからだろう。大正七年（一九一八）に、城内に駐屯していた陸軍第二十四聯隊から払い下げられた。

これに先立つ明治四十一年（一九〇八）には、月見櫓と花見櫓が崇福寺に移築され、前者が仏殿、後者が拝殿として近年まで使われてきた。しかし、潮見櫓を移したことを伝える棟札が月見櫓から発見され、伝承に混乱が生じていることが明らかとなった。潮見櫓は旧黒田家別邸に移築されていたが、戦後、昭和三十一年（一九五六）に再び城内に戻された。月見櫓が潮見櫓なら、潮見櫓は何かということになる。崇福寺のふたつの櫓は福岡市によって買い取られ、平成四年（一九九二）に解体された。やがて、福岡城に戻される予定だ（佐藤正彦『甦れ！ 幻の福岡城天守閣』河出書房新社、二〇〇一）。

私が福岡城を訪れたのは、たまたま大濠公園で花火大会が開かれる日だった。昼間から、城内のいたるところで、見物客による陣取り合戦が繰り広げられていた。天守台にも、すでに何者かが青いビニールシートを広げ、そこは一日だけの花火見櫓と化していた。不届千万、世が世なら即刻打ち首である。

天守台から眺めるとよくわかるが、広大な城内に建物はわずかしか残っていない。そもそも福岡城は天守閣が建てられなかったお城だといわれてきたが、いったん建設された天守閣が元和六年（一六二〇）に破却されたと推定する説も出てきた（前掲書）。

幕末に建設された南丸多聞櫓が本来の位置に残る唯一の櫓であるが、先の「潮見櫓」のほかに、北九州市の大正寺に移築され観音堂として使われてきた祈念櫓が昭和五十八年（一九八三）に再移築されるなど、城内には少しずつ櫓が復活しつつある。崇福寺にあったふたつの櫓も出番を待っている。

しかしながら、戦後競って天守閣を復元した多くの城下町に比べれば、福岡はお城をほったらかしてきたという印象が強い。戦争に敗れて陸軍がいなくなったあと、福岡城にはすぐに陸上競技場（昭和二十三年）と野球場（昭和二十五年）がつくられ、それぞれ平和台総合運動場、平和台球場と名付けられた。戦争を否定し、平和を希求し、勢い余って、お城まで否定してしまったようなところがある。

平成十年（一九九八）に平和台球場が取り壊され、ようやく平成十九年（二〇〇七）の築城四百年に向けての記念事業が順調に進みつつあるかに見えたが、今度は球場跡地から出現した平安時代の迎賓館鴻臚《こうろ》館の遺構が、福岡城を、また新たな力で思わぬ方向へと引っ張りつつある。

さて、崇福寺門前で絵馬屋をのぞいたあと、山門、実は城門を入っていくとよい。境内の一番奥に、旧福岡藩黒田家の墓所がある。これまた見上げるような墓石がずらりと並んでいる。塀の外の二階建ての建物を凌駕するように、背が高い。本来の敷地から三分の一に縮小されてしまったという話だが、それでも、草の繁った墓前は野球が出来るほど広い。

補遺32 殿様のロウ人形

西へ西へと旅をしてきて、ようやく関門海峡を渡ったというのに、なんだかまだ金比羅さんに後ろ髪を引かれる思いだ。もっとも、九州と四国は、海で隔てられているのではない。むしろ海でつながっている。瀬戸大橋が開通した際に、これでようやく四国が本州とつながったと言われたものだが、それは大間違い。古来、瀬戸内ほど船で結ばれていた土地はない。

高松城は海に面している。海水を引き込んだお濠では、今も古式泳法による水泳大会が開かれるという。だから、明治十五年（一八八二）に日本をヨットで旅したイギリス人探検家ヘンリー・ギルマールも、軽い気持ちで高松城に立ち寄ることができた。十二月三十日の朝早く到着し、昼過ぎにはたくさんの骨董品を積み込んで高松を発っている。

ギルマールの来日はこの年の七月、富士山を中心とした関東近辺をひと月かけて旅行したあと、カムチャツカ方面の探検に出かけ、十月に再び横浜に戻ってきた。四二〇トンのマーケーザ号には三十人余りが乗り組んでいた。これに横浜で雇った写真師臼井秀三郎が加わり、秋から冬にかけて、今度は日本を西に旅した。年が明けると、そのまま長崎から中国へと向かい、日本を離れた。

ギルマールの日本に対する感想は、「私が訪れた中では最も汚い、最も臭い国である」というひと言に尽きるが、それはここでの主題ではない。「七月に最初に日本を訪問した時、日本が嫌いになったが、今はその十倍日本が嫌いである」と公言して憚らないギルマールに関心の向きは、小山騰『ケンブリッジ大学秘蔵明治古写真 マーケーザ号の日本旅行』（平凡社、二〇〇五）を参照されたい。

さて、ギルマールは各地でたくさんのお城を見て歩いた。どれも似たり寄ったりで、高松城にもたいして期待を寄せなかったのだが、足を踏み入れてびっくりしてしまう。「高松城はすべての面で興味があり、特に城が城郭の中でまったく見捨てられている点で、その中では草木があまりにも生い茂っているので、我々は道に迷ったほどである。城の見取り図は、大体以下の通りである。城の頂上からの眺めはすばらしい。内堀にはひきがえるがいっぱいおり、また数え切れないほどの鵜が城郭の中をねぐらにしていた。鵜の糞で木は真っ白になっていた。木はちょうど雪に覆われているように見えた」(「旅行日誌」一八八二年十二月三十日条、前掲『ケンブリッジ大学秘蔵明治古写真マーケーザ号の日本旅行』所収)。

この時、高松城を臼井秀三郎に撮らせた写真が四枚伝わっている。そのうちの一枚は、同じくたくさんのお城を見てきたわれわれをもびっくりさせるものである。これほど鮮明に、これほど冷徹に、お城の末路を記録した写真をほかであまり目にしたことがない。わずかに、明治四年(一八七一)に蜷川式胤が写真師横山松三郎に撮らせた江戸城の写真が匹敵するが、高松城のそれは、さらに十一年が過ぎたお城の姿である。無用の長物と化したまま、辛うじて存在しているという様子で、実際、この二年後に取り壊されてしまう。

当時、高松城は陸軍省の管轄下にあったが、聯隊が高松ではなく丸亀に置かれたため、明治二十三年(一八九〇)になって、旧藩主松平頼聰《よりとし》に払い下げられた。翌二十四年（一八九一）、頼聰は、廃藩置県で高松を離れて以来、実に二十年ぶりに旧領地を訪れることになる。それから後、三の丸に披雲閣という名の御殿を建設し、松平家が高松との関係を積極的に復活させてゆく様子は、野村美紀「松平頼壽と別邸披雲閣——その建設と利用をめぐって」（『香川史学』第三二号）に詳しい。

ところで、披雲閣に先立って、明治三十五年（一九〇二）に、天守閣を失った天守台には藩祖松平頼重を祀る玉藻廟が建設された。そして、御神体として、頼重像が松平家の菩提寺法然寺から移されている。画像にせよ彫像にせよ、祖先祭祀に肖像が欠かせないことは、すでに見てきたとおりだが、この頼重像は陶製と珍しい。

臼井秀三郎がカメラを構えた同じ場所から、私も天守台にカメラを向けた（図64）。玉藻廟は今なお建っているが、その背後に、かつての天守閣を凌駕する高層ビルがそびえ立ち、わずか百数十年の間に、日本がいかに変わってしまったかを思い知らされる。

さらに、私の写真からは思いもつかないが、玉藻廟はもぬけの殻で、もはやそれは廟ではない。それには、こんな経緯があった。

終戦直前の昭和二十年（一九四五）二月十四日、松平家は高松城の土地と建造物を財団法人松平公益会に寄付した。その後、占領軍によって接収され、解除されるや、今度は高松市が市民公園とすることを求めた。松平公益会はこれに応じ、昭和二十九

図 64　高松城玉藻廟（2005 年撮影＊）

年（一九五四）にお城を市に譲渡、翌三十年（一九五五）に玉藻公園の開園式が執り行われた。

ここでもまた、「公園の中の廟」が問題になったはずだ。松平家としては、祖先祭祀の廟を公園に置き去りにするわけにはいかないし、高松市としては、公園の中に廟を抱え込んでは政教分離という戦後の大原則に抵触する。藩祖松平頼重像は公園に隣接する松平公益会の一隅に移され、こうして玉藻廟はもぬけの殻となった。

しかし、鳥居あり、石段あり、手水鉢ありと、神社建築の形式を踏んでいるため、廟の前に立つと、うっかり手を合わせそうになってしまう。

祈ってもご利益はない。賽銭箱の置かれていないことが、わずかに良心的である。

さて、そろそろ、高松松平家の菩提寺、浄土宗仏生山法然寺に足を向けることにしよう。私がこれまでに訪れた大名家の墓所は、北から、松前藩松前家、仙台藩伊達家、津藩藤堂家、大垣藩戸田家、彦根藩井伊家、加賀藩前田家、津和野藩亀井家、萩藩毛利家、福岡藩黒田家、中津藩奥平家、熊本藩細川家、薩摩藩島津家と、三百も藩があったうちのほんのひとにぎりに過ぎないが、いずれも墓域が広大で、草むしりもままならず、墓石は苔むし、傾き、概して荒れたものが多かった。

その中で、松平家墓所の管理が行き届いているのは、単に掃除がなされているばかりでなく、墓所と法然寺伽藍との関係がしっかりと設計されていることに由来するようだ。

そもそも墓には墓守が不可欠である。供養を続けることが菩提寺の役割であるが、近代は、大名家と菩提寺の関係を大きく変えた。主に廃藩置県と神仏分離によって、菩提寺が歴代藩主の祭祀を続けることの公共性が格段に小さくなってしまった。それは現代に向かってどんどん減少し、戦後、華族の特権すら奪われた旧大名家にとっては、華族ならぬ単なる家族で、数百年にわたって築いてきた墓所を守り続けなければならない。それは一家族の手にはとうてい負えない事業だが、行政は、政教分離を楯に墓所には関与しようとしない。

むろん、法然寺もかつてのような供養を続けているわけではない。旧藩の時代には、墓所のすぐ下に設けられた来迎堂で、不断念仏、あるいは常念仏、すなわち昼夜を分たず、僧侶が交代で経を唱え続けたという。今では、それは考えられない営みである。僧侶の数の問題ではなく、動機に欠けるのだ。

しかし、法然寺の伽藍配置は明快である。参詣者はまず総門を入り、閻魔大王以下十人の王が並ぶ十王堂の前に立つ。王の裁きを受けたあとは、参道を西に向かってまっすぐに進む。現在は左側に池が広がるのみだが、かつては右側にも池があった。この参道は、浄土に向かって延びる二河白道の見立てとなっている。

黒門を抜け、仁王門を抜けると、長い石段になる。ここからは、浄土への道が垂直となる。途中に二尊堂と鐘楼門があり、登り切ったところが来迎堂である。この来迎堂の壁一面に、阿弥陀来迎が立体的に表現されている。先の十王堂の王たちも彫像であり、ほかに、三仏堂には、釈迦の涅槃の情景が、ほとんど等身大の彫像群で表現されており、法然寺は、すべてが具体的で立体的、きわめて通俗的な性格を持つ。

この通俗性は、藩主の菩提寺にもかかわらず、「道俗貴賤を撰ばず、墓処所望次第之を建てさせるべし」(『仏生山法然寺条目』)という藩主の方針に沿っている。

そして、来迎堂のすぐ上、すなわち山頂に広がる般若台が松平家墓所にほかならない。それは極楽浄土を現世に実現させようとするデザインで、これまたあまりにもわかりやすい。先の松平頼重像は、もともとは般若台にあった般若堂の中央に、左に不動明王と愛染明王、右に地蔵菩薩と毘沙門天像を従えて安置されていたという（大槻幹郎「仏生山法然寺と開基松平頼重」「仏生山法然寺の名宝」展図録、高松市歴史資料館）。

ところで、法然寺御影堂には、法服姿で曲彔《きょくろく》に座した頼重像が安置されている。こちらは木像で彩色が施されている。これが「三者三様」の二体目の殿様である。

では、三体目はどこにいるのだろうか。ここで話は一気に飛ぶ。読者も、仏生山法然寺から高松平家物語歴史館へと、遅れずについて来てほしい。

「日本最大のろう人形館」（同館リーフレット）をうたうそこには、平家物語のほかに、「四国の偉人たち」が併設されている。同様のものを高知の龍馬歴史館で目にし、「おーい龍馬、あんたはだれ」（前掲『世の途中から隠されていること』）で紹介したことがあるが、たしかに、高知よりも高松の方が数で優るかもしれない。

吉田茂、三木武夫、大平正芳といった四国出身の錚々たる政治家に混じって、後ろの方に、和服姿の松平頼壽が、まるで真夜中に便所に起きたような寝ぼけた感じで立っている。

頼壽は頼聰の八男として生まれ、明治三十六年（一九〇三）に家督を継ぎ、松平家十二代となった。すでにふれたように、栗林公園に銅像が建ったのは、生前の昭和九年（一九三四）のことであった。戦時中の金属回収でいったん姿を消したが、昭和二十五年（一九五〇）には早くも復活している。

「四国の偉人たち」というぐらいだから、ロウ人形もまた、銅像同様に、故人への顕彰に違いない。しかし、これほどみすぼらしい姿で再現する理由がよくわからない。松平公益会の許可を得たとも思えない。

ただし、これだけはいえるだろう。殿様の墓所の公共性が減少するにつれ、墓所につきものであった肖像の管理もまた、著しく弛緩してしまったと。

23 せいしょこさん

七年の歳月をかけた熊本城の建設からわずか四年後に、加藤清正は五十歳で世を去る。慶長十六年（一六一一）のことだ。まだ十一歳だった嫡子忠広が跡を継いだが、大坂冬の陣・夏の陣が終わると間もなくお家騒動が起こり、加藤家は取り潰された。代わりに熊本に入った細川家が、それからのおよそ二百四十年間を、この城の主となって使い続けた。

それにもかかわらず、熊本城といえば加藤清正である。熊本では、清正のことを「清正公」と書き、親しみを込めて「せいしょこさん」と呼ぶ。

熊本の町を眼下に見晴らす中尾山の中腹に、巨大な加藤清正の銅像が建っている。甲冑に身を固め、長槍を手にし、右足を少し踏み出した姿は、あたかも熊本の守護神のようである。正面に大きな香炉が置かれ、線香の煙が絶えない。線香の上がる銅像はよほど珍しい。昭和十年（一九三五）に、清正の三百二十五遠忌を機に建立され、いったん金属供出のために撤去されたあと、昭和三十五年（一九六〇）になって再建された。今度は三百五十遠忌の記念だった。

清正は甲冑に身を包んだままで棺に納まったという。銅像から山道を少し下ったところに墓がある。法号「浄池院殿永運日乗大居士」にちなんで、埋葬地の上に建てられた廟は浄池廟と呼ばれ、廟の内部には、衣冠束帯姿の清正像が安置された。数年後に、城内から加藤家の菩提寺である日蓮宗本妙寺が移ってきて、浄池廟を守り今日に至っている（図65）。

逆に下から長い長い参道を上り、いくつもの塔頭の前を過ぎ、本堂の前を過ぎ、最後の石段を上って中門を抜けると、風景が一変する。お寺とは思えない豪華な霊廟が姿を現すからだ。その前に設置された特大サイズのベンチの背に、「清正公大尊儀生誕四百三拾九年記念」と書いてあったのであきれてしまった。「四百三拾八年記念」にも「四百四拾一年記念」にも何かが寄進されたのだろうか。

図65　本妙寺浄池廟（2004年撮影＊）

私が熊本を訪れたのは、熊本市現代美術館で開催された「生人形と松本喜三郎」展（平成十六年）を見るためだったが、この熊本出身の人形師にとっても、清正公は忘れられない人だった。幕末の大坂と江戸でリアルな人形を見世物にして一世を風靡した喜三郎は、維新後の東京でなお人気を保ち続けた。郷里に戻るのは、明治十五年（一八八二）のことである。三年後の清正公二百七十五遠忌に合わせて、本妙寺境内で開いた見世物「本朝孝子伝」が、喜三郎最後の興行となった。

晩年の喜三郎に入門した江島栄次郎がこの興行を手伝って腕を磨き、三百遠忌では、師の代表作でもあった「西国三十三所観音霊験記」を、同じ本妙寺で開催した。しかし、このころから、清正公の遠忌にはやはり清正公一代記を見世物にすることが、栄次郎の悲願となった。それがようやく叶うのは昭和十年の三百二十五遠忌、場所はむろん本妙寺である。

この興行の様子は写真で知ることができ、生人形も、断片ではあるが残されている。栄次郎の子孫がそれらを大切に保存し、昭和五十五年（一九八〇）に熊本市に寄贈した。原形をとどめる二体の清正公が熊本城天守閣に展示されてきた。

「生人形と松本喜三郎」という展覧会には、これら「清正公一代記」という見世物が、いわば画中画のように組み込まれた。主催に熊本市・熊本市美術文化振興財団・熊本日日新聞社・RKK熊本放送局、協賛にJAL日本航空、協力に松本喜三郎顕彰会、浄国寺、来迎院、NHK熊本放送局が名を連ねるものの、本妙寺は加わっていない。

遠忌とは無縁な催しだったが、それにもかかわらず、展覧会場の清正公の前にはお賽銭が投じられていた。公立美術館という、この上なく非宗教的であるはずの空間の中にあってなお、「せいしょこさん」は存在感たっぷりだった。

❖

熊本城天守閣のすぐ近くに加藤神社がある。ここでも清正公が祀られている。加藤神社と本妙寺の関係は複雑で厄介だが、それをもたらした原因は何とも単純明快だ。

すでに何度も話題にしてきたとおり、明治政府の宗教政策は神仏分離に始まる。いち早く後醍醐天皇につながる人々、豊臣秀吉につながる人々の復権が図られ、神道による彼らの祭祀が命じられる。熊本には、慶応四年（一八六八）七月十八日付で、「細川越中守ヲシテ菊池武時加藤清正ヲ祭祀セシム」という達が太政官より下された。後醍醐天皇の挙兵に参じた菊池武時は「累代王室ニ勤労シ其誠忠臣分ノ模範」であることが、加藤清正は「偉業卓絶士民ノ仰慕」を集めてきたところが、神に値すると評価された（『法令全書』）。

菊池神社は明治三年（一八七〇）に菊池城址に、加藤神社は翌年に熊本城内にそれぞれ創建された。はじめ加藤神社は錦山神社と称した。その後、鎮台（のちの第六師団）が熊本城内に置かれたことで、軍隊との折り合いがつかず、同七年になって神社は城外へと移転した。再び城内に戻るには九十年近い歳月が必要だった。

加藤神社（錦山神社）創建にあたって、御神体を何にするかが問題となり、浄池廟に安置されてきた衣冠束帯姿の木像がそのまま横滑りに神社に移された。何とも単純明快とはこのことである。浄池廟の建物は取り壊され、本妙寺の任務は墓所の守護に限られた。

同じころ、よく似たことが東京でも起こっている。『武江年表』下巻（ちくま学芸文庫、二〇〇四）の巻末近く、滑り込んだようにこんな記事が載っている。明治五年（一八七二）二月の話だ。

同二十八日、肥後国熊本より清正公等身像、大川端浜町二丁目細川侯藩邸へ着す。品川宿より小網町行徳河岸へ着、上陸して、本町通・浜町河岸通より邸内へ入る。富士講同行、大勢にて送る。三月始より二十一日の間、開帳あり。参詣夥し。

すでに廃藩置県の行われたあとだから、「藩邸」はありえないが、華族として東京在住を義務付けられた細川家は、隅田川に面したかつての熊本藩中屋敷を使っていた。『武江年表』に目を凝らすと、ちょうど十年前の文久二年（一八六二）にも、よく似た出来事があった。

三月二十四日より始り、大川端細川侯中屋敷清正公社開扉。参詣をゆるさる。是より毎月二十四日、詣人群をなせり（肥後国熊本勧請の像を摸刻し、あらたに勧請せられし所にして、等身の像といふ）。

熊本藩邸に限らず、江戸の大名屋敷・武家屋敷・町人屋敷には、多くの神祠仏堂があり、その霊験・利益が評判になると、定期的に屋敷を開扉して一般に参詣を許し、それがまた評判を呼ぶ例がしばしば見られた。明治政府はこれらを整理し、宗教政策に合わないものを処分した。

明治五年（一八七二）に改めて清正公像が東京に持ち込まれた理由は定かでないが、熊本における加藤神社の創建につながる動きであったに違いない。同十年に出版された岡部啓五郎著『東京名勝図会』は、旧来の名勝に、文明開化ならではの新たな名勝を加えた東京案内であるが、そこでは「加藤神社」がつぎのように紹介されている。

新大橋と両国との間、浜町二町目細川邸内にあり。明治五年肥後熊本より神像を勧請し祭祀せり。連月二十四日賽詣多し。

それから十年後に成った「五千分一東京図」（参謀本部陸軍部測量局）には、隅田川の水を引き入れた広大な旧大名庭園が、細川邸のほかに毛利邸（旧長州藩）、蜂須賀家（旧徳島藩）と三つ仲良く並んでおり、なるほど、細川邸の一隅に「清正公祠」の文字が見える。ところが、そのころにはすでに「加藤神社」ではなかったらしい。日蓮宗が清正公堂として運営を始めていたからだ。関東大震災で焼失するものの、震災復興計画の一環として浜町公園内に再建され、今日に至っている。

まさに前回の話題「公園の中の墓」に似て（熊本においても細川家墓所は熊本市が管理する北岡自然公園と立田自然公園の中にある）、清正公寺もまた「公園の中の寺」という、政教分離下の現代ではありえない場所（現在の名前は本妙寺別院清正公寺）となり、中央区立総合スポーツセンターの脇にひっそりと佇んでいる。むろん「東京名勝」などではない。寺務所に誰もいなかったので、スポーツセンターに足を運び、清正公寺の中に清正公像は安置されているのかを尋ねたが、知らないという答えしか返ってこなかった。

おそらく、神社から寺への転換は、熊本における本妙寺の巻き返しと連動していたはずだ。その境内で、松本喜三郎が見世物「本朝孝子伝」を興行した明治十八年（一八八五）の清正公二百七十五遠忌は大きな転機であり、それから十年ほどして、本妙寺は浄池廟の復興を達成した。

❖

熊本城には西南戦争で官軍が籠城、西郷軍との戦闘の最中に炎上焼失させた。ただし、天守閣を取り壊そうとする動きは早くからあった。横井小楠のふたりの弟子、竹崎律次郎と徳富一敬（蘇峰・蘆花の父）が、師の遭難直後、明治二年（一八六九）にまとめた「肥後藩政改革案」には、「二ノ丸並宮内御殿取崩之事」「御城御天守等取崩、外廻り之門屏丈を残し可申事」という大胆な提言が含まれている（『新熊本市史』史料編第六巻近代一）。

破却の論理は、これまた単純明快。お城は「戦国之余物」に過ぎず、これを残せば、却って、「固陋ノ民俗ヲ養」うことに通じるとする（明治三年九月五日付弁官宛、熊本藩知事文書）。名古屋藩知事徳川慶勝が金鯱を「無用の長物」と呼んで、天守閣の屋根から下ろしたのは、この少しあとのことである。天守閣取り壊しの許可を求める動きは全国で起こっていた。

熊本藩の「開明性」はさらに進んでおり、お城を一般に公開してしまった。その期間は、明治三年閏十月十五日から年末に及んだ。多くの領民が、仰ぎ見るだけであったはずの城内に足を踏み入れ、天守閣に登ることさえ許された。「御城拝見」に出かけた五野栄八という人物は、「時節到来」という感慨を日記に書き残した（三澤純「最後の殿様――護久と護美」『細川藩の終焉と明治の熊本』熊本日日新聞社、二〇〇三所収）。

さて、西南戦争で失われた熊本城天守閣は、昭和三十五年（一九六〇）になって再び姿を現した。さらに平成十九年（二〇〇七）の築城四百年を目指して、御殿とすべての櫓を復元する大計画が着々と進んでいる。熊本市長が音頭を取る募金目標額は十億円、募金募集期間が十年にわたっており、今はその半ばを過ぎたあたりだ。

そのために「一口城主」という制度が設けられた。

「一万円以上の寄附をされた方を「城主」とさせていただきます。「城主証」をお渡しするとともに、お名前を「城主芳名板」に記載し天守閣に掲示いたします」(熊本城復元整備計画趣意書)とあるとおり、天守閣に一歩足を踏み入れると、目につくのは壁一面に掲げられた「一口城主」の名前である。

せっかく亡くした城をまた建てて、今度は誰もが殿様になってしまう事態を、「開明家」横井小楠が目にしたら、さて何というだろうか。

補遺㉝ ヅラをかぶったダヴィデ

展覧会場の一番奥で、素っ裸になり、全身にスポットライトを浴びながら突っ立っているこの人の姿を目にした時、ほんの一瞬だが、フィレンツェにあるダヴィデ像を思い浮かべた。それからすぐに打ち消した。いやいや、何から何までふたりは違っている。違い過ぎる。

ダヴィデは白い大理石で出来ており、身長四・三四メートルもあるが、この人は木材でつくられ、その上から胡粉を塗られ、磨かれ、まるで押したら窪みそうな人肌を持つ。サイズも等身大で生々しい。ダヴィデの目玉と巻き毛は、ぜんぶ石で表現されているが、この人の目には玉眼が入り、頭の上にも臍の下にも本物の毛が生えている。青々としたヒゲ剃りあとまである。マッチョなダヴィデがぶら下げているものは少年のように可愛いのに、この人はひどい猫背で、腹が出て腰の引けた貧しい身体の持ち主、いかにも使い込んだそれは黒ずんでいて、下品極まりない（図66）。

何よりも、ダヴィデが世界に冠たる芸術作品であるのに対し、この人は一介の「生人形《いきにんぎょう》」に過ぎない。有名のミケランジェロに対する無名の松本喜三郎、要するに、それぞれが別世界の住人であって、すれ違うことなどない。

松本喜三郎について、また彼が提唱した生人形について、この十年間に研究はずいぶんと進んだ。しかし、肝心の実物にふれる機会は極端に少なかった。見世物にされ

図 66　「生人形と松本喜三郎」展、熊本市現代美術館（2004 年撮影＊）

た生人形は単なる商売道具、消耗品であり、興行を続けるほどに傷むものだったし、後世に残すことなど誰も考えなかった。

ところが、米国のスミソニアン自然史博物館に松本喜三郎の生人形がほぼ完璧な状態で残っていることがわかった。明治初年、北海道開拓のために来日したお雇い外国人ケプロンが、米国に戻る際に喜三郎に作らせたものだ。一対の貴族男女像であり、衣裳を身にまとっての渡米だった。やがて博物館に収まったあとも、日本の貴族像を伝える標本として展示されてきた。

それから実に百二十六年ぶりの里帰りが実現した。故郷に錦を飾ったといいたいところだが、あわれや、一緒に海を渡った女には捨てられ、衣裳を脱がされ（女も衣裳もともに行方不明だという）、丸裸で現代美術館の展示室に立たされるはめとなった。かろうじて髪型だけが、高貴な出であることを物語る。

だから、というわけではないが、先に「下品極まりない」と私が評した同じものを、「生人形と松本喜三郎展」企画者である熊本市現代美術館の南嶌宏館長は「高貴な性器」と絶賛している（同展図録）。よくよく考えれば、下品なのはわたしの方かもしれない。衣裳を着せて初めて日本人貴族の標本たりうる人形に、そもそも性器など不要なはずだが、わざわざ完璧に再現して備えた松本喜三郎の意識にこそ、注意を払うべきだろう。

ミケランジェロのダヴィデ像の足元に立つ時、一番よく見えているはずの性器から
われわれは無意識に目を逸らす。笑いを押し殺す。トータルで芸術作品だから、部分
に目を止めてはいけないのだ。ところが、松本喜三郎の手になるこの人に対しては、
同じ態度を取れないのはなぜか。いや、同じ態度を取る必要があるのか。

そんな深い問いを、本展企画者は周到に用意してくれた。それをこの人に託したの
だ。どうしても裸のまま立っていてくれなければならない。

〔『芸術新潮』二〇〇四年九月号〕

補遺㉞ 御殿も欲しい

お城を手に入れると、今度は御殿が欲しくなるらしい。先鞭をつけたのは彦根城だった。昭和六十二年（一九八七）に、御殿跡に御殿と同じ間取りで建物を建て、博物館とした。中には能舞台もある。玄関から靴を脱いで上がらせるやり方はいいのだが、カーペットの展示室をスリッパで歩くことになり、御殿に参上したという気がしない。

佐賀城に平成十六年（二〇〇四）に開館した佐賀城本丸歴史館は、この反省の上に立っている。入館時に渡されるリーフレットにいわく、

「幕末・維新期の激動の時代。最も輝いていた佐賀藩、そして先人たち。

佐賀城本丸歴史館はその時代を、わかりやすく伝える施設として佐賀城本丸跡に開館しました。天保期の佐賀城本丸御殿の遺構を保護しながら復元したこの施設は、木造復元物としては全国最大級の規模を誇ります。

日本の近代化に貢献した先人達の活躍を振り返り、世界的視野で、常に世の中を見つめていたその精神に学び、時代の息吹を感じてください」(佐賀城本丸歴史館リーフレット、二〇〇五)。

畳の上を歩く範囲がぐんと広がり、大広間の真ん中にも展示ケースが設置されている。しかし、もともとは畳の上に坐ることを前提にデザインされた座敷なのだから、ケースからケースへと歩き回る違和感はどうにも拭い切れない。

照明器具をどこに設置するかも大きな問題となって浮上したようだ。御殿本来の姿を復元しようとすれば、ものを見せる展示室としては暗過ぎるのである。

ちょっと脱線するけれども、戦後になって、日本の家屋の天井に蛍光灯が張り付いたのは、「明るいナショナル、明るいナショナル、ラジオ、テレビなんでもナショナル」と盛んに宣伝した松下幸之助の陰謀ですよね。

さて、天守閣の場合がまさにそうであったが、御殿の場合でも、できることなら木造で建てたいということになる。さらに規模の大きな御殿復元が熊本城で進められてきた(図67)。

天守閣内で募金を呼びかける掲示板に

いわく、

「熊本城復元整備基金　城主芳名

名将加藤清正が、一六〇七年（慶長十二年）に築城した熊本城は、西南戦争で多くの建物を焼失しましたが、今なお、貴重な歴史的文化遺産としてはもとより、「森の都」の拠点として、また本市最大の観光資源として、多くの人々に親しまれております。

このような、本市のシンボルであります熊本城を往時の姿に蘇らせることを目指し、本格的な熊本城の復元整備に取り組むため、平成十年四月「熊本城復元整備基金」を創設しました。

この復元整備の趣旨にご賛同いただき、ご芳志を賜りました方々を城主と称し、ここにそのご芳名を掲示いたします。

図 67　熊本城御殿（2006 年撮影＊）

平成十年四月一日

（熊本城天守閣内の掲示板、二〇〇四）」。

そして、天守閣内には、「城主」の名前がずらりと並んでいる。どうやら、彼らを「一国一城の主たち」と、複数形で呼ばなければいけないようだ。しかし、それはどう考えても矛盾している。

その遠い先駆けのひとりが、本文でふれた五野栄八ということになるのだろう。栄八は金を払わなかったが、われわれ同様に「御城拝見」を果たすことができた。ただし、栄八がそんな機会に恵まれたのは、お城が壊されるからであり、これからお城を建てようとするわれわれの事情とはまるで逆である。

明治三年（一八七〇）十二月の五野栄八の日記を、先の三澤純「最後の殿様――護久と護美」から引用させていただく。

「明十八日朝飯後　城内に入、二ノ城ノ入口ニ至り、中々大勢ニテ登ルも出来兼、漸々昇り、二ノ〇〇（判読不能）の間毎を拝見し、総軍用ノ道具計なり。大砲・小銃・大弓・半弓等、兜鎧イ・長刀・鑓リ・陣太鼓、莫々しき備有。

時ニ二ノ城を昇り詰、夫より後ニ一ノ城へ移、間毎の広方を巡行し、夫より次第と昇るニ登り詰メ、四方ヲ眺ルニ、一ノ城ノ登詰ノ間ニテ、私伯父勇右衛門殿ニ出合、依テ兄斎記・私・勇右衛門三人咄ヲかへ、四方熊本藩中ヲ見物ス。実に熊本藩中ハ一目に相見へ、不残見物いたし、降り、雪の間の横を通り、竹の間、鷹の間、桐の間見物仕り、漸く元の入り口ニ至り申、城中を退き、京町布屋ニ帰宿仕候。

……七ツ時分ニ帰村仕候。夫より家内両親初メ近郷ニ御城拝見の趣、委細相語リ仕リ。偖往昔依、御城拝見仕事禁止ト言事、古人の謹言、是も時節到来、自然ト巡て本行。然ル処ニ、其後、家内より常七、外熊記・莫十、小原若者中御城見物ニ参来候事」。

ところで、御殿復元にとって最も困難な課題は、その内部をどのように装飾するかである。天守閣の内部が公開され、それなりに装飾を施されるのは、大阪城の復元以降であり、それまでの天守閣は、いいかえれば本物の天守閣はいたって殺風景なものであった。極論すれば、天守閣は外から眺めるための建造物にすぎない。

一方の御殿は、逆に内部が重要であった。そこは政治の場であり、空間のデザインには厳密な序列が求められた。上段之間、一之間、二之間、三之間といった直截な呼び名が、そのことを物語っている。また、この序列は平面上に表現されるばかりでなく、垂直方向にも表れた。上段は、冗談ではなく、一〇センチほど高くつくられている。それがない場所では、畳や座布団で、少しでも段差をつけてきた。

そうした空間の集合体が御殿なのである。そのどこまでに立ち入られるかは、身分と役職に依った。先の五野栄八の「雪の間の横を通り、竹の間、鷹の間、桐の間見物」は、まさしく「時節到来」によってはじめて可能になった。

そして、装飾は、こうした空間の序列をより明確に際立たせるものとして働いている。装飾という言葉から、それを何か付属的なものと受け止めたら大間違いである。建築的な構造と絵画的・彫刻的な装飾とががっちりと組んで、御殿の室内をつくり上げる。襖に絵が描かれている寺院とはまるで規模が異なり（それだって序列化がなされている）、御殿では、襖のみならず、壁や天井までびっしりと描かれることが多い。名古屋城本丸御殿の室内写真に、それは一目瞭然である。バロック時代のキリスト教会に近いのではないだろうか。

そうであるならば、一部ではあっても、戦火を逃れた襖絵一〇四七面を残す名古屋城が、西南戦争ですべてを失った熊本城に負けるわけにはいかない。名古屋市市民経済局文化観光部観光推進室が問い合わせ先であるリーフレットにいわく、

「名古屋城本丸御殿積立基金にご協力をお願いします。

名古屋城は、名古屋のシンボルとして四〇〇年にわたって、人々に親しまれてきました。戦災により、金鯱をいただく天守閣と豪壮華麗な本丸御殿を焼失したことは、誠に惜しまれることです。

天守閣は、多くの皆様の熱い想いにささえられて昭和三四年に再建されましたが、本丸御殿復元の願いは、まだ実現していません。名古屋市では、皆様のご理解とご協力をいただきながら、皆様とともに世界的な文化財であった本丸御殿の復元を進めて

まいりたいと考え、「名古屋城本丸御殿積立基金」を設置しました。

天守閣と並んで復元される本丸御殿は、名古屋城の価値と魅力を向上させ、名古屋城への誇りと愛着をさらに高めることになるものです。そして、優れた文化を次の世代に引き継ぐとともに、世界にアピールし、新交流時代における名古屋の活性化に寄与することになるものです。

基金の趣旨にご賛同いただき、皆様方の格段のご支援を賜りますようお願い申し上げます」(「名古屋城本丸御殿基金」名古屋市、二〇〇五)。

24 琉球住民に贈らる

「二千円札ですよ」とつい口にしてしまう。そうしないと、千円札分のお釣しか返ってこないような不安がいつまでもある。それほど二千円札は流通していない。ひとり沖縄を除いて。

二千円札の図柄は、首里城守礼門と源氏物語。「源氏物語絵巻」の中から、わざわざ「鈴虫」の場面が選ばれた理由はよくわからないが、両者は琉球と大和、建物と物語という具合に、対照的に語られてきた。しかし、「鈴虫」の場面にも少しだけ建物が描かれており、ともに王宮につながる建物が描かれているともいえるのだ。

現行の紙幣に、建物はあまり登場しない。平成十六年(二〇〇四)十一月で切り替わった新旧の一万円札は鳳凰か雉子、五千円札は尾形光琳の「燕子花図」か富士山、千円札は富士山と桜か鶴が、福沢諭吉、樋口一葉・新渡戸稲造、野口英世・夏目漱石のそれぞれの裏面に描かれている。かつての百円札には堂々たる国会議事堂が描かれていたことを思い出すと、隔世の感がある。紙幣に議事堂を印刷するという発想は、民主国家建設を目指した戦後ならではのものであった。

したがって、二千円札は、守礼門が大きく、しかもそれが裏ではなく表に描かれたというだけで、すでに異例で大胆なデザインなのである。そして、百円札同様に政治的である。二〇〇〇年に開催された九州・沖縄サミット（主要国首脳会議）に合わせて発行されたことは周知の事実、発案者の小渕恵三首相がサミット直前に急逝したため、棚からぼた餅で後継者となった森喜朗首相が、首里城北殿を会場にした「社交夕食会」の席上で、うれしそうにピン札を配った光景を昨夜のことのように思い出す。

この夕食会に関しては、社団法人日本公園緑地協会編『九州・沖縄サミット首脳社交夕食会の記録』（沖縄開発庁沖縄総合事務局沖縄記念公園事務所、二〇〇〇）という報告書が出されており、沖縄を挙げた誘致活動から、会場の設営理念、入念な準備、当日の料理「OKINAWA 2000」や演出までもが詳しく記録され、七月二十二日午後八時十分に始まり、十時五十分に終了した夕食会を成功させるために、陰でいかに多くの人たちが働いたかがよくわかる。

名護市部瀬名《ブセナ》岬に新たに建設されたサミットの会議場は、「万国津梁館」と名付けられた。琉球が世界の津＝港と結ばれていることを刻んだ首里城正殿の梵鐘銘文に由来することの言葉は、琉球が軍隊を持たない平和の王国であることを訴えるためにしばしば持ち出され、サミットに顔を揃えた主要国首脳にとっても、この上もなくふさわしいものであった。

琉球王国の王宮が首里城である。創建年代は明らかではないが、近代につながる首里城の建設は、十五世紀半ばには始まったとされる。百年後にはほぼ全容が整った。守礼門、ついで歓会門を抜けると、そこからは内郭となる。さらに瑞泉門、漏刻門、広福門などの門を進み、奉神門をくぐると、紅い華麗な正殿が真正面に姿を現す。向かって右に番所と南殿、左に北殿があり、それらがぐるりと囲む「御庭《ウナー》」は、宮廷儀式の行われた重要な場所であった。

さて、われらが森首相に引率された主要国首脳一行は、重要な会議を終えたあとのいかにもリラックスした感じを必要以上に振りまきながら「御庭《ウナー》」に入り、沖縄県立芸術大学邦楽専攻科在学生及び卒業生およそ五十人が紅型衣裳に花笠姿で踊り続ける「四つ竹」を間近に眺め、正殿を背景にしてまるで観光客のように記念写真を撮り、それから夕食会会場の北殿へと入った。

正殿を会場にする案もあったのだが、それを退けたのは、北殿がかつて「中国皇帝の使者冊封使を接待した場所であり、酒・茶が振る舞われた。アメリカのペリー提督一行が北殿を訪れたことが知られている」（前掲報告書）という故事である。琉球であることが、これでもかこれでもかと、日本政府によって強調された晩だった。

✣

首里城は、少なくとも三回焼けている。一六六〇年と一七〇九年の焼失は火災によるものだったが、三度目の焼失は戦災による。昭和二十年（一九四五）四月にアメリカ軍が首里城を攻撃目標としたのは、そこに沖縄守備軍司令部が置かれていたからだ。二百年をゆうに超える歴史を持った建物群が、これで灰燼に帰した。

もっとも、「二百年をゆうに超える」とはいえ、最後の六十六年間は王宮ではなかった。明治政府が、琉球王国を琉球藩、ついで沖縄県として日本に編入（琉球処分）、清国との冊封関係を断ち切り、国王から藩王にされた尚泰は、さらに華族として旧大名たちと同様に、東京に住むことを余儀なくされた。首里城の明け渡しは、明治十二年（一八七九）三月二十九日である。琉球王国が軍隊を持たないことが裏目に出た。丸腰では、日本を相手に為す術がなかったからだ。

抜け殻となった首里城には、日本各地の城同様に、熊本鎮台沖縄分遣隊が駐屯した。しかし、それが沖縄戦の沖縄守備軍へと直結したわけではない。日清戦争後の明治二十九年（一八九六）に沖縄分遣隊は撤退し、城内への一般の立ち入りが許されるようになると、やがて首里城の払い下げ運動が起こった。

三年後に六人の首里区会議員が連名で首里区長に提出した「旧首里城跡並建物払下請願の義に付意見書」は、このまま放置し、対策を講じなければ「琉球国数百年来の美観も地に墜ち、終に寂寞たる一村落と化し去る」はずだから、「此の地を利用し以て公園地となし楼閣を以て博物館に充て、各府県と趣を異にする所の熱帯地方植物及沿革を異にする所の歴史に関する宝を始め、其他百般の事物を陳列して遊園地を設け、以て公衆の偕楽を計ると共に、他地方人士の来遊を促し以て土地の繁栄を計り、人文開発の端緒を開かんと欲す」(『首里市制十周年記念誌』一九三一所収)と主張する。

城郭を公園にしようとする動きは、この時期、日本各地で広く起こっていた。ただし、博物館に利用しようとする主張は、すでに紹介したように明治初年にはあったものの、その実現は昭和六年(一九三一)の大阪城再建を待たねばならない。

払い下げまでには十年がかかった。明治四十二年(一九〇九)にようやく、学校、図書館、物産陳列場などの公共施設に利用したいとする首里区長に首里城が正式に払い下げられた。実際には、沖縄県師範学校、首里区立工業徒弟学校、首里区立女子工芸学校などの各種学校が、その前から首里城の建物を仮校舎として使い始めていた。こうして「御庭《ウナー》」は練兵場から運動場に変わった。体操をする女学生たちを写した写真があるが、南殿の前に鉄棒や肋木が設置されている様子がわかる。一方の北殿は公会堂に使われた。

しかし、首里城の荒廃は日増しに進み、それに待ったをかけるだけの財力が首里区にはない。払い下げ直後から、正殿の解体案が区議会で協議されており、ついに大正十二年(一九二三)には取り壊しを決議した。これを報じた新聞記事をたまたま東京で目にした鎌倉芳太郎(大正十年に東京美術学校を卒業すると同時に沖縄県女子師範学校と第一高等女学校の教諭として赴任、この時点では帰京していた)が建築史家伊東忠太に訴え、伊東が内務省を動かして、解体作業を寸前で中止させた話はよく知られる。さらに伊東は、首里城を法律で保護することに奔走した。

持ち出された法律は古社寺保存法であるが、適用にはちょっとしたからくりが必要だった。なぜなら、首里城は王宮であり城郭ではあっても、「古社寺」ではないからだ。本来なら法の適用外である。しかし、明治天皇即位五十年記念事業（在位四十五年で終わり、むろんそれは実現しなかったが）として始まった県社創立運動が、大正十二年に内務省より認可され、首里城正殿の背後に建設された本殿は同十四年一月に竣工した。これが沖縄神社であり、取り壊しに待ったがかかった正殿は、タイミングよく同社の拝殿として用いられることになった。正殿改め拝殿の正面に賽銭箱が、左手には手水鉢が置かれたという（加治順人『沖縄の神社』ひるぎ社、二〇〇〇）。

こうなれば、立派な「古社寺」である。そして同年四月に、めでたく、古社寺保存法にいう特別保護建造物に指定された。昭和四年（一九二九）になって古社寺保存法が国宝保存法に切り替わると、そのまま国宝になった。併行して始まった解体修理工事の竣工と首里市営バス創業を合わせた祝賀会が、沖縄神社の例祭に合わせて行われたのは昭和十年（一九三五）の秋である。翌年には、北殿に待望の沖縄県教育会附設郷土博物館が開館した（『沖縄教育』昭和十一年八月号が開館特集を組んでいる）。沖縄戦での焼失まで、残すところあと十年であった。

首里城を落城させたアメリカは、その跡地に大学を建設した。危険な軍事国家日本を民主教育によって根本から改造するという占領方針によるものだった。正殿があった場所には、正殿を簡略化したスタイルで、大学本部が建てられた。王宮のデザインを残しつつ、首里城はすっかり換骨奪胎された。

新たな大学は琉球大学と名付けられ、一九五〇年に開校した（図68）。いわば、明治政府の「琉球処分」に対する、アメリカ政府の「沖縄処分」のようなものだった。日本から切り離された沖縄には琉球政府が設立され、沖縄県であったことが徹底的に否定されたからだ。

図68　1953年頃の琉球大学（『琉球大学50年史写真集』）
❶が正殿跡に建てられた大学本部

広報誌のタイトルも、ずばり『今日の琉球』に『守礼の光』である。

琉球であることを強調するには、やはり博物館が有効と判断されたのだろう。戦後すぐに開館した米国軍政府沖縄陳列館（のちに東恩那博物館）と首里市立郷土博物館のいずれもが民政府に移管されたあと、琉球政府の設立とともに合併し、琉球政府立博物館が一九五三年に開館した。これは、ペリー来琉百年を記念する事業でもあり、『おもろさうし』をはじめとする文化財がアメリカ大統領から返還された。守礼門の再建もそれから間もなくである。

この博物館新館の尚家跡地への建設をめぐる琉米間のデザイン論争は興味深いが、別の機会に譲りたい。一九六六年に開館した新館が現在の沖縄県立博物館である。その玄関には、つぎのような言葉が今も記されている。

琉球政府立博物館

アメリカ合衆国より琉球住民に贈らる

GRI MUSEUM

DEDICATED TO THE PEOPLE OF THE RYUKYU ISLANDS

BY THE UNITED STATES OF AMERICA 6 OCTOBER 1966

一九七二年に本土復帰を果たすまで、琉球が完全にアメリカの手玉に取られていたことがよくわかる。したがって、本土復帰運動のスローガンは、琉球ではなく、「沖縄を返せ!」だった。

しかし、それから三十年余が過ぎた今日もなお、沖縄はアメリカの手中にある。基地の島沖縄を否定するために、あるいはその現実から目を逸らすために、またまた琉球が持ち出されてきた。しかもそれは、軍隊を持たない「万国津梁」の琉球王国である。この島国は、琉球から沖縄へ、沖縄から琉球へ、再び琉球から沖縄へ、沖縄から琉球へと、振り子のように揺れてきた。

こうして、首里城は、琉球大学を郊外に移転させると、琉球王国の象徴として再びその姿を現した。「御庭《ウナー》」に一歩足を踏み入れた時、目の前に立ち上がる紅い華麗な正殿に圧倒されるが、それはまた白昼夢のようにも見える。

補遺㉟　中城城にて

「ひとり沖縄を除いて」と書いたものの、近年は沖縄でさえも、二千円札を見かけなくなったらしい。私の財布に入れておいた虎の子の一枚も、いつのまにか姿を消している。

その表に描かれた守礼門は、沖縄戦で首里城の他の建物とともに焼失しており、現在目にするものは、一九五八年になって復元された新しい門である。復元工事に二万三五一四ドルの経費を要した。収入の内訳は、琉球政府補助金一万六六六六ドル、那覇市補助金八三三ドル、琉米親善委員会寄付金一九一九ドル、外地同胞寄付金三一二ドル、一般住民寄付金二三八一ドルだったという(『沖縄の戦後教育史』沖縄県教育委員会、一九七七)。

ところで、一九五八年を昭和三十三年と表記することには違和感がある。戦後、アメリカ合衆国の統治下におかれた沖縄は日本から切り離され、元号を奪われたからだ。沖縄には、少なくとも昭和二十一年から昭和四十六年までの時間は流れていない。日本人が沖縄に入るためにパスポートの提示が求められ、円ではなくドルが流通し、日本国の法律は沖縄に及ばなかった。

日本の文化財保護法に四年遅れて、一九五四年に、沖縄でも文化財保護法が制定された。その条文は、日本のそれをほとんど踏襲したものだが、それぞれの目的を掲げた第一条を比較すると、「国民」をうたえない琉球政府の苦心が偲ばれる。

日本国の文化財保護法

「第一条　この法律は、文化財を保存し、且つ、その活用を図り、もって国民の文化的向上に資するとともに、世界文化の進歩に貢献することを目的とする」。

琉球政府の文化財保護法

「第一条　この立法は、文化財を保存し、且つ、その活用を図り、もって住民の文化的向上に資することを目的とする」。

沖縄は国家ではないのだから、国民はおらず、したがって、「文部大臣は、重要文化財のうち世界文化の見地から価値の高いもので、たぐいない国民の宝たるものを国宝に指定することができる」（日本国の文化財保護法第二十七条二項）を、「たぐいない住民の宝たるものを特別重要文化財に指定」（琉球政府の文化財保護法第十九）と言い換えねばならなかった。

ここでの話題となる中城《ナカグスク》城跡は、翌一九五五年に、さっそく史跡・名勝・重要文化財（建造物）の指定を受けている。さらに、五八年には特別史跡、六二年には特別重要文化財に指定され、昭和四十七年（一九七二）五月十五日の本土復帰にともない日本国指定の史跡となった。そして、平成十二年（二〇〇〇）には、「琉球王国のグスク及び関連遺跡群」としてユネスコの世界遺産に登録された。

しかし、このお城の保護と開発について考えるためには、戦後間もない首里城に、もうしばらくとどまらねばならない。

「住民の宝」を守る動きは、文化財保護法制定以前から始まっている。首里の有志によって、無惨に破壊された首里城や円覚寺や玉陵から文化財が救い出され、一九四六年五月ごろに、それらを収集展示した首里市立郷土資料館が汀良《てら》に開館した。翌四七年十二月に沖縄民政府に移管され、沖縄民政府立首里博物館と名を改めた。

一方、石川市東恩納には、米国海軍軍政府の指示で、沖縄陳列館が一九四五年八月に開設されている。こちらはアメリカの軍人に沖縄の文化を知らしめることが目的であった。翌四六年に沖縄民政府に移管され、東恩納博物館と改称された。

前者に玉陵の石彫獅子が、後者に首里城正殿の「万国津梁」の鐘が収蔵された。この両館が、一九五三年のペルリ来琉百周年を機に合併し、琉球政府立博物館となる。場所を龍潭近くの当蔵《とうのくら》町に移し、アメリカ民政府はペルリ記念館を建設し贈呈した。記念館の内部には、首里城正殿と守礼門のそれぞれ十分の一と五分の一の模型が納められた。戦前に首里城正殿の解体修復工事に参加した棟梁の手になるものであった。

本文で紹介した「琉球政府立博物館　アメリカ合衆国より琉球住民に贈らる」というプレートは、この博物館がさらに一九六六年になって尚家跡地へ移転した際に、取り付けられたものである。『琉球政府建博物館々報』（琉球政府立博物館、一九六八）に収められた「琉球政府立博物館沿革」によれば、尚家跡地への移転計画は、早くも一九五七年には協議が始まっている。

具体化するのは、一九六二年にアメリカ民政府が新館建設計画書の提出を博物館側に求めたからで、急ごしらえの計画書では、本館を首里城正殿に模したデザインとした。翌六三年になって、設計に関しては指定募集を行うことになり、六四年二月に我那覇設計事務所の案が採用された。これをもとにした修正案を民政府に提出したところ、六月になって、「民政府は当選作品に対し、ローカルが強すぎるとし、近代的なものに替えるようにとの見解を示した」。

さらに、「民政府から当選作を白紙にもどして、新しく、オーバー氏と我那覇氏によって設計するよう指示があったということであるが、その後設計されたのが弁務官の承認を得て、説明会をもつようになった」（「琉球政府立博物館沿革」）。「オーバー氏」とは、アメリカ内務省西部博物館研究所国立公園課で働いた経験を持つジェラルド・オーバーで、彼の関与によって減少されたローカル性が、当初はどの程度の強さであったのかは定かでない。ただし、実現した博物館を、琉球政府は機関誌『守礼の光』第九七号（一九六七年二月号）でつぎのように紹介している。

「建物の柱はエビ茶色、外装はクリーム色を使い、ドッシリと落ち着いたモダンな建物である。この博物館には設計上または設備上従来の博物館にない幾多の特色が見られる。まず、第一の特色として、この博物館は沖縄の石造建築技術を応用し、首里城および中城城の力強い伝統的様式を取り入れていること」。

このような期待を集めて一九六六年に開館した現在の沖縄県立博物館も、四十年が過ぎて、さすがに老朽化した。沖縄県は博物館を郊外に移転させ、跡地には、首里城復元の一環として、尚家の御殿を再建する計画だという。ここでもまた、お城のつぎは御殿が欲しい、ということなのだろう。

さて、首里城と並んで引き合いに出された中城城へと、そろそろ足を向けることにしよう。中城城は那覇の北北東一六キロに位置し、アメリカ軍が陣取る普天間から山を越えたところにある。中城湾に面し、その向こうには太平洋が広がる。

ここまで書いて、「中城城」は何と読むのか、わからなくなってしまった。なんとなく、「ナカグスク」と読んできたのだが、沖縄県立博物館編『城（グスク）』（沖縄県立博物館友の会、一九九七）を開いたら、「沖縄では城をグスクと訓《よ》む。たとえば中城を「なかぐすく」」という説明があり、「城」の字がひとつあまってしまう。

ペルリことペリーが艦隊を率いて浦賀沖に出現し、日本中を震撼させる直前に、一行は琉球王国に滞在している。この時、ペリーは中城城にも足を延ばし、その美しい風景を従軍画家ハイネに描かせている。

沖縄戦では、アメリカ軍のシーツ将軍が三カ月にわたってここに司令部を置いた。三の郭北東側外壁のくぼんだ部分に土嚢を積んで司令部とした写真が残っている。その後、一九四七年から、軍政府は中城城の公園化を進める。それが、何よりもまずアメリカ軍人の保養施設であったことは、つぎの記事に明らかだろう。

「中城々趾を公園化、
五日セイファー軍政官と志喜屋知事の初事務折合せで中城々趾の公園化で意見の交換が行われたが同城趾を公園化し土産品売店、休憩所など種々の施設をなし米人の遊園地とする計画で知事もこれが実現に力を注ぐことになつている」（『沖縄タイムス』一九四九年十二月六日付）。

そして、一九五〇年三月五日に、中城城は中城公園として開園した。開園式には、軍政府長官となっていたシーツ少将が出席し、つぎのような挨拶を行っている。
「五年の過去私がこの島を最初にみたとき――それは寒い暗澹たる雨の日であつた。私と幕僚はまずこの丘の側面に上陸、頂上近くに戦闘指揮所を置いた。再び云うがそれは寒い暗澹たる日で、沖縄にとつても戦火の拡大を前にしての憂鬱な一日であつたことを否定できない。かくして今日のこの大隊は再びこの丘上に温暖明朗な光を放つ。この地域を立派な公園として再建することに成功した中城及び北中城住民はここに彼らの努力がむくいられたことを心から祝せんとしている」（『沖縄タイムス』一九五〇年三月七日付）。

少し遅れて六月十八日に、公園内にシーツ長官記念碑が建立された。そこに何が記されていたのか調べがつかなかったが、記念碑の銅板が四年後には盗まれてしまったという。

中城城を再現
高良一氏が築城計画
本丸跡に五階建
観光事業の振興がねらい
文保委の許可があり次第着工

整備制度の確立は急務
島本氏、自動車検査研修から帰る

臨時議会
おそろしい惨状
各派交渉会で早
立法院代表現地調査から帰る

図69　1959年9月23日付『沖縄タイムス』記事

公園と化した中城城には、遊園地のほかに、植物園、動物園、競馬場、野球場、闘牛場などが設けられ、本丸内にホテルを建設しようとする計画まで持ち上がった。

一九五六年五月十四日付の『沖縄タイムス』は、「きのう三万人の人出、賑つた中城公園」と題した記事を載せ、公園開設以来最大の入園者を迎えたことを伝える。記事の中で、中城公園経営者高良一は、「今までお客さんに不自由を与えていた水道も完備、お手洗や水洗便所も完成した。こういう設備は日本の公園ではみられないもので、中城公園は外人のお客さんも多いので、その点を考慮し、国際的なものにしたいと、力こぶを入れている」と語る。

力こぶが目に浮かぶようだ。ここにも、本土同様に、戦後になってすっかり姿を変えたお城がある。

その高良一という人物が、ホテル建設の急先鋒だった。一九五五年の夏に、問題は紛糾した。結局、文化財保護委員会の強い反対にあい、本丸内での建設は撤回された。

代わって、高良が持ち出してきたものが、五階建ての中城城の建設である。その築城計画を伝える一九五九年九月二十三日付『沖縄タイムス』は、「中城城を再現、高良一氏が築城計画、本丸跡に五階建、観光事業の振興がねらい、文保委の許可があり次第着工」という大見出しの横に、なんと彦根城天守閣の写真を添えている（図69）。

記事によれば、高良一の構想はつぎのようなものであった。「城の一階は大ホールにして観光客がゆっくり休める場所とし、二、三、四階には郷土博物館やその他、有益な施設を考えているようだ。五階は展望台。建設費も約三千万ドルぐらいあれば十分だが、二、三か年では完全に償還できるだろうといっている」。

五階建て中城城とは架空の城である。そんなものは沖縄のどこにも存在しなかった。あの首里城正殿ですら二階建てなのだから。

むろん実現はせず、それどころか、遊園地も動物園もすっかり姿を消して、今訪れると、白い城壁だけが静かに時を刻んでいる。

お城とお城のようなものをめぐる旅を終えて

今は皇居と呼ばれるかつての江戸城のお壕端をぐるぐると歩き回ることから始めた旅が沖縄本島の中城城へとたどりついて終ったのは平成十六年の暮れだったから、それから早くも二年が過ぎたことになる。この間に何度、「『わたしの城下町』がもうじき本になるよ」と口にしてきたことだろう。

いつまで経ってもそれが出ないのは、わたしが「補遺」をほいほいと書かなかったからで、そんな下らないことを言ってばかりだから、みんなからはだんだんと愛想を尽かされ、すっかり信用を失った。だったらさっさと書けばよいものを、ついこの間も、「狼中年の弁」だなんて言い訳をしながらへらへらしていた。

「狼中年といったって、昨今流行のちょいワル親父のことではない。年をとってくたびれて、もはや狼少年とはいえない男の、何を隠そう、私自身の話である。『わたしの城下町』近刊、乞御期待！　とあっちこっちで、七月末には神戸新聞紙上でも公言してしまったのに、いつまでたっても本が出ない。ゲラにさえなっていない。実は、まだ書き終えていない。このままでは狼中年になってしまう。それには、こんな事情がある」(『神戸新聞』二〇〇六年九月十二日夕刊)と始めた弁明をかいつまんで言えば、つぎのようになる。「全国各地の城下町に足を運ぶたびに、奇妙奇天烈なお城が待っていて、いつまで経っても旅を終えることができないのである」。

本当にそうだったんだ。この間だって、大阪の天王寺を歩いていたら、道の向こうに、突然お城が現れた。なんとビルの上にだ。吸い寄せられるように近づいて行った。お城はぐんぐんと大きくなった(図70)。カラー写真でお見せできないのが残念、石垣は白と緑と紫の石で積まれて華やかだ。石と石の間には一分の隙間もない。

さすが築城術に長けた西国大名のお城であると感心したいところだが、隙間のないのはそれが絵で描かれているからだ。昭和二十五年築城の浜松城を彷彿とさせるが(一九五頁参照)、石垣の上の天守閣は五層もあって、浜松城の比ではない。大阪城を思わせるこのお城を、わたしは勝手に「天王寺城」と名付けた。

北海道では、こんなお城を訪ねた。「天王寺城」とは対照的に、原っぱにぽんと置いたかのようだ(図71)。公園の片隅に設置された少し大きめの公衆便所、といっても通りそうだが、れっきとしたお城である。

松前藩がロシアの南下に備えて築城し、安政元年(一八五四)に完成させた。ロシアは軍艦で攻めてくるのだから艦砲射撃に備えるべきで、松前のような海辺に、高くそびえる

図70　天王寺城？（2005年撮影＊）

天守閣を建てるべきではなかった。十年後の元治元年（一八六四）に竣工した箱館五稜郭では、標的となることを避けて、地面に這うようなデザインが採用されている。松前城は、伝統的なスタイルの天守閣を有する最後のお城となった。

ロシア海軍はやってこなかったが、明治元年（一八六八）に、榎本武揚率いる旧幕府脱走軍が軍艦二隻を松前湾に侵入させ、海上から攻撃を加えて松前軍を敗走させている。幸いお城は無事で、明治維新後も残され、昭和十六年（一九四一）には国宝に指定された。

各地の城下町と異なり、松前は空襲を受けなかったから、松前城は戦後も健在だった。それなのに、昭和二十四年（一九四九）に起こった町役場の火事が飛び火し、

図71　松前城（2005年撮影＊）

あっけなく焼失してしまう。天守閣は、その十一年後に鉄筋コンクリート造で再建された。

これらふたつのお城の「純度」はどうなんだろうか。この問いが、旅を続けるわたしの頭にはいつもあった。

むろん、ビルの上に築かれた「天王寺城」は一〇〇パーセントニセモノ、ホンモノかニセモノかを問うのであれば、「純度」はゼロである。一方の「松前城」もまた、昭和三十五年（一九六〇）の築城なのだから、やっぱりゼロだろう。しかし、そこには、ホンモノだった時代の外観が反映している以上、「純度」を少し高めてよいかもしれない。では、もしも火事で焼けていなければ、その「純度」は一〇〇パーセントを達成しただろうか。少し割り引いて考えてみたいと思うのは、「松前城」の姿にははるか昔のお城のイメージが反映しており、言い換えれば、築城の時点ですでに時代遅れであり、現役のバリバリという感じがしないからだ。ホンモノの「松前城」も、それが出現した時点ですでにニセモノっぽいのである。現役か退役か、あるいは有用か無用か、おそらくそれがお城の「純度」を量るもうひとつの基準だろう。

各地のお城が、明治維新を境に一気に「無用の長物」と化したことは、本文で見てきたとおりだ。だから取り壊されたわけだし、壊されないまでも荒廃は急速に進んだ。ほどなくして、それを保存しようとする気運が高まる。彦根城、名古屋城、姫路城がその先陣を切った。やがて、各地で、住民たちの間に、お城を史跡ととらえる新たな価値観が芽生えた。彼らの手で城跡は整備され、取り壊しを免れた天守閣の多くは、昭和四年（一九二九）制定の国宝保存法によって国宝に指定されている。

昭和二十年（一九四五）の米軍の空襲は、そうした城下町の住人から再びお城を奪い取ったのだった。町の真ん中にぽっかりと生まれた空白を埋めるかのように、戦後間もなくすると各地で天守閣の再建が相次いだ。もう焼かれまいという思いからか、例外なくそれらは鉄筋コンクリート造で建てられ、最上階に展望台を設け、ベランダを回し、望遠鏡を用意し、住民を迎えて、戦災からの復興が進むわれらが城下町を思う存分眺めさせた。どう考えても、このような戦後の天守閣は「無用の長物」ではない。明らかに有用であり、現役である。むしろ、明治維新という自明の境界線を疑ってかかる必要があるだろう。江戸時代も半世紀を過ぎたあたりから、早くも天守閣はその役割を失っている。明暦の大火（一六五七）で焼け落ちた江戸城の天守閣が再び建てられなかったことが、その明らかな証拠である。現役か退役か、あるいは有用か無用かという一線も、そう簡単に引くわけにはいかないのである。

こうして、お城とお城のようなものをめぐる旅はいつまでも終らなかった。沖縄まで行けば終るとばかり思っていたが、そうは問屋が卸してくれない。踵を返して、今度は北に向かおうと思い始めたからだ。ここでふれた松前城や、本文でふれた長岡城のほかにも、たくさんのお城とお城のようなものが東国には待っているはずだ。

いつもひとりだったこれまでの旅に精神的に同行してくださった筑摩書房の大山悦子さん、ありがとう。それから、旅の途中で現れて、さっさと書けよと叱咤激励してくれた浜松城のくの一たちにも、ありがとうと言おう。

平成十八年師走

木下直之

文庫版あとがき

この十二年間に「お城とお城のようなものの世界」で起った出来事について

「お城とお城のようなものの世界」といっても、「お城」と「お城のようなもの」の境界線がとても曖昧であることは、ここまで読んでくださった読者にはよくお分かりだと思う。一方、ここから読み始めた読者は本を書棚に戻さず、迷わず、このままレジへと向かってほしい。

それにしても、あなたが本屋さんのどのあたりに立っているのかが気になる。十二年前に本書が世に出た時、大きな本屋さんでは城郭本コーナーに置かれ、名だたる城郭研究者の本に挟まれて、文字どおり肩身の狭い思いをしたものだ。なにしろ半分以上は「お城のようなもの」の話だし、さらに松代大本営や戦艦長門を登場させて、「お城のようなもの」まで語っているのだから。

この十二年間に、「お城とお城のようなものの世界」でもいろいろな出来事があった。年表風に振り返ってみよう。

平成二十年（二〇〇八）二月九日
広島城において、天守閣再建五十周年を記念した展覧会「広島城の近代」が開幕した。鉄筋コンクリート造による築城それ自体を寿《ことほ》ぐ画期的な展覧会だった。このころから、各地の天守閣という名の博物館で、自らの歴史を問う展覧会が相次いで開かれ、従来の城郭研究からは外されていた「近代の城」がだんだんと姿を現してきた。廃藩置県、廃城によっていったんは無用の長物と化した天守閣が、その存在意義をどのように取り戻してきたかを辿り直す地道な作業だ。

平成十六年「大阪城の近代史」展、大阪城天守閣
十七年「未来に伝える 私たちの松本城――解体復元にかけた思い」展、松本市立博物館
二十年「広島城の近代」展、広島城天守閣
二十年「失われた国宝 名古屋城本丸御殿――創建・戦火・復元」展、名古屋城天守閣
二十一年「日清戦争と広島城」展、広島城天守閣
二十二年「広島城壊滅！ 原爆被害の実態」展、広島城天守閣
二十三年「天守閣復興」展、大阪城天守閣
二十五年「よみがえる小田原城――史跡整備三十年の歩み」展、小田原城天守閣

二十八年　「描かれた名古屋城、写された名古屋城」展、名古屋城天守閣
二十九年　「小田原城址の150年――モダン・オダワラ・キャッスル1868―2017」展、小田原城天守閣

平成二十一年（二〇〇九）九月十七日未明

六十年にわたって小田原城本丸に暮らしたアジアゾウの梅子（のちにウメ子、一一六頁）が死んだ。昭和二十五年（一九五〇）の小田原こども文化博覧会以来、一度もそこを出ることのなかった放飼場はたくさんの花で飾られ、正面に記帳台が設けられた。すぐに私も駆けつけたが、さらに早く駆けつけた遠藤秀紀さん（東京大学教授、動物解剖学）は、私が遺影に向かって手を合わせているころ、ゾウ舎の中で梅子を解体していたという。ゾウ舎は狭く（たぶん日本の動物園で一番小さかった）、死んだ梅子をそのまま引き出すことができなかったからだ。それから三年後に、神奈川県立生命の星・地球博物館で、骨格標本となった梅子と再会することができた。

早くから、文化庁は史跡である城に動物園はふさわしくないという勧告を出していた。これに対し、小田原市は梅子が生きているかぎりは動物園を存続させるという姿勢を示した。したがって、梅子の死を迎えて、小田原城の史跡整備は拍車がかかった。今はもう、放飼場もゾウ舎も姿を消し、本丸広場が広がっているばかりで、梅子が暮らしたことが夢

まぼろしのようだ。

同じことは、特別史跡および国宝にしてユネスコ世界遺産である姫路城でも起っている。城内の姫路市立動物園は風前の灯火だが、ゾウの姫子はまだ健在（ただし二代目）。姫路市立動物園はサンフランシスコ平和条約締結記念で開園したのだから、戦災復興のシンボルだった。小田原といい姫路といい、お城の中の動物園もまた戦後日本の「史跡」なのであって、史跡から排除されるべき異物ではない。拙著『動物園巡礼』（東京大学出版会、二〇一八）をご覧いただきたい。

平成二十六年（二〇一四）四月二十六日

本書で重要な役回りを演じている小便小僧（一〇六頁）が再び小田原駅から姿を消した。この日、市内ダイヤ街商店街「小田原アプリ」に移設されたのだ（「タウンニュース」二〇一四年五月十日）。ところが、わずか二年で「小田原アプリ」が閉鎖され、敷地内にあった小便小僧は行方不明になってしまった。

そもそも小便小僧はなぜ小田原駅を追放されたのか。戦後間もない時期の建立の理由を知れば、そんな仕打ちはできないはずだ。

私の手許に「白政メモ二〇一七・六・一〇　小田原しょんべん小僧設置についての覚書」という極秘資料がある。作成者は白政晶子という小田原市の学芸員で、彼女の口から

「しょんべん」という声を聞かされるたびに、その美しい容姿とのギャップに苦しんできた。たぶん、白政さんの父ちゃんが「しょんべん」「しょんべん」と口にしていたんだな。

その白政メモによれば、小田原駅を追われた理由のひとつにつぎのことがあった。

「図書館職員への聞き込みでは、ゴミを棄てられたりいたずらが続いていたことや金次郎像との位置関係で金次郎におしっこをかけているように見えるなどの苦情があったそうです。」

図書館員は、小便派でもしょんべん派でもなく、おしっこ派だった。

どうやら、鎌倉の小便小僧に「小便合戦」を強いた私にもいくらかの罪がありそうだ(二一五頁)。ちなみに鎌倉小僧は当年二十八歳になり、さすがに立ちションとは無縁な人生を送っている。

平成二十七年(二〇一五)七月八日

松江城天守閣が国宝に指定された。「松江城を国宝に」と呼びかける幟《のぼり》がいたるところにひるがえっていた松江市内の風景を思い出す。市民の念願が叶ったのは、長年不明だった築城の時期が棟札の発見により慶長十六年(一六一一)に特定されたからで、これで文化庁が重要文化財からの格上げを認めた。

ところで、松江城は浜松城と縁が深い。松江城を建てた堀尾吉晴は城づくりの名手だった。「堀尾普請」という言葉が伝わっている。徳川家康の跡を襲って浜松城主として十年を過ごし、浜松城を整備した。荒々しい野面積み、土塁の上にだけ石垣を回した鉢巻き石垣はその遺構だ。それから息子の忠氏とともに出雲の富田《とだ》城（現在の安来市）へと移された。間もなく忠氏は病没、孫の忠晴はまだ幼かったため、吉晴ががんばるしかなかった。松江城の完成を見届けて亡くなった。

宍道湖畔にある堀尾家菩提寺円成寺《えんじょうじ》は浜松の天徳寺より迎えられた春龍が開いたとのこと、和尚もまた松江に暮らし、遠い浜松を懐かしく思い出したに違いない。松江城から浜松城を思い浮かべるべきであって、浜松城をひたすら家康に結びつけ、「出世城」と呼ぶことは間違っている。

これで、いわゆる「現存十二天守」のうち国宝五城（松本城、犬山城、彦根城、姫路城、松江城）、重要文化財七城（弘前城、丸岡城、備中松山城、丸亀城、松山城、宇和島城、高知城）となった。高知城にも丸岡城にも、松江城に続けとばかりに、幟が翻っていた。

平成二十七年（二〇一五）八月一日

終戦七十年を機に、皇居吹上御苑内の御文庫《おぶんこ》附属庫の映像が公開された。写真と動画を宮内庁のウェブサイトで見ることができる。その荒廃ぶりに驚いた。手を入れなかったのは昭和天皇の意思だとも伝えられる。しかし、戦争終結に向けたいわゆる御前会議が開かれたこの場所は、史跡中の史跡である（三二九頁）。文化財保護法が皇室関連のものをいっさい埒外に置いていることを考えれば、文化庁は当てにならない。別の枠組で、第一級の戦争遺跡として、御文庫ともども保存の手を打つべきだ。

実は、公開された動画のその撮影手法に違和感を抱いた。少しは編集されているとはいえ、これほど生な映像が公的機関から提供されることはありえない。そんな決定が官僚にできるとは思えない。いったい誰の意思なのか。手持ちのカメラがただただ建物の内部を舐めるように撮る。カメラマンの足音と鳥の声、虫の音しか聞こえない。

宮内庁書陵部の情報公開も進んでおり（書陵部所蔵資料目録・画像公開システム）、本書でふれた振天府をはじめとする戦利品倉庫「御府《ぎょふ》」の内部が、かつてどうであったかを写真帳『皇居（賢所、御府、吹上）』によって見ることができるようになった（三三二頁）。

平成二十八年（二〇一六）四月十四日、十六日

二度にわたって熊本を大地震が襲い、熊本城の建物と石垣に甚大な被害をもたらした。重要文化財に指定されていた十三棟の木造建造物すべてが被災し、東十八軒櫓と北十八間櫓は全壊した。昭和三十五年（一九六〇）に鉄筋コンクリート造で建てられた天守も大破したが、木造による再建の道は選ばず、修理を目指すことになった。

平成二十八年（二〇一六）五月一日

「平成の大改修」と称した小田原城天守閣の耐震改修工事が終わり、一般に公開された。天守閣最上層に、摩利支天像を祀る場所を新たに設けた。像は貞享三年（一六八六）に藩主大久保忠朝が奉安したと伝えられる。忠朝の子忠増は、さらに阿弥陀如来、大日如来、薬師如来、地蔵菩薩、如意輪観音、弁財天を加えて「天守七尊」を祀ったという。

これまでも、摩利支天像は売店脇のケースの中に置かれていたが、改修を機に最上階が祭祀空間でもあったことを再現した。とはいえ、天守閣が公立博物館である以上は宗教施設に出来ず、あくまでも歴史展示の域に止まる。

天守閣から望む箱根連山を神仏に見立てて「諸山十尊」とする信仰もあった。それに配慮して、改修工事では最上層の展望テラスのフェンスを少し低くしたというから心憎い（小田原市公式サイト、文化レポーター Blog、二〇一六年三月二十五日）。

それに比べれば、本書でふれたとおり、姫路城天守閣の最上層は宗教空間でありつづけている（三一三頁）。

平成三十年（二〇一八）二月十八日

『日本の城 天守閣 完全名鑑』という本が廣済堂出版から出た。「１４０天守を完全掲載」をうたう同書は、天守をつぎのとおり六分類している。「現存天守」、「復興天守」、「外観復元天守」、「木造復元天守」、「模擬天守」、「あやしい天守」。

しかし、最後の「あやしい天守」はもっとあるはず。私がこの本で取り上げた下田城も、「天王寺城」と名づけたラブホテル醍醐も載っていないし、大阪といえば床屋の親父が自力で建てた小阪城（東大阪市）を無視するわけにはいかないだろう。千葉氏の中世の館跡に建設された千葉城は堂々たる近世風の天守閣であまりにもあやしく、小田原の老舗「ういろう」の店舗は小田原城の櫓にしか見えない。

その名もずばり『あやしい天守閣』（イカロス出版、二〇一二）もある。その巻頭に「あやしい天守閣十傑」が挙げられ、我が浜松城は堂々五位にランクされている。先に挙げた理由から、私もこの順位に異存はない。

そのほか、『〝復元〟名城 完全ガイド』（イカロス出版、二〇一五）、加藤理文『日本から城が消える――「城郭再建」がかかえる大問題』（洋泉社、二〇一六）、今泉慎一監修『「その後」の廃城』（実業之日本社、二〇一八）などが近年の成果だ。

平成三十年（二〇一八）六月八日
名古屋城本丸御殿が完成し、一般に公開された。勢いづいた名古屋市は、天守閣の木造による建て替えを決めた。戦後に再建された天守閣のはじめての再々建である。二〇二二年の竣工を目指す。

これまでの名古屋城には、内部にエレベーターが二基設置されていただけではなく、外側にもエレベータータワーがあり、小天守からの石段を経由せず、車椅子でも天守にアクセスできる配慮がなされていた。しかし、木造による忠実な再現を目指す名古屋市はエレベーターを設置しないと決めたことで、その是非が論議されている。

お城におけるバリアフリーは、その復元や再建の意義を真正面から問う。お城とはバリアの最たるものだから、それを一般に開放することはすでにお城であることを放棄したともいえる。それは「お城のようなもの」にほかならず、それならばなぜ、それを今なお必要とするのかが問われるだろう。

このように、お城は現役であることをやめようとしない。それどころか、この十二年間にいっそう元気になったようなところがある。だからこそこの本にもまだ価値があるとして文庫化を勧めてくださった編集者大山悦子さんに改めて感謝したい。

平成三十年秋　　　　木下直之

ちくま学芸文庫

わたしの城下町《じょうかまち》——天守閣からみえる戦後の日本

二〇一八年十一月十日　第一刷発行

著　者　木下直之（きのした・なおゆき）

発行者　喜入冬子

発行所　株式会社　筑摩書房
東京都台東区蔵前二―五―三　〒一一一―八七五五
電話番号　〇三―五六八七―二六〇一（代表）

装幀者　安野光雅

印刷所　中央精版印刷株式会社

製本所　中央精版印刷株式会社

ISBN978-4-480-09893-1 C0121